制造强国建设

智能工业丛书

协同共生

企业数字化转型之道

中国电子信息产业发展研究院 编著

電子工業出版社
Publishing House of Electronics Industry
北京 · BEIJING

内 容 简 介

数字经济浪潮下，数字化转型成为科技革命和产业变革的主要特征，也成为企业打造数字经济时代新型能力的根本选择。本书全面详细地研究了企业数字化转型的概念内涵、作用机理、关键要素、重要环节和实践路径。第 1 章介绍数字化转型的背景和概念，第 2 章分析企业数字化转型的发展机理和作用机制，第 3～6 章研究重点行业企业实施数字化转型的实践路径，第 7～8 章建构企业数字化发展水平评估体系，第 9～13 章梳理企业数字化转型带来的蓬勃发展的数字经济新业态、新模式，第 14 章形成推动我国企业数字化转型的发展建议。

本书内容系统全面、可读性强，适合从事数字经济、数字化转型、大数据等相关领域的专家学者和研究人员，以及企业中从事信息化、数字化建设的管理人员阅读。

图书在版编目（CIP）数据

协同共生：企业数字化转型之道/中国电子信息产业发展研究院编著. —北京：电子工业出版社，2021.3

（智能工业丛书）

ISBN 978-7-121-40807-6

Ⅰ. ①协…　Ⅱ. ①中…　Ⅲ. ①数字技术－应用－企业管理　Ⅳ. ①F272.7

中国版本图书馆 CIP 数据核字（2021）第 048282 号

责任编辑：徐蕾薇　　文字编辑：崔　彤

印　　刷：北京七彩京通数码快印有限公司

装　　订：北京七彩京通数码快印有限公司

出版发行：电子工业出版社

北京市海淀区万寿路 173 信箱　　邮编：100036

开　　本：720×1000　1/16　印张：16.5　　字数：296 千字

版　　次：2021 年 3 月第 1 版

印　　次：2024 年 1 月第 2 次印刷

定　　价：88.00 元

凡所购买电子工业出版社图书有缺损问题，请向购买书店调换。若书店售缺，请与本社发行部联系，联系及邮购电话：（010）88254888，88258888。

质量投诉请发邮件至 zlts@phei.com.cn，盗版侵权举报请发邮件至 dbqq@phei.com.cn。

本书咨询联系方式：（010）88254438，xuqw@phei.com.cn。

《国之重器出版工程》
编辑委员会

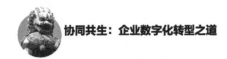

专家委员会委员（按姓氏笔画排列）：

郑纬民	中国工程院院士
郑建华	中国科学院院士
屈贤明	国家制造强国建设战略咨询委员会委员、工业和信息化部智能制造专家咨询委员会副主任
项昌乐	中国工程院院士
赵沁平	中国工程院院士
郝　跃	中国科学院院士
柳百成	中国工程院院士
段海滨	“长江学者奖励计划”特聘教授
侯增广	国家杰出青年科学基金获得者
闻雪友	中国工程院院士
姜会林	中国工程院院士
徐德民	中国工程院院士
唐长红	中国工程院院士
黄　维	中国科学院院士
黄卫东	“长江学者奖励计划”特聘教授
黄先祥	中国工程院院士
康　锐	“长江学者奖励计划”特聘教授
董景辰	工业和信息化部智能制造专家咨询委员会委员
焦宗夏	“长江学者奖励计划”特聘教授
谭春林	航天系统开发总师

本书编委会

主　编： 高婴劢

副主编： 吴志刚　姚　磊　许　旭　袁晓庆

成　员： 韩　健　贾子君　刘丽超　王宇霞　鲁金萍
王琼洁　刘胜语　宋颖昌　张　朝　徐　靖
孙　刚　管　桐　王　刚　龙　飞　尹　峰
任　宇　杨少鲜　张新征

前 言

当前，全球正经历一场更大范围、更深层次的科技革命，新一代信息技术创新应用正引领新一轮产业变革，人类社会正处在一个大发展、大变革、大调整的时代。在这场调整变革中，数据正成为带动技术流、资金流、人才流、物资流的核心生产要素，数据自动流动水平成为衡量一个企业、一个行业，甚至一个区域发展水平和竞争实力的关键指标；在这场调整变革中，工业经济时代的产业运行体系正发生根本性变革，资源配置、创新协作、生产组织、商业运营等方式加快转变，全球经济正迈入体系重构、动力变革、范式迁移的新阶段；在这场调整变革中，我们需要重新审视自己的地位、重新定位自己的角色、重新找到发展的方向。国家与国家、区域与区域、行业与行业、企业与企业之间的竞合关系日趋复杂，全球经济格局正面临深刻变革。

数字化转型成为产业变革的主要特征和企业打造数字经济时代新型能力的根本选择。在数字化浪潮中，领先企业抓住技术红利和创新先机，主动加快组织变革、业务创新和流程再造，推动研发、生产、管理、服务等关键环节数字化转型，实现研发体系开放化、生产方式智能化、产品服务个性化、组织边界弹性化、价值网络生态化，形成以数字技术为核心要素、以开放平台为基础支撑、以数据驱动为典型特征的新型企业形态。我们看到美国通用电气公司（General Electric Company，GE）大象转身布局工业互联网平台，微软转战云服务生态圈，西门子、日立、英特尔等产业巨头密集开展技术并购，组建战略联盟，主动变革商业模式，抢占数字化转型解决方案市场的主导权。同时，我们也看到更多盛极一时的企业，在战略理念、经营管理、商业案例方面曾经都被当作哈佛商学院经典教案，但没有在数字化洪流中顺势而为、主动变革，因为无法适应数字时代的进步而被时代所抛弃。

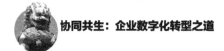

世界经济数字化转型是大势所趋。我国企业借助数字技术应用和集成创新推动数字化转型，取得阶段性成效。在电信、金融、商贸、旅游等行业，以龙头企业为主导的数字化转型起步早、模式成熟，涌现出数字金融、电子商务、数字贸易、在线旅游等一批以业务创新和价值重构为核心内容的新微观主体，以及以生产—服务—消费深度融合、线上线下应用场景深度融合、传统产业和新兴业态深度融合为特点的新型模式。在新冠肺炎疫情“大考”之下，对于传统企业尤其是传统的中小企业而言，数字化转型已经不再是一道选答题，而是一道必答题。越来越多的传统企业，特别是中小企业数字化转型意识觉醒，更加清醒地认识到数据要素在价值创造和分配中的重要地位，更加积极地寻求适合自身特点的数字化转型路径模式，由此引发新一轮以数据为关键要素、以全要素数字化为重要推动力的数字化转型热潮。

数字化转型正成为企业信息化发展的新阶段，正从根本上改变企业战略选择和发展方式，探索企业数字化转型的概念内涵、作用机理、关键要素、重要环节和实践路径，是引领企业重塑数字经济时代竞争新优势的关键所在。

本书从数字化转型基本概念出发，系统分析数字化转型的内涵特点，并对数字化转型的发展机理、作用机制进行剖析，总结国内外重点行业企业实施数字化转型的有效路径，分析制约企业数字化转型进程的影响因素，并就构建企业数字化发展水平的评估评价框架进行思考和探讨，展望数字化转型带来的蓬勃发展的数字经济新业态、新模式，希望能更好地帮助社会各界理解数字化转型的内涵，了解数字化转型的举措，找准数字化转型的定位和方向，加快数字化转型的探索和实践。数字化转型是一项系统的、复杂的工程，不可能一蹴而就，需要政府、行业、企业等多方联手施策、统筹考虑、系统推进。本书结合国际经验和国内现状提出了推动我国企业数字化转型的发展建议，对于相关工作的开展具有一定指导意义和参考价值。

编著者

2021 年 3 月

目 录

第一篇　潮起：企业数字化转型方兴未艾

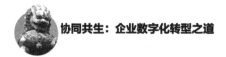

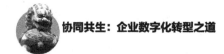

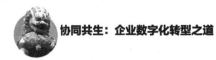

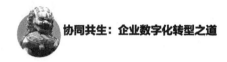

第一篇

潮起：企业数字化转型方兴未艾

第1章

数字化转型的前世今生

1.1 数字化转型的背景

1.1.1 数字化转型的时代特征

从经济社会发展史看，人类经历了农业革命、工业革命，正在经历信息革命（见图 1-1）。新一代信息技术是新一轮科技革命中创新最活跃、交叉最密集、渗透性最强的领域，正在引发系统性、革命性、群体性的技术突破和产业变革。全球正加速迈向以万物互联、数据驱动、软件定义、平台支撑、智能主导的数字经济新时代。

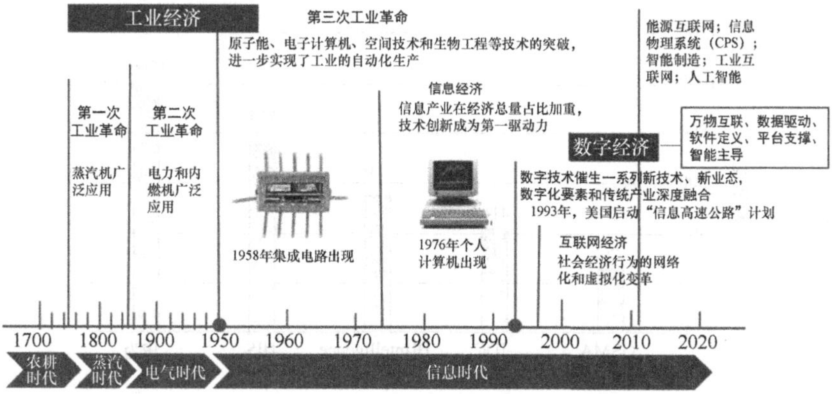

图 1-1　经济社会演进历程

1．万物互联：从“人人互联”到“物物互联”

信息技术发展的终极目标是实现万物互联，即形成人、数据和设备之间自由联通的全球化网络。近年来，随着通信网络的升级、软件系统的推广、智能终端的普及及各类传感器的使用，信息提取、信息传输和信息存储计算能力持续提升，促进人、机、物的泛在连接，使得产品与生产设备之间、不同的生产设备之间及数字世界和物理世界之间能够实时联通、相互识别和有效交流，万物互联的条件已经基本具备。

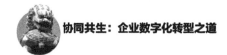

1）信息提取能力提高

近年来，微机电系统、智能仿生学、AI 算法等技术快速发展，传感器持续向微型化、多功能和系列化演化，携带各类智能传感器的设备成为移动、泛在、高效的新一代网络终端。物联网设备方面，数据显示，2011—2018 年全球物联网设备数量高速增长，复合增长率近 21%；据 HIS 预测，到 2025 年，全球物联网（Internet of Things，IoT）连接设备的总安装量预计达 754 亿个，约是 2015 年的 5 倍，BIIntelligence、华为、IDC、GSMA 等多家机构也对全球物联网设备数量进行了预测，预测均值达 600 亿个。2025 年全球物联网设备数量预测如图 1-2 所示。移动终端市场方面，据智研咨询《2020—2026 年中国智能移动终端产品行业市场营销战略及投资前景评估报告》数据显示，我国移动智能终端行业市场规模快速增长，从 2015 年的 9221.9 亿元增长到了 2019 年的 10935.9 亿元。其中，2019 年我国智能手机产量约为 14.23 亿部，智能家居产品出货量为 19870 万台，可穿戴设备出货量为 9924 万台，平板电脑出货量为 2241 万台。

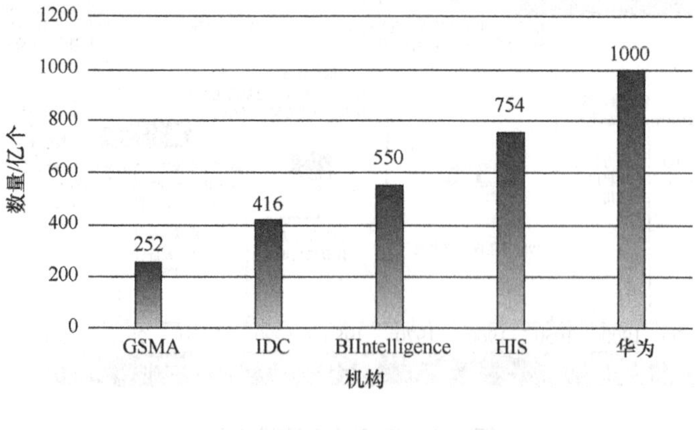

图 1-2　2025 年全球物联网设备数量预测

2）信息传输能力提升

一方面，通信技术持续演进。每一次新技术的大规模推广使用均离不开通信技术的更新、迭代、演进，通信技术不断迭代升级，并随着 5G 商用牌照的发放加快进入 5G 时代。从 5G 通信技术处理能力角度看，5G 跟 4G 比峰值速率提升了 30 倍，用户体验速率提升了 10 倍，频谱效率提升了 3 倍，移动性能够支持 500 千米时速的高铁，无线接口延迟减少 50%，大概一毫秒，连接密度提高了 10 倍，达到 1 平方千米 100 万个物联网模块联网，能效流量密度提高了 100 倍，高可靠、低时延、广覆盖、大连接的特性有效推动信息传输能力大幅提升。从建设部署角度看，我国 5G 网络建设布局不断加快。2019 年 6 月，商用牌照的发放拉开了我国 5G 规模化部署序幕，截至 2019 年年底，全国有 22 省已公开发布基站建设数量，建成 5G 基站约 14 万个。其中，广东省基站数量在全国排名第一，超过 3 万个；北京、浙江、上海、湖北、江苏、山东、重庆七省基站数均超过 1 万个。2020 年，各地政府工作报告中均将 5G 基站和网络建设作为新基建建设的重要着力点，广东、浙江、山东、贵州等地纷纷提出了 2020 年基站建设目标。同时，移动、联通、电信、广电也纷纷发布了 5G 网络建设和应用计划。可以预见，随着各地政府投入力度持续加大、企业布局步伐持续加快，5G 通信网络很快就会建成，万物互联的基础设施即将具备。图 1-3 所示为 2000—2020 年移动通信基站设备产量。图 1-4 所示为 2020 年各地 5G 基站建设目标。图 1-5 所示为 2020 年三大运营商 5G 基站建设目标。

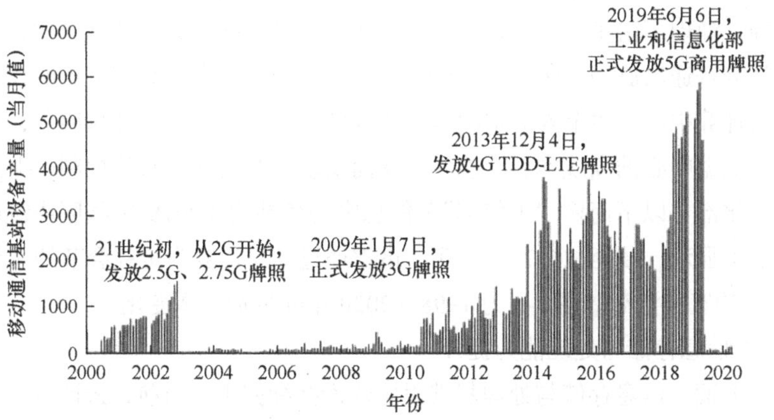

图 1-3　2000—2020 年移动通信基站设备产量

（数据来源：Wind、国信证券经济研究所。）

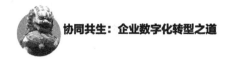

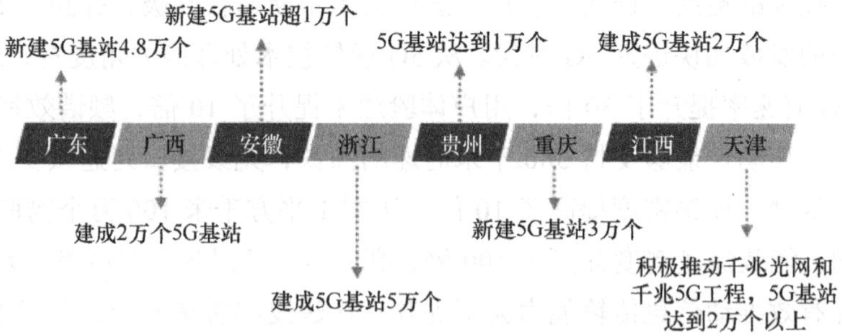

图 1-4　2020 年各地 5G 基站建设目标

（数据来源：赛迪整理，2020 年各地方政府工作报告。）

图 1-5　2020 年三大运营商 5G 基站建设目标

（数据来源：中国移动、中国电信、中国联通。）

另一方面，信息传输成本下降。相比 10 年前，传感器价格下降了 54%，联网处理器价格下降了 98%，带宽价格下降了 97%，信息传输成本的下降为信息基础设施的大规模部署提供了商业化的可能。同时，为推动信息传输成本下降，涌现了诸多新模式、新业态。例如，迅雷推出共享计算模式，通过收集社会普通家庭闲置带宽、存储、计算等资源，用海量共享节点取代传统大型云计算中心，将个人的空闲宽带和存储转变为企业级云计算服务，避免了传统数据中心的高成本、高能耗，从而实现了对成本的有效控制。据工业和信息化部（以下简称“工信部”）信息中心编撰的《2018 中国区块链产业白皮书》显示，截至 2017 年年底，迅雷通过共享计算为全社会节约了价值 15 亿元的宽带资源。图 1-6 为 1998—2020 年间带宽成本变化。

3）信息存储与处理能力提升

一方面，信息存储与处理基础设施建设持续完善。当前，云计算、数据中心、超算中心等算力、存储基础设施的发展，为物理世界不同粒度的数据应用场景提供了强大而廉价的计算、存储服务能力，数据存储体量和数据分析频度与深度持续提升。据互联网数据中心（Internet Data Center，IDC）数

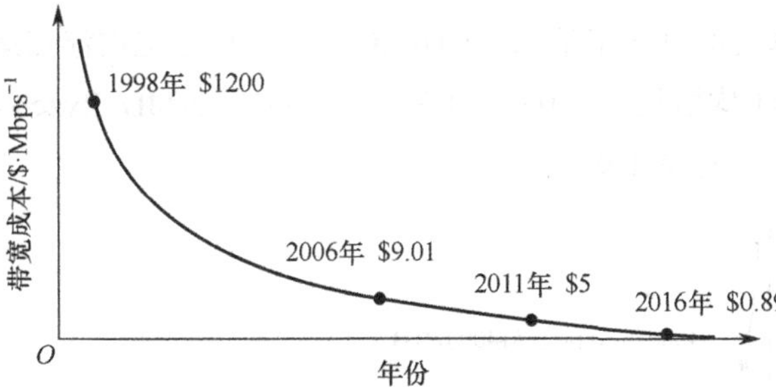

图 1-6　1998—2020 年间带宽成本变化

据显示，2018 年全球云计算市场规模为 2015 年的 2 倍，预计 2021 年，全球云计算市场规模将超过 2500 亿美元，平均增速超过 20%。当前，企业业务系统的云端改造和云端迁移步伐不断加快，据华为 2025 白皮书预测，2025 年企业应用云化率将达 85%。数据中心方面，在 2016—2019 年，我国数据中心机架规模从 124 万架增长到 227 万架，复合增长率超过 22%（见图 1-7）。而超算中心作为计算能力的主要载体，受到全球各国高度重视。《美国总统信息咨询委员会》报告指出："计算科学利用先进计算能力去理解和解决复杂问题，是确保科学领导地位、经济竞争力和国家安全的关键。"数据显示，美国德州超算中心计算速度达 580 万亿次每秒，德国尤利希研究中心达 1000 万亿次每秒，中国"天河一号"则可以达到 1200 万亿次每秒。

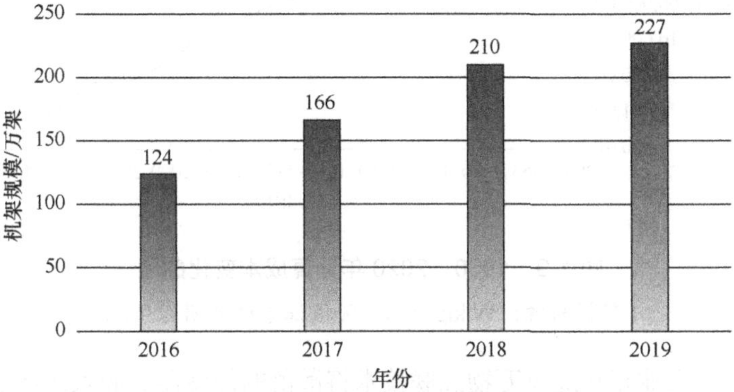

图 1-7　2016—2019 年中国数据中心机架规模

（数据来源：赛迪智库。）

另一方面，信息存储成本与处理成本持续下降。存储成本已从 1980 年的 1400 万美元/TB 下降到 2018 年的 22.4 美元/TB（见图 1-8）。Wikipedia 数据显示，计算成本也一路下探，$/GFLOPS（每秒十亿次浮点运算价格）的CAGR（复合年均增长率）在−37%左右，2017 年 AMD Ryzen 将$/GFLOPS 降到 0.06 美元（见图 1-9）。

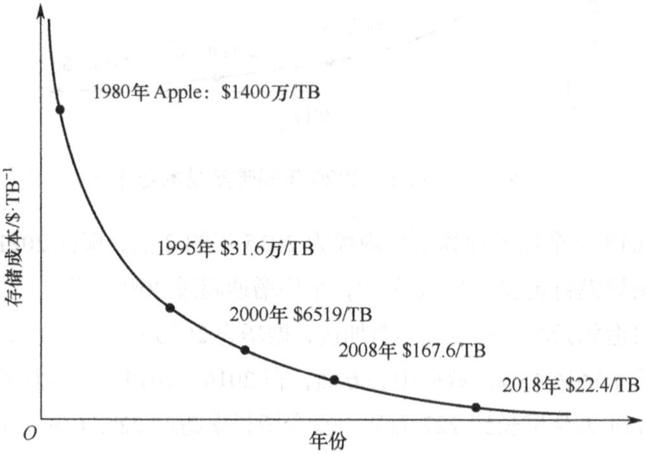

图 1-8　1980—2018 年存储成本变化曲线

（数据来源：赛迪智库整理。）

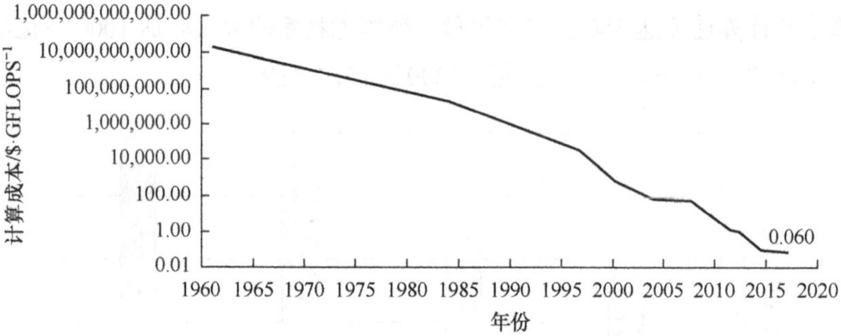

图 1-9　1960—2020 年计算成本变化曲线

（数据来源：Wikipedia、国信证券经济研究所。）

当前，企业正在通过万物互联技术将散落的传感器、嵌入式终端系统、智能控制系统、通信设施连接成一个智能网络，使得机器、工作部件、系统及人类通过网络持续地保持数字信息的交流，最终实现无所不在的连接。罗克韦尔认为，互联企业是企业转型发展的高级形态，构建互联企业是云计算、大数据、移动互联、人工智能等新一代信息通信技术应用的集中体现，是企业降低运营成本、提升各环节协作效率、加强员工知识和技能传承、应对安全风险等方面的现实选择，也是实现企业资源共享、业务优化、智慧运营、服务增值的重要基础。

2. 数据驱动：以数据流带动资金流、人才流、物资流

数据正成为一种新的资产、一种新的资源、一种新的生产要素。人类提升对世界认识能力的方法就是从现实世界中获取信息、发现规律。数据作为用符号、文字、图像等方式对客观事物进行直观描述的载体，是信息的表现形式，是人们发现规律、认识世界的基础手段。牛津大学教授维克托·迈尔·舍恩伯格在其著作《大数据时代》中指出，大数据带来了人们思维方式的三大改变，即从处理样本数据转为处理全体数据、从追求精确求解转为接受近似求解、从关注因果关系转为关注相关关系。这会使信息标准化、透明化、模型化、复杂问题简单化，进而为人类探索未知、求解问题提供新的思维方法。并且，承载着信息和知识的数据，在沿着价值导向自由流动的同时，也将带动资金、技术、人才等资源要素的优化配置。

数据要素呈现爆发式增长态势。随着信息技术的广泛渗透和万物互联不断深入，几乎所有生产装备、感知设备、联网终端甚至生产者本身都在源源不断地产生数据，使人类社会面临数据资源爆发式增长的新形势。特别是近几年来互联网、物联网的普及和大数据、人工智能、云计算等前沿技术的广泛应用，使数据的产生、获取、传输、处理更加快捷、高效，数据的应用模式更加丰富，数据的采集和应用跨入了一个新阶段，全球范围内的数据开始井喷式增长，人类社会由 IT（Internet Technology）时代进入了 DT（Data Technology）时代，数据规模提升到 PB（千万亿字节，250 字节）级乃至 EB（百亿亿字节，260 字节）级。据国际数据公司（IDC）预测，全球数据将从 2018 年的 33ZB 增至 2025 年的 175ZB（见图 1-10）。2018—2025 年，中国的数据将以 30%的年平均增长速度领先全球，比全球高 3%，预计到 2025 年，中国数据增至 48.6ZB，将占全球 27.8%（见图 1-11）。

全球各国均高度重视数据资源的基础性、战略性地位，并积极探索数据生产要素优化配置路径。美国在《大数据研究和发展倡议》提出对数据的占有和控制将成为国家核心资产，并且从信息资源公开和政府信息共享方面也出台了《政府数据开放倡议》《开放数据行动计划》和《联邦数据战略与 2020 年行动计划》等大量政策措施，促进了数据资源整合共享。跟随美国政府数据开放的浪潮，英国政府于 2010 年建立了政府数据开放平台（data.gov.uk），

并于 2018 年推出“发现开放数据”服务，帮助公众检索和使用公开数据。法国政府颁布《“数字共和国”法案》《公众与政府关系法》等文件，规范政府数据开放和数据安全。部分国家出台的数据开放共享相关政策如表 1-1 所示。

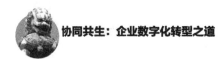

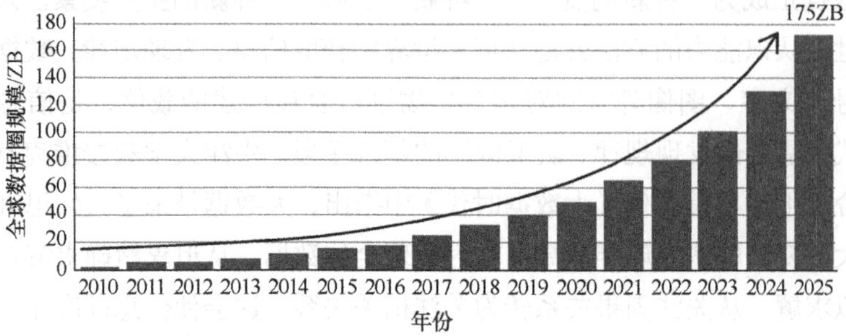

图 1-10　全球数据圈规模（2010—2025 年）

（数据来源：IDC《大数据时代 2025》白皮书。）

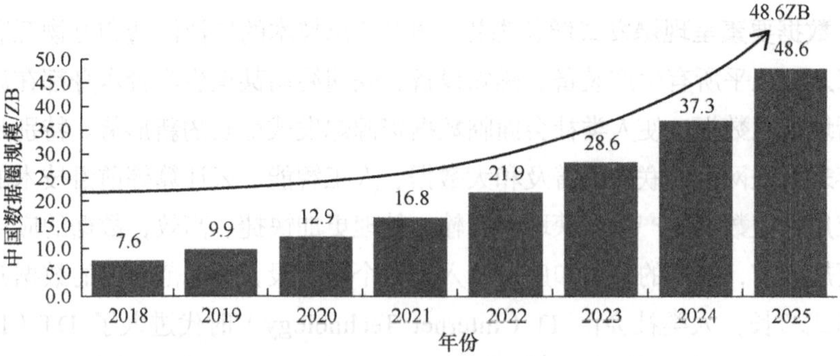

图 1-11　中国数据圈规模（2018—2025 年）

（数据来源：IDC《大数据时代 2025》白皮书。）

表 1-1　部分国家出台的数据开放共享相关政策

	出台政策
美国	➢ 2009 年，发布《开放政府指令》 ➢ 2012 年，发布“大数据计划”、《数字政府战略》 ➢ 2013 年，执行《把开放和可机读作为政府信息新的默认状态》法令，签署 G8 国家开放数据宪章 ➢ 2015 年，发布《美国数字经济议程》《开放数据行动计划》 ➢ 2016 年，发布《联邦大数据研发战略计划》，与欧盟签署的“隐私盾”协议正式生效 ➢ 2019 年，发布《联邦数据战略与 2020 年行动计划》

（续表）

	出台政策
欧盟	➢ 2009 年，出台《数字红利战略》 ➢ 2010 年，发布“欧洲数字议程”政策 ➢ 2011 年，发表《开放数据：创新、增长与透明治理的引擎》报告 ➢ 2014 年，推出了《数据驱动的经济战略》大力推动“数据价值链战略计划” ➢ 2015 年，发布《数字化单一市场战略》 ➢ 2017 年，发布《构建欧洲数据经济》 ➢ 2018 年，发布《建立一个共同的欧盟数据空间》，《通用数据保护条例》（GDPR）正式生效，通过了“非个人数据自由流动条例” ➢ 2020 年，发布《欧洲数据战略》
德国	➢ 2006 年，发布《信息自由法》 ➢ 2010 年，发布《德国 ICT 战略：数字德国 2015》 ➢ 2014 年，出台《数字议程（2014—2017）》 ➢ 2016 年，发布“数字战略 2025”
英国	➢ 2008 年，启动“数字英国计划” ➢ 2009 年，推出《数字英国》计划，颁布《数字经济法案》 ➢ 2012 年，发布《自由保护法》《开放标准原则》 ➢ 2015 年，发布《英国数字经济战略（2015—2018 年）》 ➢ 2017 年，出台《英国数字化战略》，颁布新《数据保护法案》，《数字经济法案》正式生效 ➢ 2018 年，发布《数字宪章》
法国	➢ 颁布《“数字共和国”法案》《公众与政府关系法》等，强调政府数据开放和数据安全
日本	➢ 2012 年，发布《开放政府数据战略》 ➢ 2013 年，公布《面向 2020 年的 ICT 综合战略》

中国也高度重视数据资源的集聚、开放和共享，相继出台《政务信息资源共享管理暂行办法》《政务信息系统整合共享实施方案》《关于推进公共信息资源开放的若干意见》等一系列政策文件推动数据资源体系建设。国家发展和改革委员会、中共中央网络安全和信息化委员会办公室于 2019 年联合推动建设国家数字经济创新发展试验区，尝试探索建立政府数据高效安全流通和应用的政策制度、机制化流程，加快数据生产要素高效配置。2020 年 3 月 30 日颁布的《关于构建更加完善的要素市场化配置体制机制的意见》指出，要加快培育数据要素市场，促进重点领域政府数据开放和数据资源有效流动，扩大农业、工业、交通等重点行业的政府数据开发利用场景。据《中国地方政府数据开放报告》统计，截至 2019 年 10 月底，中国已有 102 个省

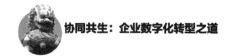

级、副省级和地级政府上线数据开放平台，全国政府数据开放数据集总量增长到 71092 个。

在产业领域，当感知无所不在、连接无所不在，数据必将无所不在。所有的生产装备、感知设备、联网终端，包括生产者本身都在源源不断地产生数据，这些数据将会渗透到产品设计、建模、工艺、维护等全生命周期，企业的生产、运营、管理、服务等各个环节，以及供应商、合作伙伴、客户等全价值链，成为制造的基石。企业自动化有两种，一种是看得见的自动化，数控机床、机器人各种各样先进的生产装备，可以看见它是自动化的，不需要人为干预，自动就生产了；还有一种是看不见的自动化，这种自动化就是数据流动的自动化，随着各种设计工具、仿真模型、管理软件、工业数据的积累，随着信息物理系统（Cyber-Physical Systems，CPS）在更广范围内应用，在企业研发、测试、生产、物流、管理、服务等环节，在企业横向、纵向和产品全生命周期数据集成过程中，实现没有人为干预的数据互联、互通、互操作，即看不见的自动化。建设数据驱动型企业的本质就是通过生产制造全过程、全产业链、产品全生命周期数据的自动流动不断优化制造资源的配置效率，就是要实现更好的质量、更低的成本、更快的交付、更高的满意度，从而带来数据驱动的创新、数据驱动的生产和数据驱动的决策。只有将采集到的各类数据进行联网汇总和高效分析，才能反过来指导实现更加智能的生产和服务，重塑业务模式。很多时候，成功者不再是做出最佳产品的企业，而是能收集到最有用的数据并利用它们提供最佳数字服务的企业。

3．软件定义：软件使能“虚”“实”有效交互

软件定义的技术本质就是把过去一体化的硬件设施打破，将基础硬件虚拟化并提供标准化的基本功能，然后通过管控软件控制基本功能，提供更开放、灵活、智能的管控服务[①]。它既可以将网络、数据、计算、传感等海量资源在人与物的融合环境中连接起来，从而实现万物互联，又可以利用编程来提供包含云计算、工业互联网、物联网在内的众多应用模式。总体来说，软件定义是大数据、人工智能、共享经济、平台经济等新模式新业态的重要支撑，是当今数字经济时代发展的助推剂。

---

① 梅宏.《软件定义一切：挑战和机遇》，2017.11.

从数字化转型角度看，软件定义的本质就是物理世界运行规律在数字空间的模型化、算法化、代码化、工具化，软件不仅可以定义产品结构和功能，而且可以定义生产流程和生产方式，从根本上优化产品服务、业务流程、企业组织和产业生态。

软件早已不再是过去的软件业，而是产业的软零件、软部件和软装备。例如，工业软件打破传统工业生产的“设计—制造—测试—再设计”流程，通过软件支撑创造一个与实物制造相对应的虚拟制造空间，实现研发设计、仿真、试验、制造、服务在虚拟空间的仿真测试和生产，通过软件定义设计、产品、生产和管理等制造全环节的方式，从而使制造过程快速迭代、持续优化，制造效率和质量显著提高，成本快速下降。正如西门子所称：“软件是工业的未来，数据是未来的原材料。”西门子的软件研发费用约占整个集团研发费用的 40%。AUTODESK 认为软件将定义产品的结构和功能，其通过衍生式设计软件为空客公司设计了具有内部晶格结构的仿生隔断，比原来设计的结构重量轻 45%。波音等企业拥有大量不为行业其他企业所掌握的工业软件，波音在 787 研制过程使用了 8000 多款软件，其中有 7000 款是非商业化专业软件，这是波音多年工程技术经验和方法的载体，高质量的工业软件不仅是企业智慧化的基本要求，还是一个优秀制造企业核心竞争力的集中体现。工业软件公司 PTC，早在 1998 年就率先向市场推出基于互联网的产品生命周期管理（Product Life-Cycle Management，PLM），又在 2009 年推出 ThingWorx 平台，成功提出工业物联网所需的技术解决方案，通过工业软件对工业流程进行数字化表达，对大数据进行处理和利用，让数据反哺生产，从而帮助工业互联网兑现价值，实现工艺与管理的优化。

4. 平台支撑：平台构筑产业数字化生态的“基础底座”

数字平台作为以数字技术为基础，通过整合数据、算法、算力，实现居中撮合、链接多个群体以促进其互动的服务中枢，可以为人类的生产、生活提供生产、分配、交换、消费、服务等相关信息的收集、处理、传输及交流展示等数字交易服务和技术创新服务，是数字经济时代的重要基础设施（见图 1-12）。合理定价、公平交易、利益分享机制，能够实现各方在同一平台上最大程度地达到价值共创共赢的产业生态，为全要素、全产业链和全价值链连接提供载体。

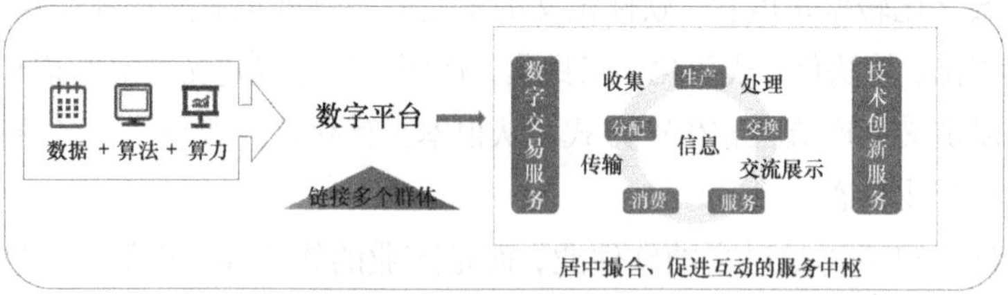

图 1-12　数字平台

从种类上看，数字平台包括促进商品和劳务流通的电商平台、外卖平台、出行平台等交易类平台，促进信息传递和社会交往的资讯、视频等媒介类平台（如微信、QQ 等社交类平台），政务服务平台等公共服务类平台，为经济运行或产业运行提供软硬件基础的云计算平台、工业互联网平台等。其中，交易结算、物流配送类平台规模最大，信息撮合类平台起步最早，融资服务类平台的商业模式逐步成型，技术赋能平台对于产业发展的支撑作用明显。从发展历程上看，数字平台大概经历了以信息交流为典型特征的门户平台、以产品交易为典型特征的电商平台阶段，正在步入以知识交易为典型特征的工业互联网平台发展阶段。

工业互联网是连接工业全系统、全产业链、全价值链，支撑工业智能化发展的关键基础设施，是新一代信息技术与制造业深度融合所形成的新兴业态与应用模式，是互联网从消费领域向生产领域、从虚拟经济向实体经济拓展的核心载体。当前工业互联网平台建设热度高企，承载着工业知识的数字化模型和工业 App 成为平台交易的重点，有助于降低空间和时间对社会生产的限制，有助于提升资源配置、产业分工、价值创造的共享协同水平，有助于构建工业知识沉淀、传播、复用和价值创造体系，有助于构建资源富集、多方参与、创新活跃、高效协同的开放共赢产业新生态。

全球领军企业加快构建基于工业互联网平台的制造业新生态，国际金融危机以来，GE、西门子等制造业领军企业持续推进自身的数字化、网络化、智能化转型，围绕“智能机器+工业互联网平台+应用 App”功能架构，开展了一系列兼并重组、业务转型、模式创新，整合平台提供商、应用开发者和用户的资源，抢占工业大数据入口主导权、培育海量开发者、提升用户黏性，积极构建基于工业互联网平台的制造业新生态，旨在不断巩固和强化其垄断地位。除此之外，传统企业还进一步深化和工业互联网企业的跨界合作，持续拓展生态范围。其一是围绕技术开展合作，实现能力互补，如 GE、西门子分别与微软、阿里云在平台部署等基础技术方面进行合作，微软与高通依靠前沿技术合作，共同创建了边缘侧全新视觉 AI 解决方案；其二是平台企业与行业用户合作，打造实用性强的专业解决方案，如 BP（英国石油公司）与 GE 合作提高油气生产环节的效率、可靠性和安全性；其三是通过资本合作扩大发展实力，如罗克韦尔向 PTC 注入 10 亿美元股权投资，博世、西门子等行业巨头对众多工业互联网初创公司提供资金支持等。

中国高度重视工业互联网平台发展，国务院印发了《关于深化“互联网+先进制造业”发展工业互联网的指导意见》。领先企业纷纷开始探索构建面向行业的垂直领域的工业互联网平台，并形成三种典型模式，一是以航天云网 INDICS 为代表的协同制造工业互联网平台，二是以树根互联“根云”为代表的产品全生命周期管理服务工业互联网平台，三是以海尔 COSMO 为代表的用户定制化生产工业互联网平台。这些平台解决方案可以有效解决传统企业数字化转型的痛点问题，是行业价值创造的加速器。在汽车行业，航天云网打造的基于工业互联网平台的采集模式可以成功节约采购成本 5000 万元/年，为企业创造约 7000 万元/年的价值。在石化化工行业，石化盈科作为专注产品全生命周期管理服务的工业互联网平台，围绕生产工艺优化、厂区安全防护、生产耗能优化等场景需求，打造基于 ProMACE 平台的全生命周期资产管理解决方案，万元产值能耗降低 6%，试点企业年增效益达 50 亿元。在家电行业，针对个性化定制、产品质量优化等需求，海尔 COSMOPlat 平台打造的解决方案已赋能 15 家互联工厂，且通过产品溢价创造了 100 多亿元的生态价值。工信部数据显示，全国具有一定区域和行业影响力的工业互联网平台超过了 70 个，双跨平台平均的工业设备连接数已达 69 万台，数据采集范围和采集能力持续增强。

5. 智能主导：“智能+”引领经济社会高质量发展

人工智能等新技术加速向研发、生产、管理、服务等环节渗透，正在构建一套基于数据自动流动的状态感知、实时分析、科学决策、精准执行的闭环赋能体系，逐步形成从局部向系统再向全局、从单环节向多环节再向全流程、从单企业向产业链再向产业生态的智能运行体系。

人工智能等新一代信息通信技术的融合发展正将制造业带入一个感知无所不在、连接无所不在、数据无所不在的新时代，带入一个独立要素不断整合为小智能系统、小智能系统不断融入大智能系统、大智能系统不断演进为超级复杂智能系统的新时代。智能的本质是以数据在闭环系统的自动流动，实现要素资源配置的优化，智能的核心是以赛博空间的信息流优化物质世界的资源配置效率，从企业自动化到企业智能化，是从局部优化到全局优化的过程。在时间上，资源优化只有起点，没有终点，资源优化是一个不断深化的过程。在空间上，参与优化的资源沿着点、线、面、体、大系统、巨系统方向不断拓展，局部优化不能替代全局优化，全局优化也不是局部优化的总和。在频率上，优化的频率越来越快，企业面对个性需求带来生产批次越来越多、批量越来越少的新形势，面对制造环节柔性生产的要求，面对不断追求零库存的过程就是资源优化频率加快的过程，对资源优化频率的追求将是无止境的。因此，自动化是单点、低水平、有限的资源优化，智能化是多点、高水平、全局的资源优化。

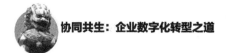

1.1.2 数字化转型的演进变迁

今天所讲的数字化，实际上是一个覆盖信息化全过程的过程。根据数字技术对整个经济社会影响的本质区别，数字化可以分成三个阶段，第一个阶段是信息数字化（Digitization）；第二个阶段是业务数字化（Digitalization）；第三个阶段是数字化转型（Digital Transformation）。人类拥抱数字化是一个从技术方面的信息数字化为主导到数字产品和服务方面的业务数字化为主导，再到制造业等传统产业和整个社会数字化为主导的过程。

1. 信息数字化

目前，国际上对信息本质的研究尚未形成一个共识性的结论，哲学界和科学界普遍认为，物质、能量和信息构成了物质世界的三大支柱，信息是物质的一种普遍属性。1970 年，哈佛大学就提出“资源三角形”的论断，认为材料、能源、信息是推动社会发展的三种基本资源。杰里米·里夫金预言的“第三次工业革命”印证和发扬了这一观点，他认为，建立在互联网、新材料、新能源结合基础上的第三次工业革命，将带动人类社会进入绿色能源与“能源互联网”的时代。今天，信息革命不断深化，大数据加速提升信息资源对社会发展的基础性资源作用，与另外两种资源共同推动人类社会进步。大数据的发展，使人类更加清晰地看到未来社会的进步发展将进入由材料、能源、信息三种基本资源共同推动的阶段。

信息资源的存在贯穿人类发展的全部历程。从结绳记事的有限信息到各类智能终端收集的丰富信息，从口口相传的神话蕴含的口头信息到造纸术发明后广泛传播的书面信息，从“会说话的鼓”传递的原始编码信息到信息论开启的近代通信信息，都包含着人类社会演进的重要信息。信息具有相对独立性，可以被传递、复制、存储、加工和扩散，并具有无线共享性。信息可以从一种形态转换为另一种形态，如自然信息可转换为语言、文字和图像等表述信息，也可以进一步转换为电磁波信号和计算机代码等。将数字、文字、图像、语音等各种信息，通过采样和量化，用二进制数字序列来表示，并用计算的方法从中提取有用的信息，以满足我们实际应用需求的这一过程称为信息数字化。

自从人类利用电磁信号承载并传递信息以后，信息传输便进入了一个崭新的、以电磁通信为主要特征的、具有划时代意义的近现代通信时期。从 20 世纪 50 年代开始，模拟通信成为信息传输的主要方式，出现了 1GHz 以下频段的小容量微波接力通信，卫星通信进入试验阶段。主要发达国家以步进制和纵横制交换机为基础建立了包括自动电话网、自动电报网和自动保密电话网在内的战略通信网络。在模拟通信中，用户线上传送的电信号随着用户声音大小而变化，这个变化的电信号无论在时间上还是在幅度上都是连续的，这种信号被称为模拟信号。传输模拟信号的通信方式称为“模拟通信”。模拟通信网络通常只能承载一种业务，如果一个用户需要完成多种业务，就需要多种终端连接到不同网络上，造成了所谓的信息“烟囱林立”。

数字信号是一种离散的、脉冲形式的信号。数字通信是指用数字信号作为载体来传输信息，或者用数字信号对载波进行数字调制后再进行传输的通信方式。与模拟通信相比，数字通信拥有诸多优点，如信号传输过程中没有误差积累、传输质量高、可靠性高、便于纠错、易于加密、适于集成、更加通用灵活等。随着大规模集成电路及数字计算机的飞速发展，特别是 20 世纪 60 年代末以来随着数字信号处理理论和技术的不断成熟和完善，用数字方法来处理信号，即数字信号处理，已逐渐取代模拟信号处理。20 世纪 70 年代，数字通信、数字交换逐渐成为信息传输的主要方式，出现了以光纤、数字微波传输和程控数字交换为支撑的综合数字网。1970 年，法国首先在拉尼翁开通了世界上第一台数字交换机 E10，开始了数字交换的新时期。数字交换机的诞生不但使电话交换跨上了一个新的台阶，而且为开通非电话业务提供了有利条件[①]，数据通信真正登上历史舞台，业务通信中的非话音信息，

① 陈永甫. 现代通信系统和信息网[M]. 北京：电子工业出版社，1996.

如图像情报、制导指令、导航定位信息、计算机数据等显著增加，信息传输的内容完成了从话音为主向数据话音并重的转变。20 世纪 80 年代以来，大容量数字传输、综合交换、综合业务进一步成为信息传输的主要方式，发达国家积极建设宽带综合业务数字网（B-ISDN），在一个通信网络中完成电话、数据、文字、图像等综合业务信息的传输成为现实。计算机网络及其网上应用系统的发展，极大地推动了多媒体通信的应用，逐步实现了信息传输和信息应用的融合发展。进入 21 世纪以后，相继又出现了标志交换（MPLS）、软交换和其他一些新技术，信息传输演进到海、陆、空一体化通信网络的新时代。

2. 业务数字化

业务数字化通过新型数字运营模式驱动企业业务实现转型和创新，并扩展企业新的发展空间，提高企业核心竞争力。业务数字化具体涉及六个信息层次和四个领域（见图 1-13）。

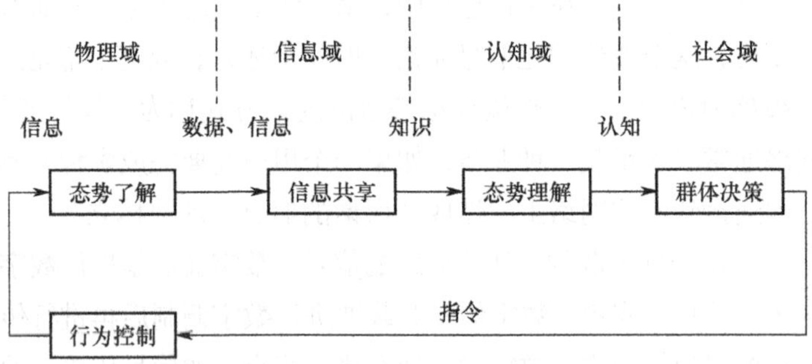

图 1-13　数字化业务模式示意图

六个信息层次分别是信号、数据、信息、知识、认知、指令。信号是信息在物理域的表现形式；数据是从信号中提取原始信息的数字化表现形式；信息是按主体需求选择形成的有价值的结构化数据；知识是对事物的理性认识；认知是在对知识进行分析和理解的基础上，产生的解决问题的意图和对策；指令是根据意图和对策，形成的控制调整具体行动的命令、指示。

四个数字化业务中信息流转的领域分别是物理域、信息域、认知域、社会域。物理域是效能的发生地，也是基础设施和信息系统得以存在的领域；信息域是信息生成、受控和共享的领域；认知域是感觉、认识、信念和价值观存在的领域，是根据理性认识进行决策的领域；社会域是实体内部及相互之间进行信息交互与交流、共享感知与理解及协同决策的领域。数字化业务模式首先通过对物理域的观察获得信号、数据和信息，进行态势了解，然后进入信息域，进行信息交流与共享，在社会域与认知域，利用相关知识，分析态势，形成认知，进行判断、推理和决策，制订实施计划与指令，然后重新进入物理域，执行指令，完成信息的循环。

20 世纪 90 年代后期被称为“工业时代”向“信息时代”过渡的时期，超文本标记语言（HTML）、超文本传输协议（HTTP）、实用浏览器和个人计算机几乎同步发展，推动国际互联网成为可能，并开始对人类活动的广阔领域产生有力的影响。美国陆军建设的战术互联网就是多路由、自组织、自恢复、自适应的数据通信网络，融合了态势感知、指挥控制等多种信息系统，通过承载综合数据业务，使战斗单元实现从依赖地理连接向依赖信息连接的转变。业务数字化在军事领域的应用产生了大变革式的效果，《孙子兵法》中提到的“知己知彼”境界，首次被无限接近。在总结 1991 年海湾战争的经验教训之后，美军领导层认为，陆军在信息时代需要掌握的最主要本领是在以下三个基本问题上占据相对优势，即“我们在哪里”“友邻在哪里”“敌军在哪里”。这也成为美军“21 世纪部队”数字化建设的初衷。

问题一：我们在哪里？

从历史上看，部队或士兵在战场上迷失方向是一种普遍现象。数字化部队每台战车上用基于全球定位系统（Global Positioning System，GPS）的数字地图取代指南针和磁罗盘之后，士兵们不仅能准确掌握自己的经纬度坐标，而且能观察到自己在作战环境中的相对位置。

问题二：友邻在哪里？

第二次世界大战时期，各级指挥官都要随身携带 1∶50000 比例的地图，地图上标注了密密麻麻的作战分界线、进攻阶段线、战斗位置、检查点、目标参考点、各式各样的行军路线和坐标轴。作战协同的双方必须不断地进行电台联络，明确对方位置，反复建立联系。在装配有蓝军跟踪（Blue Force Tracking，BFT）系统的战车内，数字化部队的官兵们能通过屏幕及时、清楚地观察到友邻的位置，指挥官也可以将更多的精力用于决策与指挥控制。

问题三：敌军在哪里？

进入 20 世纪，随着战场范围扩大、涉及领域增多及战场伪装技术的使用，敌情信息搜集愈加困难，情报误判、误读、误传与融合不好的问题屡屡出现。数字化部队装备的“全源情报分析系统”能够对来自卫星、无人机、防空雷达、炮位雷达、远程战场传感器系统的各类数字化信息进行融合处理，形成完整的敌情态势图，并根据对象级别与需求，加以裁剪、分发。

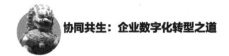

2003 年 5 月，美国陆军第 2 机步师第 3 旅在国家训练中心与联合战备训练中心，进行了一系列严格的部署演练与实装实兵演习。兰德公司受邀进行了战斗力验证性评估，评估结论为：与同等规模非数字化部队相比，数字化部队的作战能力提高约 10 倍。

3. 数字化转型

数字化转型利用数字技术创新结构业务模式，推动传统业务逐渐向更具有数据驱动和技术强化特征的数字业务转变，从而改善客户服务效果，重塑价值创造方式，推动企业实现自我变革。数字化转型的概念是 IBM 公司在 2012 年提出来的，当时提出来的时候并没有引起广泛重视，但到 2015 年，这一概念开始引起全世界产业巨头的重视。2016 年 1 月，世界经济论坛和埃森哲发表了《产业界的数字化转型》，把过去几年全球数字化转型的状况做了一个总结和分析。其中讲到，数字技术在经济社会发展中的作用，已经从提升效率和劳动生产率的辅助角色，快速演变为基础创新和创造的“支柱”。换句话讲，数字技术已上升到生产力的中心位置，不是辅助角色。这是数字化转型中最重要的一个转变。而且这本书里也讲到，产业与社会的数字化转型，是所谓第四次产业革命最重要的内容之一。数字化转型是信息革命和信息化发展的新阶段，而且产业的数字化转型一定会带来社会的数字化转型。

当前的数字化转型浪潮，是信息革命和信息化发展的新阶段。推动产业界和全社会的数字化转型，是 2015—2030 年全球信息化发展的主线。因此，中国需要加大力度，重视和研究“数字化转型”的概念、目标、内涵、要素、方法学等，以期与世界上先进国家、先进企业的“数字化转型”发展同步，提高中国产业界和国家的全球竞争力。另外，数字化转型所依赖的主要技术基础是互联网、物联网和全联网。因此，推动三网的发展，是当前信息与网络技术、自动化技术、系统工程技术、管理科学与技术的最主要的发展方向①。

1.2 数字化转型的概念

2018 年 3 月 27 日，国务院发展研究中心与戴尔联合发布了《传统产业

① 周宏仁，物联网发展促进数字化转型[J]. 中国信息界，2017(3): 35-38.

数字化转型的模式和路径》报告，对数字化转型进行了阐述：即利用新一代信息技术，构建数据采集、传输、存储、处理和反馈的闭环，打通不同层级与不同行业间的数据壁垒，提高行业整体运行效率，构建全新的数字经济体系。该论述虽然更多地强调了运行模式的转型，忽视了数字化转型所强调的“业务模式转型”这一核心，但在定义中反映出了数字化转型的阶段性目标，即提高行业整体运行效率，构建全新的数字经济体系。数字化体系框架结构如图 1-14 所示。

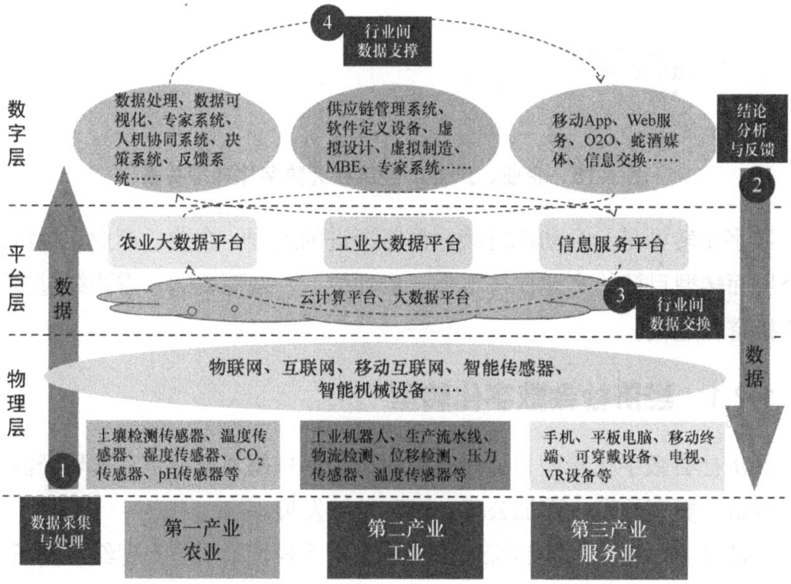

图 1-14　数字化体系框架结构①

数字化转型的总体目标是：数据和信息技术像水、电、气一样成为企业、产业和经济社会发展的基础支撑和重要驱动，基于新一代信息技术形成由数据闭环和业务闭环相互映射的数字生态系统，驱动企业实现核心竞争力提升，产业和行业实现整体运行效率提高，经济社会实现更高质量、更有效率、更加公平、更可持续的发展。

从微观到宏观，数字化转型的目标可以从企业、产业、经济社会三个层面依次展开。三者是包含与被包含的关系，企业的数字化转型是产业和经济社会数字化转型的起点，产业数字化转型是企业数字化转型的结果和经济社

① 国务院发展研究中心. 传统产业数字化转型的模式和路径. 2018.

会数字化转型的关键内容，经济社会数字化转型是企业和产业数字化转型共同作用的结果。企业、产业、经济社会数字化转型关系如图 1-15 所示。

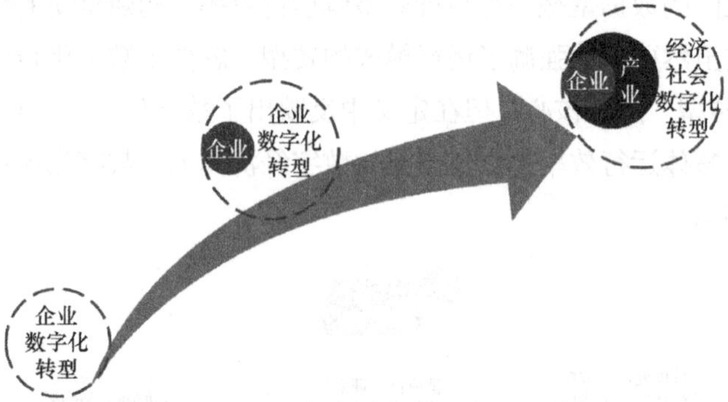

图 1-15　企业、产业、经济社会数字化转型关系

数字化转型是一个动态持续、循序渐进的过程，企业、产业、经济社会三个层面转型目标的实现往往不是一步到位、一蹴而就的，需要经过多次反复的投资和迭代。

1.2.1　经济社会数字化转型

经济社会数字化转型目标是：在数据和信息技术赋能下，实现经济社会更高质量、更有效率、更加公平、更可持续发展。

经济社会数字化转型目标可以分解为两个层面。一是实现经济高质量发展。通过数字化转型促使供需精准匹配、经济运行成本降低、经济运行效率提升、实体经济形态重构，激发新业态新模式，推动经济向分工更精准、结构更合理、形态更高级、空间更广阔的阶段演进。二是提高政府数字服务效能。通过构建适应数字时代的、以民众为中心的、以平台为基础的多元主体协同共治的新型数字服务体系，建立起一个更高效、更可靠、更友好的服务模式，改善公民与政府的数字互动体验，提供世界一流的公共服务。

要实现上述目标，政府可以从以下方面寻求转型。一是加快建设完善泛在先进的信息基础设施。二是将更先进的数字技术整合到经济社会中，以更透明、更高效、更具创造性的方式提供公共服务，加速经济发展。三是对数据和信息技术需求高的公共部门，通过提高职位吸引优秀数字人才。四是解决数字化转型所需要的技能、劳动力市场等相关问题，培育数字人才、技能和文化氛围，壮大数字技术人才基数。五是提升数据分析、应用和管理能力。

六是重视数据安全，加强数据安全立法，为相关方的数据共享、平台数字化运营、数据变现等新商业模式提供安全保障，确保数字化转型每个阶段都能免受网络攻击。

1.2.2　产业数字化转型

产业数字化转型目标是：通过利用新一代信息技术构建开放的产业平台化生态系统，打通不同层级、不同行业间的数据壁垒，驱动产业链实现去中介化、去中心化、去边界化的数字化重构，提升大中小数字企业间协同水平和行业整体运行效率。

产业数字化转型目标也可以分解为两个层面：一是通过数字化转型实现传统产业优化升级，不断提高传统产业数字化、智能化水平，推动产业迈向价值链中高端；二是通过数字化转型，实现物联网、互联网、大数据、人工智能和实体经济的深度融合，形成新增长点和新动能。转型后的产业生态系统将至少包括三类企业：平台企业、外包服务提供商、产品服务企业。农业大数据平台、工业互联网平台、信息服务平台将分别成为一产、二产、三产数字化转型的关键目标，成为国际战略竞争的制高点。三者的共同点是平台模式这一新商业模式的形成，使得行业的界限消失于无限的虚拟网络之中，企业形态也更趋于去中心化、分布式、协作性与适应性，无缝衔接到平台生态圈中。

以工业互联网平台为例，工业互联网平台是制造业数字化转型的关键目标，众多行业及众多企业的研发设计、生产制造、产品流通、售后服务等产品生产和服务过程，在实现数字化、信息化和智能化的基础上，都被迁移到云数据中心，并通过一个统一的云操作平台实现远程智能制造。工业互联网平台颠覆了传统的产业生态系统。平台化使得传统的产业价值链发生重大变化。通过数字化、信息化、智能化，工业互联网平台可以整合所有工业企业的各个制造环节，并通过大数据技术监控平台上各企业的产品生产及其生产要素与市场动态。因此，工业互联网平台不仅是产品生产企业进行技术交流与实现远程智能制造的操作界面，而且是上下游企业之间、企业与用户之间进行分工协作、产品交易、服务保障的虚拟市场。工业互联网平台不仅包括不同产业的众多企业，也包括生产同一产品的众多企业；不仅包括生产制造企业，也包括产业链的其他相关企业；不仅包括企业，也包括产品和服务的最终需求者及各类服务型机构。网络效应将使得工业互联网平台成为组织全社会甚至是全球各类生产要素资源配置的复杂网络[①]。

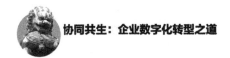

要实现上述产业平台化生态化目标，平台建设运营主体可以从以下方面寻求转型。

一是吸引高质量的平台伙伴。在平台建立之初，建立一套较严格的筛选和培育机制；在吸引到好的合作伙伴后，还要建立一套涵盖从售前到售后的完整质量保证体系。只有将产品和服务做好，让平台客户感受到切实的价值，才能产生足够的吸引力，并让平台伙伴从中获利，进而吸引更多平台伙伴和客户，实现正循环发展。

二是多元化。创造一个合理公平的竞争环境，鼓励引导多元化，让不同规模、不同类型的平台伙伴参与到生态系统中来，形成适度的长尾，更好地服务客户；平台发展到一定阶段，可以延伸到多个领域并形成子平台，组成一个平台群。

三是善用数据。包括挖掘数据价值；建立一支高质量的数据人才队伍；提升平台的数据安全水平，为相关各方之间的数据共享、平台的数字化运营及数据变现等新的商业模式提供保障[②]。

四是构建新型组织形态。产业实现转型后，大部分工作将以项目为基础，主导性组织单元将由企业变为敏捷团队，组织模式将从“管控型”为主转向“自组织”为主。扁平化、网络化、敏捷化的新型组织模式是开放平台系统搭建时需要考虑的重要内容。

1.2.3 企业数字化转型

企业数字化转型的目标是：在数据和信息技术的推动下，企业业务模式和运行模式转型为数字业务模式和运行模式，驱动企业实现产品增值、流程再造、效率提高，提升企业核心竞争力，进而实现可持续发展。

企业数字化转型目标可以分解为两个层面：一是实现产品增值、收入增长，即以消费者为中心、借助新一代信息技术提升现有产品和服务附加值，开拓数据密集和信息技术密集的新业务市场，发展新的竞争优势并产生新收益；二是提高运行效率，即采用数字技术优化流程，推动企业运行模式实现数字化、网络化、智能化、自动化，降低运营成本。

---

① 李广乾. 工业互联网平台是制造业数字化转型的关键目标，腾讯研究院，2017.

② 盛浩. 平台为王的时代来临，埃森哲中国，2016.

要实现上述目标，企业可以从以下方面寻求转型：一是提升员工对数字化转型的认同感；二是发挥数据价值，挖掘消费者潜在需求，寻找新的增长点；三是寻求创新，探索利用数据共享计划、众包和虚拟协作等新的合作模式，结构性降低成本；四是嵌入新技术能力，提高产品和服务质量，提升竞争力；五是强调敏捷性，包括快速试验、快速投资增长性领域；六是改变公司数字文化和数字人才招募和留住的方式，提升数字人才吸引力；七是构建/购买所需的数字能力，如建设网络安全防御以保持客户信任、将端到端流程数字化以降低成本并优化资源等。

第2章

企业数字化转型的“门道”

2.1 发展机理

当前产业界普遍认为，我们正进入一个不确定性的时代，产业发展的规律性减弱趋势明显，复杂性、随机性、不可预测性问题增多，企业面临来自技术演进、政策调整、市场竞争、需求变化等多个方面的挑战，如何有效应对这些挑战，是加快数字化转型的根本动因。

2.1.1 新技术赋能企业加速转型

伴随着技术革命的创新驱动，互联网通过实现“人与人”“人与物”“物与物”之间的高速连接，促进信息的自由流动，提高交易效率和生产效率，催生新模式新业态，帮助企业创造新价值。同时，互联网赋予企业配置全球范围内研发资源和劳动力资源的能力，使基于网络的协作式分工成为可能，推动生产关系产生变革。数据作为独立的生产要素在价值创造过程中被加速流动和利用，促进以物质生产、物质服务为主的经济发展模式向以信息生产、信息服务为主的经济发展模式加速转变，从而大幅提升全要素生产率。根据研究显示，以“数据驱动型决策”模式运营的企业，其生产力普遍可以提高5%～10%①。随着数据、算法、算力三大因素的升级迭代，人工智能的发展行稳致远。企业通过对大量蕴含在生产、交换、消费中隐性数据的显性化和技术、技能、经验等隐性知识的显性化，推动形成“描述—诊断—预测—决

---

① 张志清，李云梅，张瑞军. 数据驱动技术创新：能力构成模型与关键流程[J]. 科技进步与对策，2015(16)：7-10.

策"的数据闭环，实现数据的自动流动，形成智能数据，从根本上解决了企业生产过程的不确定性、多样性和复杂性问题，形成具有自感知、自学习、自决策、自执行、自适应等功能的新型生产方式。

2.1.2 个性化需求驱动企业快速响应

随着时代的发展和信息技术的不断升级，以用户为中心的企业竞争更趋激烈，企业的外部环境发生了巨大变化。一方面，过去的卖方市场变为买方市场，客户的收入水平不断提高，对产品时尚性和独特性有强烈的追求，客户需求变得不确定；再加上客户通过互联网获取信息也日趋便捷，客户感知价值发生了变化，他们希望能够随时随地、以他们选择的方式、在他们选择的设备上获取信息、参与产品和服务的设计，对产品外观、功能要求也越来越高，这意味着将出现更加频繁的小额交易、更快的物流期待、更复杂多样的工序模块、更多的小众客户。另一方面，技术更新加快，产品开发周期、生命周期缩短，市场不确定性大大增强，所有这一切动摇了以前生产模式赖以生存的基础。在这样的形势下，企业应用数字技术的目的从提高生产制造能力和运行效率转向为客户提供更高满意度的商品和全方位体验服务上来，全渠道、多触点的客户体验成为设计数字产品和服务、优化业务流程、重塑组织模式的主要出发点。企业的关注点从后端供应链延伸至前端的需求链，实现企业内部业务与外部客户紧密连接。企业需要重新定义以用户为核心的产品逻辑、业务逻辑和供需关系，快速、精准响应客户对低成本、高质量、个性化的产品和服务的渴求。

2.1.3 价值追求驱动企业加速变革

近 10 年来，我国制造业持续快速发展，产业规模跃居世界第一，但与主要工业发达国家水平和制造强国建设目标相比，我国制造业大而不强的特征还很明显，制造业的优势主要体现在制造成本上，并且制造业主要还集中在资源密集型、劳动密集型产业。在数字经济时代，与数字原生企业比较，工业化时代传统企业所处的外部市场条件诸如运行成本已发生深刻变化，劳动力成本上升已成为大多数企业面临的头号挑战。原材料投入成本上升，大大压缩了企业的盈利空间，这使得我国大量劳动密集型的产业正在失去竞争优势，倒逼传统企业变革创新。国家统计局调查结果显示，2018 年 5 月反映资金紧张的企业比重为 40.1%，这一比重连续三个月上升。同时，反映原材料成本和劳动力成本高的企业比重均持续超过四成，成本压力较大依然是企业生产经营中的主要问题之一。而以往通过企业临时裁员、兼并重组转向高利润业务、上市融资等老办法无法根治对市场响应迟缓和内部交易成本攀升等问题。在此背景下，很多企业将技术升级作为降低交易成本、提高效率的首选策略，更多地依靠信息、技术和知识等新要素来获取利润，依靠创新来打造核心竞争力。一些企业通过部署新型传感器、工业软件、工业云平台、CPS、人工智能等技术，打通企业内部信息孤岛，提高对供应链资源和服务的动态分析与柔性配置水平，实现产品全生命周期信息的追溯，大大缩短产品上市时间、提高生产效率和灵活性，帮助企业保持在市场上的竞争优势。

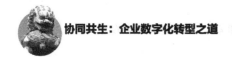

2.1.4 新冠肺炎疫情触发主动式转型机制

数字化转型的进程一直没有中断过，它渗透到经济社会发展的方方面面，无论是否接受，数字化转型都或多或少地在影响着企业的生产运营。新冠肺炎疫情不仅给高速发展的经济按下了暂停键，也对制造业企业带来了深刻的影响。探索数字化、信息化的经营管理模式是未来企业发展的趋势，此次新冠肺炎疫情给企业复工复产带来挑战的同时更带来了机遇。企业需要结合自己的业务特点，与 5G、工业互联网等数字化服务提供商合作，将自身企业的资源以网络化形式融入整个产业集群当中，扩大产业集群内企业间的协同效应，实现技术、产能与订单等资源的共享，拓展线上服务，提升企业管理信息化水平，增强企业竞争力。例如，传统制造业的中小企业，在数字化转型的过程中可采用企业数字化制造、行业平台化服务的策略，一方面利用企业资源规划（Enterprise Resource Planning，ERP）、制造执行系统（Manufacturing Execution System，MES）、客户关系管理（Customer Relationship Management，CRM）等信息管理系统，借助大数据打造智能化的生产线和车间，提升企业的数字化制造水平；另一方面利用“互联网”实现技术、产能与订单在产业集群内互联互享和数据开放共享，如借助工业互联网打造同产业集群内企业的云平台，把企业间的生产、仓储、产品、供应商、客户等信息紧密连接起来，优化要素资源的配置，利用网络化协作优势提升单个企业生产的效能。企业主动推动数字化转型，不仅能在云计算、大数据、人工智能等新兴技术的赋能下提升经营管理效率，降低成本，实现资源配置的优化，还能紧跟互联网时代大势，不断将自己的产品和商业模式推陈出新，为企业发展注入新动力。

2.2 作用机制

世界经济论坛指出，数字经济是“第四次工业革命”框架中不可缺少的一部分。“数字化”不仅仅是技术，还是一种思维方式，是新型商业模式和消费模式的源泉，为企业进行组织、生产、贸易和创新提供了新的途径，驱动企业生产方式、组织架构和商业模式发生深刻变革。工业经济下，企业能力体现在规模上，公司越大，能做的事情就越多，劳动力越多，公司就越有可能生产更多的产品，在更大的范围内分发销售，以及对业务合作伙伴和用户发挥更多的影响力。然而，数字经济时代，对于企业来讲，规模已不是优势所在，更重要的是思维方式的转型、甚至颠覆，以及在多大程度上利用数字化工具来放大员工的能力，并善于从“数字化”角度来分析和挖掘企业发展的新模式、新价值、新商机。传统的世界 500 强企业平均需要 20 年才能够达到 10 亿美元以上的市值，但是今天的互联网企业达到这一目标的速度则要快得多：Google 用了 8 年，而 Uber、Snapchat、小米等只用了 4 年或更短的时间。具体来讲，数字化转型通过数字技术应用驱动效率提升、产品增值、流程再造、生态构建、就业变革等，深刻改变了企业的能力和价值主张。

2.2.1 基于数字技术应用的效率提升

互联网集中了大量数字技术资源和服务，通过大幅提高应用效率而产生经济价值。互联网服务直接引起计算服务、信息服务的集中，并进一步促进了各类服务资源的集中，使得集中式、开放型服务平台有了很大发展空间。一个互联网服务平台可以服务数亿甚至数十亿个用户，单位用户的使用成本大幅度降低，整个社会的信息化效率得到极大程度的提高。例如，集合传感器、控制设备、数据分析、云计算和物联网等技术于一体的智能系统，实现对每个元件的监测，基于数据的预测维修、仿真测试及供应链管理，将机器人大量应用于生产线装备，能够显著提高生产效率；仿真与增强现实技术的集合，可将机器内部运行状态实时投影在屏幕上，帮助维修工程师准确掌握实际情况。基于互联网的共享服务云平台不仅使中小企业能够以很低的成本享受先进的信息技术应用和服务，也能使大企业的技术装备得到充分的应用，从而提高产品利用率。沈阳 i5 智能机床（见图 2-1）通过设备租赁、机床 U2U、智能工厂等多种商业模式，为中小企业智能化转型升级提供低成本高质量服务。

图 2-1　沈阳 i5 智能机床

2.2.2　基于数字化知识应用的产品增值

数字化信息和知识是遵循边际效益递增的工具，通过增大使用规模实现效益累积增值。数字化信息和知识具有可共享、重复使用、低成本复制等特点，对其使用和改进越多，创造的价值就越大。一方面，传统产品通过应用数字技术和网络技术拓展产品的功能，提高了产品中的知识和技术含量，提高了产品的附加值和市场竞争力。例如，随着传感技术、计算机技术、软件技术、通信技术不断“嵌入”制造业的产品中，产品的智能化水平不断提高，企业能够开展基于智能产品的远程诊断、在线检测等各类增值服务。另一方面，互联网可以将零散无序的数据、信息按照使用者的要求进行加工、处理、分析、综合，从而形成具备深度挖掘和多维利用价值的信息资源，并以任意的规模在生产中加以运用，从而带来不断增加的收益。比如，大数据分析有助于检测生产或质量数据的类型，利用这些大数据分析结果优化流程和产品质量，可以使模型类型从纯粹的统计“黑箱”模型转为基于专家和知识的“白箱”模型。例如，企业通过工业互联网尽可能捕捉影响生产决策的隐性数据，如零部件的偶发失效、不同加工材料造成的运转性能磨损、静止机器突然大功率启动时发生的摩擦损耗等，在此基础上开展预测分析，采取事前控制，通过降低决策成本和维修成本创造价值。例如，东方国信基于工业互联网平台 Cloudiip（见图 2-2），汇聚海量数据和产业需求，集成开发近 200 个可复用的微服务、微应用，面向钢铁行业提供机理模型、专家系统和大数据分析等服务，推动行业共享知识成果，快速搭建工业模型，帮助企业延长高炉寿命 2 年以上，提高劳动生产率超过 5%，全行业直接经济效益达 200 亿元。

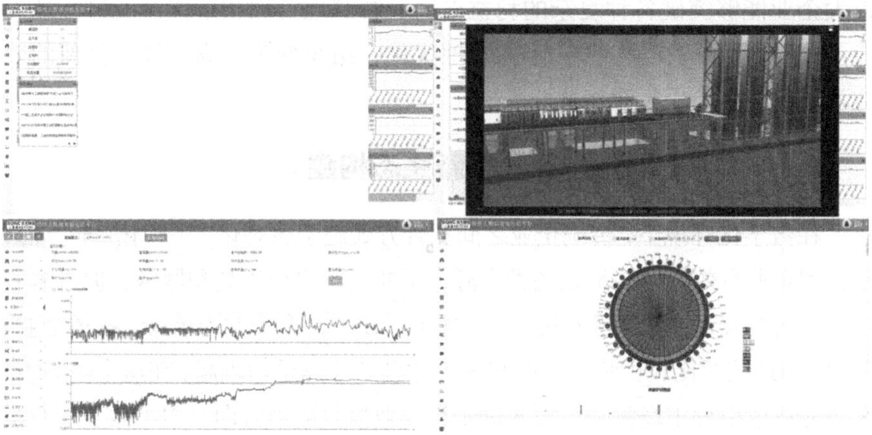

图 2-2 东方国信工业互联网平台 Cloudiip

根据研究显示，以"数据驱动型决策"模式运营的企业，通过形成自动化数据链，推动生产制造各环节高效协同，大大降低了智能制造系统的复杂性和不确定性，其生产力普遍可以提高 5% ~ 10%。

2.2.3 基于数据流动的业务流程再造

数字经济时代，信息技术不断向生产要素领域深度渗透，不仅改造了土地、资本、劳动力等传统生产要素，而且催生出数据这一新的生产要素。数据作为独立的生产要素在价值创造过程中被加速流动和利用，各项经济社会活动与数据的创造、传输和使用密不可分。数据流动强调信息系统的互联互通和综合集成，挖掘了智慧组织、管理与服务的新价值。信息技术的发展使得网络、软件的高度集成和信息系统的互联互通成为现实，数据的流动不必再遵循自上而下或自下而上的等级阶层，这种无差别、无层次的数据流动方式极大地颠覆了企业传统的金字塔型管理模式，驱动企业组织结构的变革、业务流程的优化和工作内容的创新。企业组织管理逐渐由以流程为主的线性范式向数据驱动的扁平化协同化范式转型，形成信息高效流转、需求快速响应、创新能力充分激发的组织新架构。例如，工业信息系统通过互联网实现互联互通和综合集成，促进机器运行、车间配送、企业生产、市场需求之间的实时信息交互，原材料供应、零部件生产、产品集成组装等全生产过程变得更加精准协同。这无形中消除了各子企业“自行其是”的诸多借口及技术障碍，增强了产业链合作的主动性和凝聚力，打通了信息流动壁垒，使得大企业能够突破各种复杂的利益格局，智慧地管理和运作产业链，从而使产业链更具整体竞争力，企业管理优化、组织变革、商业模式创新的效益不断显现。

2.2.4 基于平台开放的创新生态构建

在数字化环境下，传统企业之间竞合方式趋于生态化、平台化。一方面，平台型企业有效整合、配置各类资源，不断完善平台工具和服务，促进多方信息实时交互、供需精准对接。另一方面，以平台型企业为核心，各类企业、用户、个体按照比较优势共同参与的产业创新生态迅速崛起，在这个生态下，大企业可以引导市场需求、技术进步和商业模式创新方向，中小微企业乃至每个人可以在这个平台上成为创客，从而涌现出“众包”等开放式创新模式。产业形态平台化、生态化发展已是大势所趋，企业的成长壮大和创新转型都将要依赖特定的产业生态，未来的企业或者建立一个新的产业生态，或者加入一个产业生态，游离于产业生态之外的企业将难以生存。例如，GE与苹果达成合作，把Predix平台的开发工具和微服务开放给苹果，吸纳苹果1300万开发者加入工业App开发，这将帮助GE把Predix平台打造成一个工业领域超级商店、一个全球知识交换中心，促进基于平台的开源社区生态繁荣。围绕价值链提升，制造企业与互联网企业跨界融合，基于平台开放共享资源、能力、品牌和渠道，通过合理定价、公平交易、利益分享机制，形成一个各方在同一平台最大程度达到价值共创共赢的生态。例如，沈阳机床和神州数码合作共建SESOL平台，提供消费者定制需求和闲置生产力供需对接服务，当一次交易完成，平台各方参与者都能从付费收益中获得分成。围绕协同协作，大中小企业集聚融合，基于平台进行知识交换、能力分享和模式创新，实现以供应链为纽带的浅层次合作向全生态体系间的深层次融合融通发展。例如，阿里云依托“人工智能ET工业大脑”平台，集聚江苏省内30家信息服务企业技术，为300家制造企业提供信息系统重构、全流程改造、业务服务化转型等系统解决方案服务，推动大中小企业的合作从简单的技术传递向可交易、可协作的服务生态转变。

2.2.5　基于需求变化的就业模式变革

互联网、云计算、大数据、人工智能等信息技术加速向各行业各领域渗透，为全球经济活动赋予巨大能量。数字经济在此基础上迅猛发展，为社会创造大量就业机会，引发就业方式、人群及结构产生深刻变革。首先，数字经济促进就业方式灵活化、平台化。互联网及各类平台的发展普及降低了就业岗位对时间和空间的要求，劳动者因此可以获得更多的择业机会和就业自由。各类网络平台为就业者提供了基础设施及服务，他们可以根据自己的能力和时间状况，选择灵活多样的就业岗位，并同时从事多项工作。目前，中国已有大量的劳动者通过众包众设平台、协同制造平台、知识分享平台、投资孵化平台等开放式平台实现自我雇佣和自由就业，这一趋势将在未来更加明显。其次，数字经济引发就业群体变革。数控机床、机器人等智能设备的应用和普及正在不断削减生产及服务流程中对低技能、非脑力劳动者的需求，转而增加了数据挖掘分析、能够与机器设备对话的韧体系统工程师、软体系统工程师等信息技术人才的依赖，数字技能成为许多行业的进入门槛。一些具备尚无法被信息技术取代能力的人才将在未来经济社会发展中拥有更广阔的就业空间，如具备人际交互、创造力的创意型人才，以及深谙互联网时代企业生产运营、商业运作规律的复合型人才等。最后，数字经济带来传统就业弱化和新兴就业增加的二元影响。一方面，信息技术的发展造成商贸实体店、纸媒、流水线作业等传统就业岗位削减，为社会造成了一定的就业压力，打破了原有的就业格局；另一方面，技术进步也在催生新业态新模式，不断创造新的就业岗位。例如，互联网信息服务、电商物流、中介咨询等相关数字行业的就业机会不断增多，百度、阿里巴巴、滴滴出行等互联网企业帮助大量被淘汰的传统产业劳动者获得新工作机会，大大抵消了传统就业岗位减少所带来的社会压力，为就业结构变革赋予了巨大能量。

第二篇

扬帆：企业数字化转型投“实”问路

第3章

企业数字化转型实施路线图

3.1 战略定位：打造新型能力

随着数字化浪潮的到来，用户信息不对称的现象得到极大改观，消费者感知价值最大化成为导向，传统以生产为主导的商业经济模式被改变，给企业的经营带来了巨大的挑战，也带来了新的机遇。企业在战略层面纷纷做出了改变，通过数字化转型的手段将资源配置方式和组织流程从以生产者为中心向以消费者为中心转变，构建客户需求深度挖掘、实时感知、快速响应、及时满足的经营体系。上海电气制定数字化战略落地实施“三步走”路径：首先，在 1～2 年内搭建工业互联网平台，基于内部应用场景打造解决方案；其次，在 2～3 年内以数字化赋能，支持创新发展，将内部打磨成熟的解决方案向市场推广；最后，在 3～5 年内通过投资并购、合资合作、技术孵化等途径打造数字化生态圈，输出开放协同的数字化产品与服务。

3.2 技术导向：发展新兴技术

纵观经济发展的历史，一个长经济周期的产生离不开一场重大的技术革命。近 20 年来，技术驱动全球经济、社会发生了翻天覆地的变化，以互联网、大数据、人工智能为代表的信息技术创新呈现群体性、爆发式突破，驱动了数字经济的兴起与发展。数字技术的广泛应用重构了消费者、企业、员工、合作伙伴之间的价值网络和产业创新生态，重塑了传统行业企业的核心竞争力，是产业高质量发展和企业转型的重要驱动力。研华科技大规模应用物联网技术，实现“人与人”“人与物”“物与物”之间的高速连接，促进信息的自由流动，依靠物联网传感器、边缘智能服务器和云平台服务，建构工业 4.0 战情室并实现智能工厂，并通过智能工厂软硬整合解决方案，无须更换现场设备即可完成机台联网，收集设备状态、生产信息及环境数据。此外，生产数据可进一步与 MES 整合，并可视化呈现于战情室中，让管理者能够随时随地掌控现场生产信息及管理绩效指标，有效实现生产优化，以数据驱动决策。

3.3 业务重点：提高生产效率

随着互联网的日益普及，计算和存储能力的迅猛发展，物联网和传感器技术的广泛应用，以及工业软件的不断进化，数据的采集、存储、传输、展现、分析与优化都具备了良好的技术基础。中国商飞以制造执行为核心，围绕“飞机总装集成、关键零部件制造、飞机维修改装”等核心业务建设了制造运营管理平台，全面记录产品实现过程，打通从工程研发到产品制造的数据链，集成制造运行系统和生产现场物理环境（加工中心、运输设备、装配设备、智能工装等），实现对实物生产过程的实时管控。此外，中国商用飞机有限责任公司（简称中国商飞，Commercial Aircraft Corporation of China Ltd，COMAC）的制造运营系统遵循架构方法，基于统一软件开发平台，承接公司战略任务策划，驱动任务过程执行，实现运行监控，面向过程管理，打通公司运营管理的策划、执行、管控三条线，推进 COMAC 管理体系落地，推动型号研制、生产与管理过程进一步显性化、规范化，促进持续改善、管理创新和生产提速。

3.4 价值核心：变革商业模式

模式创新是企业适应数字化转型发展新环境，通过新技术的应用优化配置资源，实现从被动到主动、局部到整体、垂直到扁平、有界到无界的业务流程变革，形成新的价值创造和价值传递机制的过程。对制造业而言，这要求企业在自身服务化进程中主要围绕产品全生命周期的各个环节，不断融入高商业价值的增值服务，从而实现从提供单一产品向提供产品和服务系统转变。当前，市场需求从产品导向向产品服务系统转变，高价值环节从制造环节为主向服务环节为主转变，竞争优势从规模化供给能力向个性化供给能力转变，客户交易从一次性短期交易向长期交易方式转变，服务化转型是制造企业打造竞争新优势的重要途径。上海电气风电集团的业务范围以整机制造为基础向行业价值链的上下游扩展，重点剖析销售、研发、供应链、服务等一级业务流程，对内通过缩短研发周期、提升服务智能化、项目可视化，推动管理提升；对外通过数据互联分析，提供更好的产品和服务，支持集团从风机制造商向风电解决方案服务商转变。

3.5　生态建设：促进开放交互

在数字化环境下，企业之间处于纵横交错的网络关系。面对分散的网络节点，整合多方资源的平台型产业组织应运而生，促进了企业价值创造模式由传统线性向链条式、网络化模式转变，使得传统企业之间竞合方式趋于生态化、平台化。上海电气集团统一规划，建设集团层面的工业互联网平台，并将其命名为“星云智汇”，已初步形成风电智能运维、火电远程运维和机床维保等行业解决方案，待平台建设成熟形成能力后，向行业推广，为装备制造业提供工业 App、工业算法、大数据分析等增值服务，支撑高端装备产业形态、经营形态和价值形态的升级和再造，最终赋能产业、客户和合作伙伴，整合社会资源和能力，共同构建工业互联网发展生态圈。

第4章

他山之石——国外企业转型实践

4.1 大型企业数字化转型

4.1.1 GE：依托 Predix 打造顶级软件业务

GE 是世界范围内超大的多元化服务性公司，在全世界 100 多个国家开展业务，目前拥有 8 个业务集团和 9 大全球研发中心，业务遍及全球 180 多个国家和地区，拥有 30 多万名员工，占据了全球 40%的航空发动机、50%的燃气轮机、20%的影像诊断设备的市场份额。

1. 主要做法

近年来，GE 通过强化软件能力，进行全面的数字化布局，将数字技术与其在航空、能源、医疗和交通等领域的专业优势结合，向全球领先的工业互联网公司转型。作为工业互联网联盟的发起者之一，GE 在工业互联网平台领域最早进行实践。GE 首席数字官 Bill Ruh 表示：“数字技术和开源软件已经极大地改变了消费领域，但工业领域采纳这些创新的步伐依然缓慢。现在正是利用 Predix 广泛开发应用，推动工业领域转型的最好时机。工业领域转型的价值将远远高于消费领域。”

Predix 平台是 GE 在 2013 年推出的工业互联网平台产品，主要功能就是将各类数据按照统一的标准进行规范化梳理，并提供随时调取和分析的能力。GE 在 2015 年对外推出 Predix2.0，目前已在全球建成四个云计算中心（北美 2 个，英国、日本各 1 个），每天监测和分析来自全球各地部署的 1000 万个传感器的 5000 万项数据。Predix 平台开发者数量已近 2 万人，用于创建工业 App 的基础服务和分析工具超过 160 种，其中超过 10%的基础服务和分析工具由统计分析软件商（SAS）、开源消息代理商（RabbitMQ）、移动通信设备商（ERICSSON）等第三方开发。GE 公司以航空发动机、医疗设备等领域的资产管理、预测性维护应用为基础，基于 Predix 平台开发部署了计划和物流、互联产品、智能环境、现场人力管理、工业分析、资产绩效管理、运营优化等七大类工业 App，预计工业 App 总量将达到 50 万个。

GE 已率先围绕 Predix 平台构建了产业生态。2016 年围绕 Predix 平台的收购案有近 10 起，总金额近 400 亿美元，为平台开发了石油、风电、电厂等领域的数据库和分析能力。

Predix 架构如图 4-1 所示，平台整体架构分为三层，边缘连接层、平台层和应用服务层。

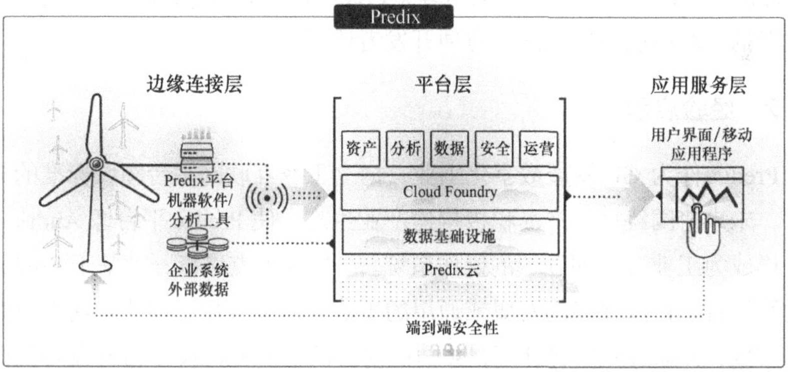

图 4-1　Predix 架构

边缘连接层主要负责收集数据并将数据传输到云端，包含两个要素 Predix Machine 和 Predix Connectify。Predix Machine 支持不同工业标准协议（OPC-UA、DDS 和 MODBUS 等）连接多个边缘组件的多种网关解决方案，可以部署在网关、控制器和传感器节点上，主要职责是在工业资产之间提供安全的双向云连接并管理工业资产。Predix Connectify 提供从 Predix Machine 到 Predix 云的快速、安全的云连接，主要运用在暂时没有接入互联网的场景中，使机器能够通过移动电话、有线或者卫星组成的虚拟网络与云端交流。Predix Machine 与 Predix Connectify 一起提供了使工业设备与云端之间即插即用、安全、可靠的连接。

平台层主要提供基于全球范围的安全的云基础架构，满足日常工业工作负载和监督需求，包含 Predix Cloud 和 Predix.io 两个核心要素。Predix Cloud 是启用工业互联网的中心，提供为工业工作负载优化和处理大规模工业数据的云基础设施，消除了工业企业开发时难以扩展和代价昂贵的技术壁垒。Predix.io 是一个自主服务的门户，开发人员可以通过它访问专门用于工业互联网应用程序的服务，是基于 Predix 构建工业应用的起点。

应用服务层主要负责提供工业微服务和各种服务交互的框架，主要提供创建、测试、运行工业互联网程序的环境和微服务市场，主要包含 Predix Services 和 Predix for Developers 两个核心要素。Predix Services 包含工业服务和运营服务两大类。工业服务提供核心的资产服务、数据服务等，其中资产服务是包括针对发动机、医疗设备的预测性维护等具体行业应用；数据服务是针对工业大数据的清洗、存储和管理。运营服务包括开发运维和业务运营，提供应用的云端开发和部署环境。Predix for Developers 重点构建了针对开发者的一套微服务组件库，方便开发者调用。

2. 经验启示

Predix 作为 GE 发展数字化工业、树立工业互联网平台领域标准的关键抓手，未来将围绕平台产品积极构建产业生态，使 Predix 平台像 Andriod 系统一样成为工业互联网领域的操作系统。一是将重点培育一批基于 Predix 平台的开发者，打造更多的专属或通用的工业互联网应用，加快构建工业微服务的市场，并通过开发者计划，鼓励初创公司基于 Predix 平台开发各类微服务。GE 目前已在中国推出为期三个月的开发者试用计划，提供 Predix 的基础服务、微服务模块和开发工具。二是将加快平台在全球范围内的推广，特别是针对高端复杂装备的平台服务应用，进一步积累客户数据和经验模型，继续强化平台微服务组件库，开发上层的工业 App。

4.1.2 西门子：借力 MindSphere 加快工业互联拓展

西门子成立于 1847 年，总部位于德国慕尼黑，是全球电子电气工程领域的领先企业。业务主要集中在工业、能源、基础设施和城市、医疗四大领域。

1. 主要做法

2016 年 4 月，西门子面向市场推出 MindSphere 工业互联网平台，目前已在北美和欧洲的 100 多家企业开始试用。MindSphere 可以将工业现场设备的实时数据依托传感器、控制器及各种信息系统通过安全通道传输到云端，并且在云端为企业提供大数据分析挖掘、工业 App 开发及智能应用等服务。西门子明确提出其平台的实质是基于云的开放式物联网操作系统，MindSphere 主要包括 MindConnect、MindCloud、MindApps 三个核心要素，其中 MindConnect 负责将数据传输到云平台，MindCloud 为用户提供数据分析、应用开发环境及应用开发工具，MindApps 为用户提供集成行业经验和数据分析结果的工业智能应用。

MindSphere 平台架构如图 4-2 所示，MindSphere 包括边缘连接层、开发运营层和应用服务层三个层级。

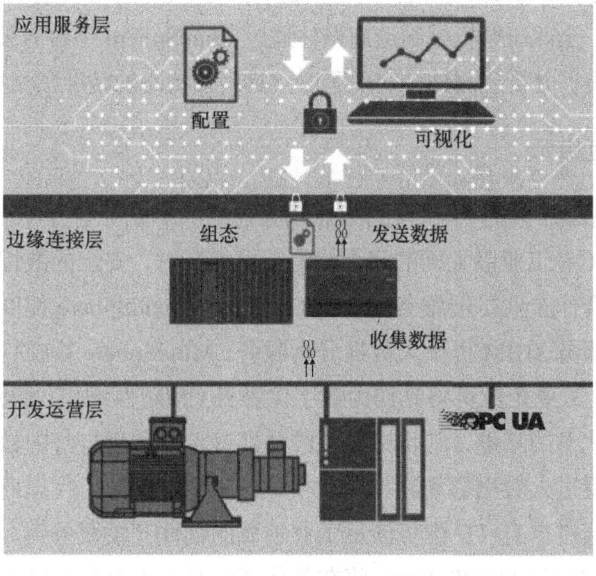

图 4-2　MindSphere 平台架构

边缘连接层可以通过 MindConnect 将来自不同厂商的设备、工控系统、信息系统等的数据安全、实时地传输到 MindSphere 云平台。边缘连接层的主要产品有 MindConnect IoT2040 和 MindConnect Nano，两者都是可以将工业设备数据传输到 MindSphere 的工业 PC，并且都支持 OPCUA，前者适用于小型生产场景，后者适用于大型生产场景。

开发运营层主要基于 SAPHANA Cloud Foundry 为用户提供大数据服务和工业 App 开发服务。大数据服务主要为用户提供分析、存储、共享设备数据的服务，工业 App 开发服务主要为用户提供相应的工业知识、开发工具、开发环境和 App 共享服务。用户可以在开发运营层通过分析工厂数据并结合相应的行业知识开发工业 App，并且可以在平台售卖自己的工业应用或者租赁其他的工业应用。

应用服务层主要是为用户提供基于 MindApp 和行业解决方案的智能应用服务，与 IBM 和 SAP 展开深度合作，主要包括设备预防性维护服务、工厂能耗分析服务、资源优化服务等。例如，MindApps Fleet Manager 可以通过数据帮助企业实现对资产的实时监控，主要功能包括查看、搜索、排序和过滤资产，而且用户可以自定义相关的资产管理规则，目前此功能已在北美和欧洲的 100 多家企业进行试用。2017 年 4 月，西门子与埃森哲、Evosoft、SAP、微软、亚马逊和 Bluvision 等合作伙伴在汉诺威展上展示了 6 种微服务和约 50 种工业 App。全球研磨机械制造商格林通过 MindSphere 平台对关键部件状态参数进行采集、分析、测试，实现了对刀具磨损状态的精准预测和适时更换。

2. 经验启示

西门子依靠自身多年积累的工业经验并与 ICT 企业合作丰富平台功能，通过其在 PLC、工业以太网的强大优势，提供实时、安全的数据采集解决方案，并依托合作企业扩展服务提供，如 SAP 为 MindSphere 提供数据库集群及数据安全服务，IBM 提供大数据分析服务。MindSphere 旨在打造一个开放的生态系统，工业企业可将其作为数字化服务（预防性维护、能源数据管理、工厂资源优化）的基础，其目标客户群是那些希望利用自身的数据形成差别优势或者希望进入数据驱动新型商业模式的 OEM 厂商（代理商和工程应用厂商）和想通过自身 IT 优势涉足工业领域的软件开发服务商。目前，西门子计划向全球开放 MindSphere，将在其代理商及工程服务提供商中培育第一批微服务及工业 App 开发者，并于 2017 年秋季推出全球性初创企业计划 MindSphere Rocket Club，培育基于 MindSphere 平台的开发者队伍。按照西门子规划，MindSphere 第一批投放的地区和国家主要是中欧、北欧、美国、英国，第二批覆盖中南欧如意大利、瑞士等。考虑到中国的法律及政策环境，中国是第三批投放的国家。

4.1.3 日立：成立 Hitachi Vantara 拓展数据服务解决方案

日立（HITACHI）成立于 1910 年，是来自日本的全球 500 强综合性电机跨国集团，是社会创新事业的全球领军者，开展的业务涉及电力、能源、产业、流通、水、城市建设、金融、公共服务、医疗健康等领域，通过与客户的协创提供优质解决方案。

日立公司致力于发展技术，重视科学研究和产品开发，共拥有 25 个研究所，在国内外共获得 52000 余项专利权。为适应社会发展的需要，日立公司不断调整产业结构，实现产品多样化，从最初以生产重型电机为主发展到现在生产包括动力系统及设备，家用电器，信息、通信系统及电子元器件，产业机械及成套设备，电线电缆等产品。日立在海外的子公司也分布于世界各地，从 1959 年在美国设立第一家子公司发展到现在拥有 40 多家子公司。

1. 主要做法

结束电视制造业务。从 2007 年开始，日立逐步放弃消费电子业务，结束了拥有 56 年历史的电视制造业务，还计划甩掉液晶面板和硬盘业务，并将电视生产业务外包出去。

整合成立 Hitachi Vantara 公司。为了加快数字化转型步伐，存储解决方案和数据解决方案提供商 Hitachi Data Systems（HDS）和 Hitachi Insight Group、Pentaho 整合成立新公司 Hitachi Vantara。全新组建的新公司 Hitachi Vantara 致力成为一家全方位的数据创新解决方案提供商，提供从边缘到核心直到产生最优结果的整体解决方案。

废除年功制度。日立集团废除了年功制度，内部企业实现人事共通，铁路设备部门的总部也移至英国，这些做法非常大胆。目前外国投资者持股日立比率超过 45%，这种现象在综合电机企业中非常少见。

向服务转型，瞄准“后电梯市场”。软实力的强化是日立集团的转型方向，日立电梯重视物联网发展，试图在收集大数据的基础上在电梯保修、楼宇管理方面提供方案支持。例如，在电梯的每个部件上打上序列号或二维码，进行全程溯源；在电梯上铺设遥监系统，进行无线远程监控。

2. 经验启示

打造全方位数据服务能力。熟悉 HDS 公司的人都清楚，这家公司除了在高端存储市场一直拥有较高的市场占有率，企业数据解决方案在公司业务中所占比例也在逐年提高，目前软件方面的收入占比已经超过 60%。在 Hitachi Vantara 成立前，HDS 同 Pentaho、Hitachi Insight Group 在业务方面也保持着密切沟通，这些在数据挖掘、处理、分析方面各有所长的企业聚合起来，目的就在于打造全方位的数据处理能力，这种能力的体现就是彻底消除信息孤岛。

经验的积淀成为最宝贵的财富。对于想要进行数字化转型的企业来说，Hitachi Vantara 提供的产品和解决方案仅仅是一部分，更重要的是这家公司具有百年以上的 OT（运营技术）经验和 50 年以上的 IT（信息技术）经验。公司在 OT 和 IT 上的深厚经验，是指导用户进行数字化转型的最大财富。Hitachi Vantara 从现有的顾客群那里收集相关的数据，之后进行整合，把它们变成一个统一的大的数据库，然后再用自己的分析工具，对这些数据进行分析和挖掘，以此为基础给客户提供定制化建议，客户自主决定什么时候去进行升级。

数据处理能力是物联网时代的核心竞争力。在物联网时代，想要实现数据真正的价值，全方位的数据创新解决能力就显得尤为重要。Hitachi Vantara 正在努力成为具有这种能力的一家公司，如果公司能够按照指定的策略实现最终目标，那么 Hitachi Vantara 就有能力跨越基础架构鸿沟、数据鸿沟和信息鸿沟，这种企业在物联网时代所具有的价值也将弥足珍贵。

4.1.4 微软：基于 Azure 转战云化市场

微软由比尔·盖茨与保罗·艾伦创办于 1975 年，是美国跨国科技公司、世界 PC 软件开发的先导，全球最大的电脑软件提供商，以研发、制造、授权和提供广泛的电脑软件服务业务为主。最著名和畅销的产品为 Microsoft Windows 操作系统和 Microsoft Office 系列软件。

20 世纪以来，微软借助于 WinIntel 联盟和 Windows+Office 平台，成为 PC 时代当之无愧的霸主，深刻改变着人们工作、生活的方式。但与此同时，微软也面临很多危机，主要有以下几个方面。

一是垄断官司不断。微软一统操作系统和办公平台后，其垄断官司就不断出现，为此，微软不仅要支付巨额的赔偿，还被勒令生产不带有垄断性质的 Windows 系统。从 NetScape 到 RealNetworks（RealPlayer 的制造商）都诉讼过微软垄断，以至于它被欧盟罚款高达 10 亿美元，并推出不集成 WindowsMediaPlayer 和 InternetExplorer 的 N 版 Windows。在韩国，微软则被要求提供一套不捆绑播放器和即时通信软件的简化版 Windows 操作系统。

二是维纳斯计划失败。1999 年 3 月，微软耗资数十亿美元，在全球范围内力推“维纳斯计划”，这是微软向中国广大消费者提供廉价个人电脑替代品的一个策划方案。使电视机具备上网功能是“维纳斯计划”最重要的一个卖点，因此，它的成功在很大程度上取决于中国互联网基础设施建设的发展步伐。可以说，微软选择了一个正确的发展方向，但是也选择了一个错误的时机。因为当时中国互联网基础设施环境不成熟：第一，带宽太窄，多数在以电话拨号为主，传输大字节的音视频几乎不可能；第二，费用过高，当时的网费一小时几乎要 15 元钱；第三，当时中国互联网刚起步，社会认知度低，人们还普遍未认同互联网所能带来的美好前景；第四，当时条件下网上内容少，产品不完善也不易用。

三是打击盗版不力。20 世纪八九十年代，微软的主要盈利模式是卖软件，但是盗版问题一直困扰着微软，每年造成极大的损失。针对盗版，微软采取了一系列的措施：序列号安装（Windows 95 开始）、系统激活（Office 2000、Windows XP 开始）、WGA 计划、OGA 计划。除此之外，微软还采用了一些良性的方法：推出“即用即付”、降价等活动，但是收效甚微。造成反盗版不力的原因有两个，一方面，微软产品采取全球统一定价，没有考虑发达国家和发展中国家的经济水平，在包括中国在内的发展中国家中产品价格相对过高；另一方面，经济危机背景下，IT 行业不景气使得硬件装机厂利润急剧下降，根本不可能再为软件腾出利润空间。

四是互联网化进程缓慢。早在 1995 年，比尔·盖茨就发出过迎接互联网大潮的警示，但是在 14 年后，微软在互联网上，尤其是在决定互联网发展的核心技术和能力上，几乎无所作为。2012 年 10 月 1 日，谷歌的市值首次超过微软公司，成为苹果之后的美国第二大科技公司。这一变化透露出来的信号是：科技行业已经进入“后 PC 时代”，投资者越来越看好未来谷歌基于互联网、移动设备和服务建立起来的增长机遇，而微软仍然主要依赖软件获取收入。2012 年 7 月 20 日，微软 2012 财年第四财季财报显示，当季营收 180.59 亿美元，较 2011 年同期增长 4%，净亏损为 4.92 亿美元，而 2011 年同期净利润为 58.74 亿美元。这是微软自 1986 年上市以来首次蒙受季度亏损，互联网转型的压力已渐渐逼近。

五是基于移动互联网的“设备+服务”成效甚微。PC 市场不断缩水，让很多老牌科技公司踏上了各自的转型之路。自从移动互联网高速发展以来，苹果凭借软件结合 iPhone、iPad+AppStore 打造出封闭的生态圈而成为最大赢家。自此，许多公司高层都将苹果模式奉为经典，竭力打造自家“设备+

服务”的闭环模式。就连谷歌也不例外，不仅联合 OEM 厂商推出 Nexus 系列产品，还独家研发可穿戴设备谷歌眼镜。当然，最后的代价是沉重的，谷歌眼镜被 AndroidWear 开放平台所取代，谷歌的努力成了无用功。而在彼时，微软在移动端几乎没有太大作为，被苹果和谷歌几乎逼上绝路。2000 以来，鲍尔默提出“设备+服务”战略，并接连推出 Surface 系列平板，甚至收购诺基亚旗下大部分手机业务，将其作为旗下硬件设备的承载者。但这一切都没有取得预期效果，Surface 系列平板依然反响平平，诺基亚直到现在也没有完全融入微软体系。

1．主要做法

2014 年 2 月，纳德拉上任以后，从根本上否定了“设备+服务”的战略，认为微软核心是一家为移动先行、云端先行的世界提供生产力和平台的公司，“移动+云计算”应该是微软新的战略方向。在此战略指引下，微软积极推动业务重组，Office 事业部、云计算和企业事业部、人工智能和微软研究事业部、Windows 和设备事业部四大业务部，积极推动云转型，快速扭转颓势。

1）积极调整转型战略

纳德拉上任后半年提出裁员 1.8 万人的计划，其中 1.25 万人来自诺基亚设备与服务部门，此举意味着微软对此前“设备与服务”战略的否认，并为之后的转型铺平道路。当时 WindowsPhone 智能手机 4%的全球市场份额在 iPhone 与安卓机近 90%的份额总和面前显得微不足道，而微软手机系统研发、硬件生产成本居高不下，长期纠结于此则继续推高沉没成本，累及其他部门，全员士气低落。纳德拉认为，微软不应该转而发展智能手机硬件，而应大力发展应用程序与服务，且不必过分关注“用户在谁开发的设备上使用这些程序和服务”。

2）大力发展云端业务

2008 年，微软发布了第一代 Azure 公有云。2014 年自微软行政总裁纳德拉上任后，开始减少对软件业务的依赖，积极发展云端及企业业务，着力将微软打造成为一家为移动先行、云端先行的世界提供生产力和平台的公司。2016 年，微软云与企业执行副总裁 Scott Guthrie 在 WPC2016 宣布，微软已经在全球建成了 34 个数据中心区域，比 AWS 和谷歌的云数据中心区域的总和还多。在 34 个数据中心区域的物理基础上，微软除了推出 Azure 公有云的 PaaS 和 IaaS 平台，还相应推出了 Windows-as-a-Service 的 Windows 10、Office-as-a-Service 的 Office 365、可在混合云环境中运行的数据库 SQLServer 2016、ERP&CRM-as-a-Service 的 Dynamic 365，至此，微软的主力产品已经全线迁移到云端。34 个数据中心区域已经完成了全球化的云基础设施布局，下一步要推动全球的软件开发商、系统集成商、增值分销商等全面向云转型，进而形成堪比 Windows 时代的全球生态体系。

3）频频加码人工智能

2016 年以来，人工智能及其相关领域更是受到产业界、学术界乃至全社会的热议。2016 年被称为"人工智能元年"，AI（Artificial Intelligence，人工智能）成为广受关注的行业热词。而作为全球性的科技巨头，微软在人工智能的布局最早可追溯到 20 世纪 90 年代。1991 年，微软便开启了 AI 的研究，比尔·盖茨创立微软研究院时确立的一项主要任务，就是围绕语音、自然语言和计算机视觉识别项目开展人工智能前沿研究。

2016 年 9 月 30 日，微软人工智能及微软研究事业部正式成立。这个部门广泛涵盖了微软研究院、微软信息平台部门、必应和小娜产品部门，以及环境计算和机器人团队，拥有超过 5000 名计算机科学家和工程师。除此之外，在微软推出的一系列产品与服务中，也可以看到人工智能的缩影。如 Microsoft Translator 语音翻译服务由深度神经网络技术驱动，可实现包括汉语在内的 9 种不同语言之间的实时翻译。微软为消费者提供了 Skype Translator iOS 和 Android 版的移动应用，向开发者和企业用户提供了 API，可供第三方应用和服务免费使用。所有的 Office 产品都正在进行人工智能化，PowerPoint 中不仅加入了自动翻译功能，还添加了图片自动说明功能。在"对话即平台"的理念下，微软还推出了"微软机器人框架"，并且已经在中信集团得到了测试应用。中信集团基于"微软机器人框架"，从实际业务需求出发，在集团的微软企业号中定制了聊天机器人服务，并融入了微软认知服务的自然语义理解，能够通过对话了解用户的需求，并完成相关操作。

2016 年 12 月 13 日，微软风投部门宣布"两步走"计划，成立了专门投资 AI 初创企业的新基金，其投资目标是专注于包容性增长和能产生积极社会影响的初创企业。此外，这家新基金的首笔投资用于位于加拿大蒙特利尔市的研究实验室 Element AI。

微软在应对日趋激烈的市场竞争的同时，还希望借此提升自身实力，与谷歌、联想、苹果、英特尔等众多实力企业相抗衡，抢占全球 AI 的制高点。

4）推动内部组织管理变革

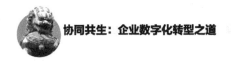

废除内部“各自为营”的管理方式。纳德拉提出“一个微软”口号，强调团队的成就、所有服务带来的贡献，鼓励不同的工程师队伍之间相互协调合作、相互分享。为此，在考核标准上，微软取缔了持续几十年的团队内部各自为营的考核制度，建立了以考核“如何帮助其他人成功”及“怎样接受他人的帮助让团队更成功”为主导的新型 KPI 制度。新的 KPI 没有排名或评级，员工的奖金不再取决于跟经理谈话的时长；相反，员工与直属上司的会议成为考量因素：员工制定核心重点，给出计划，直到下一次会议，看是否完成承诺。微软所有的产品和合作，都是不同团队之间全面合作的结果，员工们也开始主动形成群体智慧比个人智慧更厉害的思想认识。

组织管理去中层化。微软在组织扁平化的基础上，把中层管理人员的人数大大缩减，一方面，信息从上至下和从下至上的沟通变得更加容易，另一方面，大部分人能够专注于技术上的创新。

支持员工内部资源流动。过去微软大部分内部调动事先需要经理人的批复，如果员工想进行内部的跨部门之间的调动或者跨地域调动，不但要在现有岗位工作满一年，而且还要扫除地域之间流动的障碍。改革以后，微软内部流动不需要得到任何经理批复，也没有其他任何条条框框，任何时候员工看中任何一个部门，在那个部门同意接收的前提下，员工就可以自由流动。

5）构建客户及合作伙伴生态系统

在全面向云转型之前，微软与合作伙伴的关系相对独立。这是因为微软的软件产品都属于套件式产品，直接通过许可证方式销售即可，合作伙伴业务主要是转售微软的产品、做软硬件系统集成和应用软件开发等。微软套件产品高度成熟、整个生态体系非常清晰、人才和知识体系也相对稳定，因此形成了一个工业化的产业链条。在云时代，单打独斗已难成气候，合作伙伴生态系统的重要性越发明显。

微软通过自身技术积累，提供公有云、私有云、混合云等多种开放的云服务模式，搭建上层应用服务、中层互联互通、底层操作系统的开放式微软技术架构，吸引软件、硬件、解决方案提供商、云服务商共同打造开放式生态系统。微软既会与合作伙伴共同开发解决方案，也会帮助合作伙伴之间的开发。例如，微软开放 Windows Holographic 供合作伙伴应用，分享其混合现实（Mixed Reality，MR）的愿景，与合作伙伴共同打造混合现实世界，透过可彼此互动的设备，改变人们工作、学习与娱乐的方式。此外，微软与英特尔、AMD、高通、宏达电、宏碁、华硕、戴尔、Falcon Northwest、惠普、联想及一些其他伙伴一起打造硬件生态体系，支持在 Windows 10 上各种惊艳的虚拟现实体验。

6）转型成效

业务收入大幅提升。得益于“移动为先，云为先”战略，微软向云转型的战略取得了显著成效。一方面，微软业务收入大幅提升。2017 年第四财季营收为 233.17 亿美元，比 2016 年同期的 206.14 亿美元增长 13%，净利润为 65.13 亿美元，比 2016 年同期的 31.22 亿美元增长 109%，调整后每股收益和营收均超出华尔街分析师预期，推动其盘后股价上涨超过 2%。其中，微软智能云部门的营收为 74.34 亿美元，高于 2016 年同期的 67.11 亿美元；运营利润为 25.01 亿美元，高于 2016 年同期的 21.80 亿美元。另一方面，微软 Azure 云市场地位不断提升。尽管微软 Azure 依旧落后于市场领头羊亚马逊公司的 AWS，但是更多客户开始使用微软的产品。企业客户和消费者用户都在从传统 Office 应用转向云订阅，为微软创造了更多稳定、经常性收入。

全新的合作伙伴模式形成。微软云合作伙伴有四种商业模式，其中转售云资源只能获得 15%的毛利润，专业服务可获 35%的毛利润，管理服务（MSP）可获 45%的毛利润，而基于自主知识产权（IP）的毛利润高达 70%。IP 产品不仅让微软的合作伙伴获得了高利润，而且还创造了一种全新的合作伙伴模式，即 Partner-to-Partner（P2P）模式。

这种 P2P 模式主要是把合作伙伴的 IP 产品平台化，供其他合作伙伴在此基础上再开发或包装新的模块，或者是以 OEM 贴牌加上本地专业支持服务，又或者是直接转售产品到特定的区域市场。例如，Forceworks 除了直接销售自己的 IP 产品，也通过全球 180 个微软的合作伙伴，向不同地区的市场销售自己的产品。LiveTile 是一家成立于 2014 年的澳大利亚软件公司，主要基于 SharePoint 和 Office365 提供企业内网和员工数字化协作的设计与开发平台。LiveTile 根据潜在用户需求，把 SharePoint、Office365 和 Azure 的不同能力打包成一个一个的模块，以无须开发代码点击和拖曳的方式让其他软件公司能轻松为企业定制化内网。

2．经验启示

基于互联网的持续创新是转型的动力之源。作为传统 PC 企业，微软的

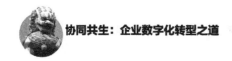

PC 基因决定了其与互联网公司不同的行为模式，互联网基因不足使其在数字化转型过程中创新不够，转型一度步履维艰。从微软的发展脉络看，微软由于套件产品高度成熟、整个生态体系非常清晰、人才和知识体系也相对稳定，因此形成了工业化的产业链条，运作规律和管理思维相对固化，没有及时调整战略，错失了发展搜索、智能手机、电子书、平板电脑和社交网络（Social Networking Services，SNS）等创新产品和服务的时机，在互联网时代的竞争中逐渐处于下风。

重塑业务流程是转型的必然选择。微软重塑生产力与业务流程，将 Azure、Office365、Dynamics 等不同的产品组合成一整套服务，让应用和生产力工具开发商更方便地加入云时代。在组织管理上，微软以更快更有力的速度对市场做出反应为目的，提高员工自由流动度，压缩业务反馈层级，重建企业内部运营机制和评价考核机制，最大程度激活员工创新力、创造力。

构建合作生态系统是转型的关键。当前，产业平台化、生态化发展趋势明显，产业竞争已从产品、品牌、技术等领域的竞争演变为平台间的竞争，依托平台建设争抢生态系统主导权已成为产业竞争的最高形态。微软通过开放云平台，积极构建以平台为核心的合作伙伴生态系统，进一步增强自身在国际云服务竞争版图中的领导地位。在这个生态系统中，各方主体合作共赢，竞争对手既是对手，也是合作伙伴，同时也是供应商与客户的关系。微软依托平台帮助合作伙伴实现从传统的授权许可业务、解决方案和服务销售向云的转型，合作伙伴基于云平台开发自己的知识产权产品和解决方案，具备了针对垂直行业或特定场景的差异化市场竞争力。

4.1.5 英特尔：凭借硬件能力构筑整体解决方案能力

英特尔是全球最大的芯片制造商，同时也是计算机、网络和通信产品的领先制造商，其核心业务是中央处理器（Central Processing Unit，CPU）。英特尔成立于 1968 年，具有悠长的技术产品创新和市场领导历史。1971 年，英特尔推出了全球第一枚微处理器，促成了计算机和互联网技术革命，对整个工业产生了深远的影响，对优化全球工业科技格局意义重大。1999 年，英特尔公司市值突破 5000 亿美元，最高峰为 5090 亿美元。2005 年，英特尔全球年收入为 388 亿美元，同时被评为“全球百佳最具持续性发展的企业”之一。2016 年，英特尔在世界五百强中排名第 51 位。2017 年《财富》美国 500

强排行榜发布，英特尔公司排名第 47 位。

英特尔作为世界上最大设计和生产半导体的科技巨擘，致力于在客户机、服务器、网络通信、互联网解决方案和互联网服务方面为日益兴起的全球互联网经济提供建筑模块。英特尔内部划分为几大事业部：包括笔记本和二合一系统在内的客户端计算事业部（CCG），与企业云和通信基础建设相关的数据中心事业部（DCG），包括零售、交通、工业、视频、建筑和智慧城市在内的物联网事业部（IoT），拥有 NAND 闪存等产品的非易失性解决方案事业部（NSG）和 2016 年因为收购 Altera 成立的部门可编程解决方案事业部（PSG）。英特尔的重点业务领域包括两部分。一是传统芯片及延伸业务。涵盖笔记本电脑、台式计算机、无线和有线连接产品及服务器芯片等核心业务，同时包括微芯片处理器、内存、网络、物联网、无线通信及软件业务等延伸业务。二是数据中心业务。新形势下英特尔的定位是驱动云计算及日益智能互联的世界，涉及业务领域包括数据中心、物联网、存储和 FPGA 等。英特尔内部的每个功能组都在数据中心作为优先考虑的背景下查看他们的业务及投资和策略，如为谷歌、微软、亚马逊等拥有大型数据中心的科技巨头提供人工智能、机器计算处理器芯片等。

1. 主要做法

数字化转型已经无处不在。英特尔顺应数字化发展趋势，积极推动自身数字化转型技术与服务创新，从战略和策略的高度为促进企业数字化转型提供全面支持和不断升级的解决方案，致力于打造新型数字计算领头企业。

1）做好数字化转型战略顶层设计

英特尔一直以来都把自己定位为计算技术方面的领导者，因此在数字化转型方面较重视顶层规划。英特尔凭借长期的技术、市场经验，做好规划设计，致力于引导行业转型方向。例如，在 2016 年 8 月的“促创新、不将旧——企业转型下的‘员’力觉醒”CIO 高峰论坛上，英特尔发布《企业高效锦囊新三十六计》，从提高生产效率、增强可管理性、降低整体成本、变革工作模式与市场趋势四个基本点提出全方位的解决建议，“献策”大型企业以 IT 推动转型升级战略。2017 年 7 月 7 日，英特尔携 IDC 在北京发布了《破局数字化转型，发掘终端新能量——驱动中国商用 PC 市场新机遇白皮书》，分享信息时代数字化转型的现状和发展趋势，致力于解决和突破中国企业在加速数字化转型中遇到的困难和痛点。

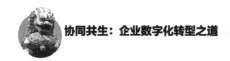

2）着力突破数字化转型重点领域

在进行数字化转型道路上，英特尔结合自身业务实际需求，着力突破相关重点领域技术难点。早在 2016 年，英特尔针对智能家居、智能交通、智慧农业、云和机器学习等领域开展芯片研发和数字平台搭建，此后继续在中国推进重点领域的数字化转型进度，包括人工智能、无人驾驶、5G、虚拟现实，聚焦精准医疗、体育、机器人等，提供芯片、开发工具、平台及优化型的开放框架与解决方案蓝图。精准医疗是英特尔根据中国的特殊情况所制定的重点领域。例如，英特尔与云智汇科技服务有限公司（富士康科技集团旗下关联公司）宣布合作，提供基于英特尔的智能联机解决方案，合作推动工厂的电子产品组装生产线向智能化转型，助推战略目标实现。

3）打造产业生态合作体系

英特尔在推动行业转型的过程中，着力推进合作创新，建立产业链、生态链，打造新的行业应用、新的业务模式机会和新的市场机会，实现整个生态链、产业链系统的所有参与者共赢。英特尔凭借其在 IT 领域积累的技术实力与运营商及各种垂直行业合作。一方面，英特尔与 AT&T、NTTDOCOMO、SK 电信、沃达丰、爱立信、英国电信、韩国电信、LG 电子、阿联酋电信集团、华为、Sprint、vivo、中兴通讯等众多全球知名厂商开展广泛合作，推动数字化相关技术标准化进程。另一方面，英特尔与 GE、宝马等垂直行业巨头密切合作，从垂直行业中寻找数字化场景应用的突破口。除此之外，英特尔也在调整发展 ODM 厂商的策略，将芯片制造企业、零部件供应商、软件厂商等纳入可控范围，推动 PC 数字化转型，共建产业生态体系。

4）加大科技研发投入

英特尔在以芯片为中心的公司向以数据为中心的公司转型过程中，将现有技术和风险投入新技术中。大规模的转型需要巨大的投资，英特尔持续加大科技研发投入，尤其增加在物联网、内存和数据中心等高速增长部分的支出，成为世界顶级的半导体研发投资者。根据 2017 年 1 月 McClean 的报告统计数据，英特尔 2016 年在研发上花费了 127 亿美元，这占 2016 年全球半导体研发支出总额 565 亿美元的 23%。英特尔的研发费用占其营收的百分比由 2005 年的 14.5%上升至 2010 年的 16.4%，再到 2016 年的 22.4%。

智慧医疗案例：使用英特尔至强处理器实现基于数据价值的医疗护理

为了借助高级数据分析技术优化医疗，蒙特菲尔医疗服务机构部署了

Semantic Data Lake 平台。该平台整合了结构化数据和非结构化数据，从基础科学、临床病历和人口分布，到社区、环境、行为和健康研究数据等，多种多样。Semantic Data Lake 平台通过全面评估患者的真实数据，加上相关科学、临床人群历史、药物信息和医疗成像信息，能提高护理水平，提供个性化的医疗方案，同时还能减少错误和低效问题。蒙特菲尔与英特尔的密切合作贯穿了蒙特菲尔的整个开发流程。英特尔资助了硬件，并在 Cloudera 和 Hadoop、数据整合、网络基础设施、分析和安全等方面提供了专业知识。这使蒙特菲尔能够集中精力处理重点医疗事项和接诊事宜，跨越技术障碍，更快实现愿景。

搜狐公司智慧资讯平台解决方案

在英特尔的帮助下，搜狐公司部署了基于英特尔架构的统一大数据计算平台解决方案，并将原有分散在各业务部门的几台到几十台不等的数据分析平台约 6PB 的数据实施了异地平稳迁移。搜狐公司大数据计算平台系统架构如图 4-3 所示。新方案采用 700 台基于英特尔至强处理器 E5-2600 的服务器，满足了数据存储、作业增长、运算性能、平台运维等多方面的预期需求，商业价值巨大。新方案为搜狐公司提供了更智慧的资讯，使搜狐大数据平台整体计算能力增长了 30 倍以上，从而可以对更多维度的数据进行深度计算分析，提高服务质量和能力。同时，通过提供一整套从数据采集、传输、计算再到结果输出的标准化服务，业务部门可以通过直观的界面完成自助式的大数据计算分析任务，搜狐公司业务效率明显提升。此外，新方案仅需 1 人即可承担大数据平台运维任务，为搜狐公司降低了运维成本。

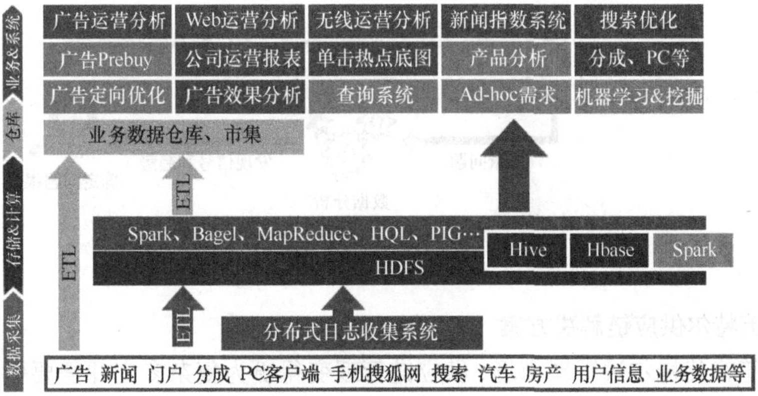

图 4-3　搜狐公司大数据计算平台系统架构

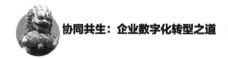

英特尔智能工厂解决方案

有效利用自动化制造和数据是英特尔竞争战略的核心要素。工厂管理已经从手动流程演变为高度复杂的自动化，目标是“无人值守”。英特尔智能工厂通过开发可重复使用的模块化自动化软件来更便捷地收集数据，从而帮助工程师高效分析数据，并根据信息采取行动（见图 4-4）。

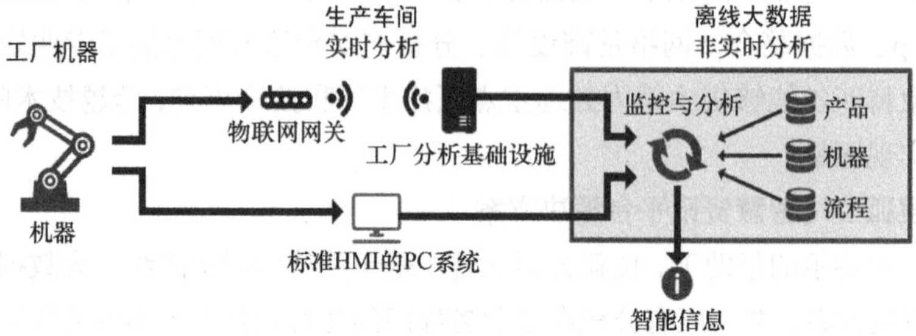

图 4-4　英特尔智能工厂架构

英特尔在其工厂中使用物联网网关和传感器来收集和分析数据，使用关键业务决策支持报告和解决方案，英特尔智能工厂可全天候运转。操作人员可实时监控工厂库存、生产速度、设备状态及产量（见图 4-5）。标准化收集和分析工具令数据处理更为一致，帮助数据在工具之间轻松迁移，帮助工程师将更多时间用于开发解决方案，无须担忧数据的准确性和兼容性。

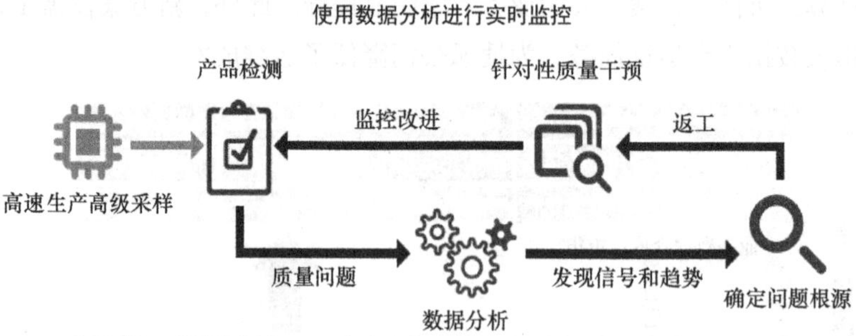

图 4-5　实时监控

英特尔供应链解决方案

随着英特尔进军新市场，供应链管理变得更为复杂多变并需要更为敏捷的运作，于是实时商业智能（Business Intelligence，BI）登场。英特尔 2017 年交付了一个简单、变革式、实时、端到端的供应链管理应用系统，提供对业务活动的可见度和风险管理，并嵌入集成分析和决策支持，最后将使用端到端集成业务规划改造企业（见图 4-6）。

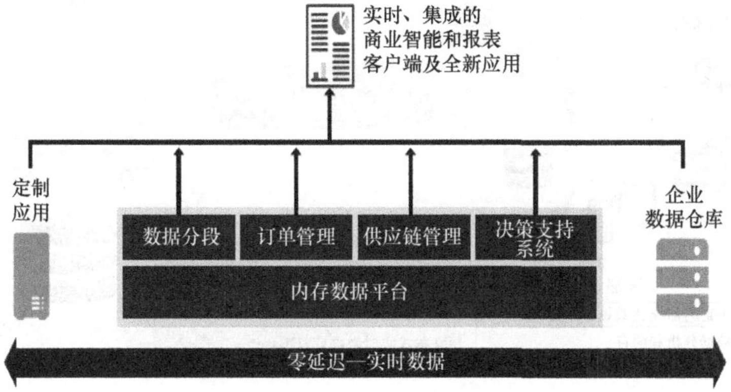

图 4-6　英特尔规划供应链结构

单一的集成供应链管理平台可提供实时的端到端库存资料可见度，支持将风险管理与业务规划、预测式的分析和场景分析进行集成。为实现该目标，需要一款高性能的内存数据平台。实时供应链管理平台可以创建一款“感知—响应”（sense-and-respond）的 BI 解决方案，推荐需要采取的行动并帮助制订决策，进而提高效率。资料实时可见的功能能够优化内存并提高订单完成率，从而为企业带来诸多积极效果。

英特尔—大华端到端智慧交通解决方案

英特尔的理念是在端到端的相关行业，全面实现数据的挖掘、分析、管理和传输，用全面的大数据解决方案覆盖计算、网络、存储、安全及管理平台，满足诸如智慧交通、智慧安防、智慧环保等产业多样性的需求。

2016 年，英特尔携手大华共同打造的端到端智慧交通大数据解决方案（见图 4-7）。为解决智慧交通视频监控、分析领域所面临的数据采集、存储和分析等挑战，英特尔向大华提供基于英特尔架构的低功耗高性能的嵌入式设备与数据中心全系统的硬件参考平台。在大数据技术的应用方面，英特尔也针对交通业务的特性与 Spark 等开源大数据技术的特点，选用 Kafka、Spark、Spark Streaming、HBase 等开源大数据技术，并在英特尔构架上针对以上开源技术做了大量优化和功能扩充，使之在运行性能、可扩充性和可用性上都有大幅提升，从而成功解决海量视频图像数据的内容识别和海量交通数据分析研判等业界难题，助推大数据技术在智能交通中的深入创新应用。

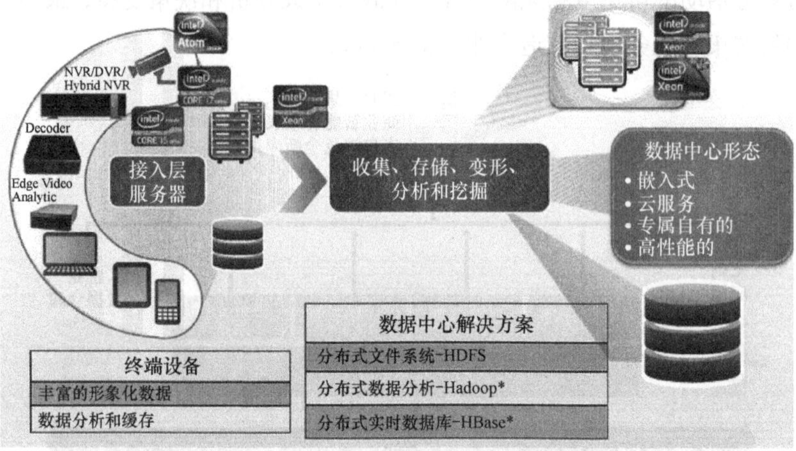

图 4-7　端到端智慧交通大数据解决方案

2．经验启示

注重顶层战略规划。相关企业和机构应结合自身发展需求，在对未来趋势前瞻性预判的基础上，进行系统性、体系化的顶层设计，出台相应的短、中长期战略规划方案和发展路线图，进一步明确数字化转型整体思路、基本方向、关键领域、重点任务、先后顺序和相关时间节点等，做好重点推进数字化转型试点项目规划工作，在政策支持、工作方案部署、应用成果推广和宣传方面提前做好设计，保证项目建设和实施过程中风险可控。

增强科技创新研发能力。进一步完善政策体系，引导市场主体、科研院所、高校等加大研发投入力度，提升核心技术自主创新能力，提高资金使用效率。促进核心技术基础研究、应用研究与产业化对接融通，鼓励更多企业进入基础研究，发展科技中介等服务，加快创新成果有效转化。推动企业将科技成果尽快转化为现实生产力的实际应用，着力解决好产学研脱节等实际问题，同时强化知识产权保护，加快培育和打造企业知名品牌。

集中优势领域突破核心技术。产业链各环节企业结合自身实际发展需求，集中创新资源，构建各自特色优势发展领域（如智能制造、智慧城市、智能交通等），实现核心技术新突破，培育一批培育创新引领型企业。结合数字化转型重点和优势领域，打造一批创新引领型试点项目，以项目带动企业的数字化转型升级，推进产业化商用进程。贯彻以人为本的指导思想，强化创新优势领域中领军和骨干人才队伍的建设力度，培养一批科技创新领军人物。

广泛开展合作交流。统筹政府部门、企业、科研单位和院校资源，广泛开展合作，解决数字化转型创新应用产业咨询、管理与重大前瞻性、战略性问题研究，使政府统筹具体情况制定有针对性的扶持政策。强化产业链上、中、下游资源合作，建立各方合作创新发展模式，打造产业协同发展共同体，创立一批知名品牌。发挥自身核心竞争力和影响力，联合国内外相关单位，成立相关联盟、智库等，构建适应全球数字化转型发展趋势、专业开放的生态合作体系。

4.1.6　苹果：围绕增强用户体验持续创新

随着以大数据、云计算、物联网为代表的数字技术的崛起，数字化时代中，传统企业只有尽快投身其中，打造数字化能力，才能不断提升经营效率，转变增长方式，赢得竞争优势。从跨国公司经验来看，美国苹果公司通过实施“三步走”战略，在短短 10 多年时间里成功实现了跨产业的数字化转型，从以生产计算机、电子消费品为主的制造企业成长为数字时代的王者，并很大程度上改变了传统的音乐、影视、图书、通信等产业的发展格局。鉴于此，梳理苹果公司数字化转型的成功经验，对推动我国传统企业的创新转型具有重要意义。

苹果公司（Apple Inc.）原称苹果电脑公司，由斯蒂夫·乔布斯（Steve Jobs）、史蒂芬·沃兹涅克（Stephen Wozniak）和罗·韦恩（Ron Wayne）于 1976 年 4 月 1 日创立，总部位于美国加利福尼亚的库比提诺，是著名的高科技公司。目前，苹果公司的主营业务为手机、平板、电脑和服务，主要产品有 iPhone 手机、iPad 平板电脑、Macbook 笔记本电脑、Appstore 在线商店等。2014 年，苹果超越谷歌，成为世界最具价值品牌。2017 年，苹果公司位列《财富》美国 500 强第 3 位，世界 500 强第 9 位。本书对苹果公司的主要产品进行了整理（见表 4-1）。

表 4-1　苹果公司的主要产品

类别		产品
早期产品		AppleI（1976）、AppleII（1977）、AppleIII（1980）、AppleLisa（1983）、Macintosh（1984）、PowerBook（1991）、AppleNewton（1993）等
电脑	消费型	iMac（1998）、eMac（2002）、Macmini（2005）等
	专业型	PowerMac(1999)、XserveRAID（2004）、MacPro（2006）等

（续表）

类别		产品
电脑	笔记本	iBook（1999）、MacBook（2006）、MacBookPro（2006）、MacBookAir（2008）等
个人数码	多媒体播放器	iPodclassic（2007）、iPod（2001）、iPodnano（2005）、iPodshuffle（2005）、iPodmini（2004）、iPodHi-Fi（2006）、iPodtouch(2007）等
	平板电脑	iPad（2010）、新 iPad（2012）、iPadAir（2013）、iPadPro（2016）、iPadmini（2012）等
	其他	AppleTV（2006）、AppleWatch（2014）等
通信产品		iPhone（2007）、iPhone3G（2008）、iPhone4（2010）、iPhone5（2012）、iPhone6（2014）、iPhone6Plus（2014）、iPhone7（2016）、iPhone7Plus（2016）等
软件	操作系统	MacOS（2001）、IOS（2007）等
	其他	iTunes（2001）、iLife（2003）、iWork（2005）、Safari(2003）、FinalCutStudio（2009）等
服务		AppleStore（2008）、GameCenter（2010）、iCloud（2011）、Siri（2010）等

苹果公司一度是引领科技的“弄潮儿”，前期的主要业务是生产高端电脑和软件。20 世纪 70 年代，苹果的 AppleII 为计算机产业开创了个人电脑新时代。随后，革命性的 Macintosh 上市，首次将图形用户界面应用到个人电脑上，彻底改造了个人计算机。然而，面对阿塔利、中校、IBM 等公司的竞争，企业高层乔布斯和斯卡利在技术研发和企业管理上的分歧越来越大，矛盾逐渐不可调和。1985 年，乔布斯从公司辞职。在之后的 10 年里，苹果公司先后经历了 3 位风格迥异的 CEO，人事、战略变动较大，企业发展不稳定，业绩持续下滑甚至出现亏损。1996 年，乔布斯重返苹果，依然延续个人高新电脑的生产，但又一次面临经营困境。自此，乔布斯认识到，继续走老路已经不合适了，于是苹果以消费者需求为导向，重新调整战略，开始了向数字领域的多元化转型之路。

1. 主要做法

1）推出 iPod，从电脑制造领域转向消费电子与服务领域

iPod 的诞生并非偶然。20 世纪 90 年代中期，日本索尼公司凭借 Walkman 风靡全球，风光无限。然而，传统随身听使用的音乐存储媒介主要为卡带、CD、MD 等，这些媒介存储容量有限且体积较大，致使随身听的便携性较差。此外，Walkman 的外观设计不够时尚，操作不够方便。在“引领消费者”理念的指导下，乔布斯关注到了数字音乐播放器领域。

2001 年年底，苹果发布了 iPod 数码音乐播放器，成为开创数字音乐市场的急先锋。iPod 为 MP3 播放器的设计带来了全新的思路，其创造性地采用硬盘作为存储媒介，外形时尚美观、携带方便、功能实用，且拥有人性化的独特操作方式与巨大的容量，堪称随身听技术发展史上的里程碑。此后，虽然市场上类似的产品层出不穷，但 iPod 牢牢扎根于 MP3 播放器的最高端，因风格独特而备受追捧。在推出第一代 iPod 后，苹果公司又陆续推出了 iPodMini、iPodShuffle、iPodNano 等多种型号的 MP3 播放器，畅销全球。截至 2020 年 8 月底，iPod 的全球累计销量已超过 4 亿台，在美国占据了 70% 以上的 MP3 播放器市场份额，并打破了索尼公司 Walkman 播放器 30 年共销售 2 亿台的纪录。

iPod 的诞生标志着苹果公司完成了数字化转型的第一步，从单纯的电脑制造领域转向了消费电子与服务领域，不仅开启了全新的数字音乐时代，也让沉寂多年的苹果公司重新登上了世界消费电子舞台的中心。iPod 的销售大大改变了公司长期低迷的盈利状况，公司净利润由 2001 年的亏损 2500 万美元上升为 2007 年的净盈利 34.95 亿美元（见图 4-8）。苹果公司在纳斯达克股票市场的股价也随着 iPod 产品的不断升级和销量上升而一路高涨，从 2001 年 9 月的每股不到 10 美元升至 2007 年 1 月 16 日的每股最高 97 美元。

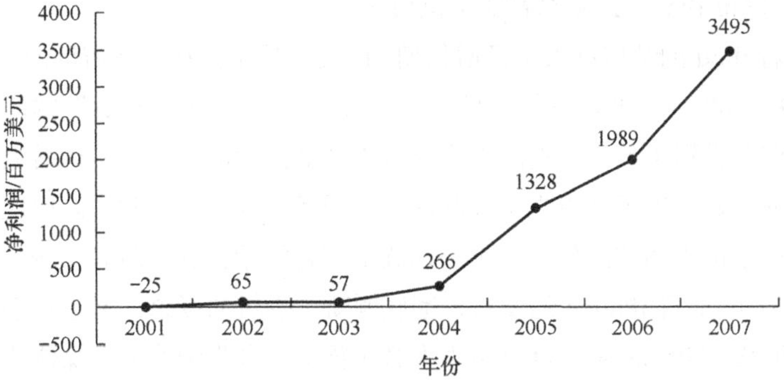

图 4-8　苹果公司 2001—2007 年净利润

2）搭建 iTunes，从产品制造转向内容生产

iPod 的成功延续的是苹果公司在设计上的出色。与此同时，其在线音乐商店的开通与发展，也有力促进了硬件产品的销售。iTunes 音乐在线商店与 iPod 播放器的珠联璧合也是苹果公司在数字音乐市场能够傲视群雄的重要原因。

2000年，乔布斯在广泛考察了市面上的音乐应用程序后，推出了音乐软件iTunes，随后于2001年应用于iPod播放器中。2003年4月，苹果公司推出了与iTunes软件配套的iTunes在线音乐商店，设计了一个基于互联网的半封闭式的资源管理和下载中心，打通了音乐营销的上游，使“音乐无处不在”的理念更加接近理想状态。iTunes商店在充分吸取索尼、美国在线等公司失败教训的基础上，简化服务条款限制和用户界面，准确把握用户消费需求和消费习惯，提供贴心、便捷的产品与服务体验。iTunes率先开创了单首歌曲付费下载模式，苹果公司向唱片公司支付60%～70%的版费，消费者可以以99美分的价格下载单曲。由于能够有效保护版权，各唱片公司纷纷与苹果合作，为消费者提供了大量低价、高质量、易匹配的正版音乐。

iTunes在线商店实现了唱片公司、音乐商店和消费者的“三赢”，在推出后的6天内销售曲目就达到了100万首。iTunes商店的搭建标志着苹果公司数字化转型的第二步——从产品制造转向内容生产的成功。随后，苹果公司不断扩大在线商店的商品种类，将其变成了综合性的数字产品网络销售平台。目前，消费者可以通过iTunes下载品种丰富的影片、电视节目、音乐和图书等。2008年，iTunes商店已超越沃尔玛成为全球第一大音乐零售商。至此，传统音乐商业模式基本被改写。

3）发布iPhone，领军智能手机市场

随着iPod的销售进入平稳增长期，以及音乐手机在全球市场的盛行，苹果公司在2006年的收入增长迅速下降。在之前“iPod+iTunes”的成功模式中，乔布斯看到了基于终端的内容服务市场的巨大潜力。而移动增值市场的快速发展，显示出了其更强于互联网内容服务市场的增长动力。由此，在诺基亚称霸手机市场的时代，苹果公司瞄准了智能手机这一新兴市场。

2007年1月iPhone的发布，彻底刷新了手机的概念，标志着手机革命进入新时代。iPhone是一款具备强大音乐播放、网络浏览等多媒体功能的手机终端，它以“iPod+手机”的融合性定位，借助iTunes、AppStore等在线服务平台，向客户提供持续固定的移动互联网内容及手机应用服务。iPhone基于“iPod+iTunes”的客户群基础，既能帮助苹果公司维护原有的数字音乐播放器和在线音乐服务市场，又能实现通信市场的延伸，扩大用户覆盖范围。产品设计上，iPhone以多点触摸屏取代了传统手机键盘，采用了远高于竞争对手的硬件配置（128MB内存+专用图形芯片+4～8GB储存空间），以及经过界面优化的操作系统iOS，这使得手机成为了一台超小型电脑，同时具备了运行流畅、操作简便、界面华丽等显著优势，拥有绝佳的用户体验。

iPhone 智能手机的诞生获得了意料之外但情理之中的巨大成功。截至 2020 年 8 月底，iPhone 的全球累计销量已达到 12 亿部，占据了全球智能手机制造商 83.4%的营业利润。在 2007—2017 年，iPhone 为苹果公司带来了 7380 亿美元的营业收入，并使其在短时间内就成为全球排名前列的智能手机生产商（见图 4-9）。至此，苹果通过“三步走”战略完成了数字化转型，成了时尚和品位的代名词，并奠定了数字领域的王者地位。

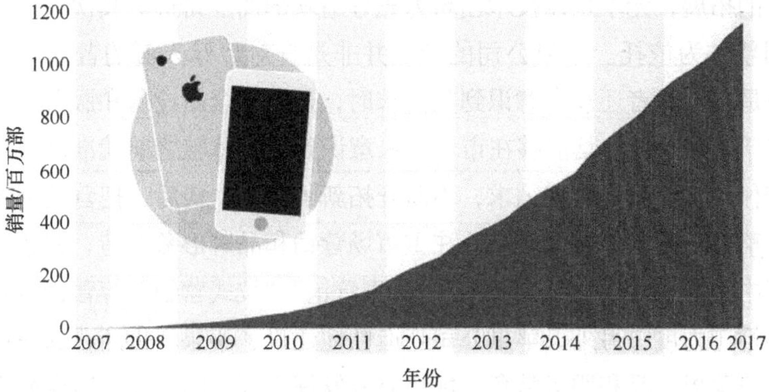

图 4-9　iPhone 在 2007 年 6 月—2017 年 3 月销量变化

2. 经验启示

企业的数字化转型要以增强用户体验为导向。对用户体验的高度重视是苹果公司产品设计的一大特色，也是其能够实现成功数字化转型的重要原因。苹果公司的理念是，公司产品是个人的工具，用于帮助个人解决问题。因此，苹果没有选择机构或企业作为其客户，而是不断推出能够更好满足消费者体验的产品。苹果公司在设计产品时充分考虑了顾客想法和需求，以及顾客如何与产品互动。首先，苹果公司推崇“简单即是美”的逻辑，从产品设计意图到概念的提出，到实现概念的整个设计过程，到用户使用该产品的体验，都体现了简单易用原则。例如，iPod、iPhone 等产品的操作均极为简单，以致销售的产品中可以不附带产品说明书。其次，苹果公司非常注重细节处理，在产品系统、外观及工业设计中做到了尽善尽美。例如，公司对其生产的 iPod 耳机插上一刻的“滴答”声进行了反复设计，力求完美。最后，苹果公司抓住了用户体验的实质，用户使用苹果产品时会被其精致时尚的造型设计、友好的人机交互模式、强大的功能所吸引，自然增强了购买欲。

企业的数字化转型要通过持续创新引导市场。创新是苹果企业文化的灵魂，其成功数字化转型的案例说明，企业、企业家可以通过技术创新、产品创新、营销创新等手段创造和引导市场。苹果公司在成立之初就形成了一种充满活力和创造力的企业文化，这使得公司能够不断开发出引领潮流的产品。首先，公司始终把技术创新作为先导。苹果公司在技术创新上的投入巨大，既有人力投入也有资金投入。例如，iPhone 的研发成本高达 1.5 亿美元，乔布斯在设计初期几乎参与了每一个过程。可以说，苹果在 iPod、iPhone 等产品上的拓展，无不是以技术创新为先导造就的商业奇迹。其次，把产品与服务创新作为依托。苹果公司的产品并非是针对目标人群的普通产品的改进，而是在消费者还没有意识到其需求时，开发的全新设备和服务。公司从不依赖于市场调研，其能够在市场尚未意识到某种体验之前就准确预判并且正确交付，从而引领客户需求，不断开拓新的市场。最后，把营销创新作为抓手。苹果公司自创立以来十分注重市场营销和品牌形象塑造，在新产品推出过程中综合采用了“饥饿营销”“病毒营销”“拉式营销”等营销方式，加大产品推广力度。另外，苹果公司创造性地建设了苹果零售店，这在销售环节可以将苹果产品和服务特色、优势充分发挥出来，同时零售店也成为公司价值观和产品强有力的实体表达。

企业的数字化转型要以变革商业模式为保障。苹果公司在 iPod、iPhone、iTunes 等产品和服务间建立商业联系，打造了全新的“硬件产品+应用程序+iTunes 商店/App Store”的商业模式，形成了一种跨产业的、由不同产业价值组成的新商业链。为了完全控制流程，苹果公司采取了完全封闭的方式运作，仅开放了应用程序的开发，对应用程序标准设定、测试、批准及销售，必须通过苹果公司。这种商业模式是对企业系统的整体变革，建立了用户、开发者、苹果公司三方共赢的格局。苹果公司掌握了 iTunes 商店/App Store 的开发与管理权，是平台的主要掌控者；开发者是应用软件的上传者，负责应用程序的开发及自主运营平台上自有产品或应用；用户则是应用程序的体验者。苹果公司通过 iTunes 商店/App Store 建立了开发者与用户之间的桥梁，结合 iPod/iPhone 终端，一方面向用户提供了移动互联网内容或应用服务，另一方面为软件开发者提供了软件销售平台。在这种商业模式中，开发者通过终端销售文化产品，苹果公司则通过用户终端获利，形成了良性循环。

企业的数字化转型要整合利用全球资源。苹果在完成数字化转型的过程中充分整合利用了全球资源，构建了独特的全球价值链，公司聚焦创造利润的两个最大环节，使得自身资产能够轻量化运作。苹果公司将需要土地、厂房、设备等重资产投入的基础生产环节全部外包，在全球范围寻找最具生产成本优势的工厂进行代工，以获得最低成本和最高效率。而在形成核心竞争力的开发设计环节，以及在最终实现利润和回收现金流的市场销售等环节，全部由自己完成。产品的开发设计是苹果公司整个产业链顺畅运行的基础，苹果公司的硬件投入很少，创造的价值却很高。同时，通过建立全球销售体系，苹果公司以独一无二的产品和品牌，确立了主导地位，影响最终的利润分配格局。正是通过对全球资源的整合利用，苹果才能够不断提升自身能力，建立全球竞争优势。

4.1.7　IBM：全方位推动组织变革

IBM（International Business Machines Corporation，国际商业机器公司或万国商业机器公司）总公司在纽约州阿蒙克市，1911 年托马斯·沃森创立于美国，是全球最大的信息技术和业务解决方案公司，在全球拥有雇员 30 多万人，业务遍及 160 多个国家和地区。近年来，IBM 不断创新发展理念，加快推进数字化转型，取得了显著成效，也为我国传统企业数字化转型提供了宝贵的经验和启示。

IBM 自成立至今，共经历了四次重要转型，每次转型都伴随着业务方向的重大变革，这些业务内容大致可以分为五个阶段。

成立之初：主营穿孔卡片设备。最初的 IBM 主要为美国国家统计局等政府机关生产自动制表机，并为其提供相关服务。除此之外，其主打产品还包括员工计时系统、磅秤、自动切肉机、计算机、穿孔卡片设备等产品的生产制造及其配套服务。

第一次转型：转向计算机业务。20 世纪 40 年代末，电子计算机和磁带的出现，推动了 IBM 的第一次战略转型。小托马斯·沃森将计算机制造确立为 IBM 新的业务方向，并持续加大计算机研发投入。IBM 于 1964 年向全球市场推出 System/360。1969 年，IBM 占据了全球 70%的计算机市场份额。

第二次转型：转向分布式计算系统。20 世纪 90 年代初，IBM 彻底摧毁旧有生产模式，削减成本，调整结构，重振大型机业务，拓展服务业范围，从昂贵的大型机转向包括个人电脑在内的分布式计算系统，完成了第二次转型。

第三次转型：转向咨询和服务领域。2000 年以来，为了摆脱对大型计算机的依赖，IBM 推行了第三次转型，提出“智慧地球”战略，宣布退出 PC 硬件业，全面进入知识服务、软件和顾问等服务市场，向客户提供从战略咨询到解决方案的一体化服务。

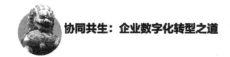

第四次转型：转向认知解决方案和云平台。2016 年 3 月，IBM 提出“认知商业战略”，正式转型为一家认知解决方案云平台公司，为企业认知转型提供有力支持，帮助企业智胜未来，开启认知商业时代。IBM Watson 是认知计算系统的杰出代表。

1. 主要做法

变革工作机制和员工培养机制。IBM 十分重视创新和变革机制，在工作机制和员工培养机制等方面开展了积极探索。近年来，IBM 分别在大连和上海成立了 IBM 工作室，提供未来的业务咨询、未来的业务流程和应用如何迁移上云等方面的咨询服务。IBM 工作室深度邀请客户参与，通过业务需求方、创意家、软硬件工程师跨企业、跨部门的协作，成立一种全新的支持创新的工作机制。IBM 推行了 Think40 和 Think Friday 计划，以社交方式鼓励和增进员工的学习和互助，并且进一步完善培训体系。通过创新工作机制和员工培养机制，IBM 提高了公司管理服务效率，驱动了公司的集体协作和创新，为公司的发展提供了强有力的人才保障。

加大云计算、认知计算等领域投资。近年来，IBM 十分专注云计算、认知计算等新的、优先领域的发展，并持续追加投资以保障这些领域的快速发展。2013 年 7 月，IBM 花费 20 亿美元收购 SoftLayer，加速企业云计算交付。2014 年 1 月，IBM 投资 12 亿在全球新建云数据中心，宣布成立 IBM Watson，支撑“云交付的认知计算”和大数据创新开发和商业化。此后，向云计算服务追加投资 10 亿美元，推出以 Bluemix 为代码的 PaaS 平台，并以此为主导推行了一系列云计算举措。2015 年以后，IBM 分别投资 26 亿美元和 10 亿美元，给 IBM Watson 成立了医疗数据公司 Truven、医疗影像与临床系统提供商 Merge Healthcare Inc.。2016 年，IBM 全年共获 8088 项专利，其中 2700 项专利与人工智能、认知计算和云计算相关。

构建完整的领导力建设体系。IBM 将领导力建设视为数字化转型的关键保障，在领导力体系构建和演进、领导人才选拔和培养方面都进行了大规模改革，摸索形成了一个完整的领导力建设体系。例如，IBM 通过将人才送到新兴市场参与公益服务来培养面向全球市场的新一代领导者；推行领导力素质评价三环模型，即对事业的热情是环心，致力于成功、动员执行和持续动力是围绕环心运动的三大要素；推行蓝色经理人项目，提升 IBM 基层领导者领导力；设立人才管理委员会，通过管理流程和发展项目来实现人才培养目标。

推行扁平化的组织结构。为解决层级结构过多、管理效率低下等问题，IBM 推行了扁平化组织管理模式，将原来“中央集权”的金字塔结构变成扁平型的组织结构，使公司的管理和执行效率显著提升。同时，IBM 在内部建设全套的社交化 IT 平台系统，充分运用社交手段，促进公司内部信息交流和开放协作。IBM 通过推行扁平化组织结构，有效地节约了管理费用，并为企业带来了事半功倍的管理效率，也让 IBM 对市场的敏感度和适应性大增。

适时推出“组合式业务”。为了应对数字经济时代的发展，IBM 适时推出“组合式业务”，以云计算、移动、大数据、社交商务等技术为依托，以智慧流程（Smarter Process）为连接，灵活地自行组合动态、互联的业务流程与服务，从而帮助企业开展更高效的应用，持续提高运营效率和核心竞争力，全面提升企业灵活应对市场挑战的能力，以创新促进业务智慧增长。

实施加强版“合作伙伴计划”。2016 年 3 月，IBM 发布全新的合作伙伴计划，制定了更精确的路线图，旨在提升合作伙伴在云计算和认知商业等领域的新技能，帮助客户快速向认知商业转型。2017 年 1 月，IBM 重新设计并升级了合作伙伴计划，以助力 IBM 各类合作伙伴商业上市，创造新的商业模式。此外，IBM 推出了嵌入式解决方案产品，实施了增强型软件激励计划，构建了全方位的培训体系，面向全球合作伙伴开展了 WatsonBuild，全面促进生态系统发展。目前，已经有超过 5000 家企业达到了银级，2500 家企业达到了金级，超过 75 家达到了铂金级，业务合作伙伴技术功底得到了显著的提升，数字化转型的能力也得到显著增强。

2. 经验启示

回顾 IBM 的百年发展历史，其每一次战略转型与跃升，都伴随着经营理念和运营模式的巨大转变。IBM 的成功经验启迪正在转型的中国传统企业，要追求价值链的高端，大胆决策推动转型。

注重持续性创新，为数字化转型提供原动力。持续创新和变革是 IBM 数字化转型成功的关键所在。机制创新方面，IBM 建立了一套持续创新的制度，在业务流程、商业模式、产品等方面开展持续创新，推动公司成功转型。模式创新方面，IBM 建立并面向社会全面开放联合实验室，在大数据、云计算和移动、智慧城市和智慧商务研发等方面开展联合创新。产品创新方面，IBM 每次重要的战略转型，都伴随着产品的创新，从最初的穿孔卡片设备到如今的认知解决方案和云平台，产品的创新为公司核心竞争力的提升做出了重要贡献。我国传统企业也应该从 IBM 的成功实践中总结经验，制定出适合企业自身发展实际、有利于提升企业竞争力的创新发展方案，推动传统企业数字化转型。

重视领导力建设，将之视为业务成长的关键基石。IBM 认为，领导力是贯穿战略执行的关键，要产生这样的领导力最有效的方式是协助好领导并发展领导,打造组织领导力的关键首先是打造一支高质量的高层领导团队。IBM 认为，领导力的不断转型将带动整个公司的转型。IBM 领导力发展的成功经验在于：一是将人才策略规划作为企业战略规划的重要组成部分，由最高管理团队推动，以确保领导力发展工作方向与企业战略相一致；二是推行“领导发展领导”模式，使领导力发展成为各级领导团队共同的责任，高度重视、不断提升各级领导团队发展领导人才的承诺与能力。我国传统企业也应加强对领导力建设重要性的认识，并将其纳入企业发展战略当中，结合企业自身发展存在的问题和未来发展需要，推进本企业领导力建设，从而激发企业发展动力，提升企业综合竞争力。

构建学习型组织，为数字化转型提供人才支撑。IBM 始终将人才战略规划作为企业战略规划的核心，其战略转型之所以能够取得成功，与公司注重构建学习型组织密不可分。以所有员工入职时接受的“魔鬼训练”为例，IBM 将总结出来的战略转型所需的知识和方法等融入课程。这种集中体验式的培训，使得受训员工在短期内建立起了一套思考和行为模式，从而顺利参与公司战略转型。IBM 通过构建学习型组织，运用体验式的入职培训和针对性的在职培训等方式，较为迅速地在公司员工中建立起一种基于新商业模式的新文化，从而有效支撑着公司的战略转型。当前经济全球化的步伐正在加快，我国经济发展也已步入新常态，企业制度创新、资产重组、管理变革和产品加速更新换代，许多企业进入了一个新的战略转型期，IBM 在构建学习型组织方面的成功实践将为这些企业开展战略转型提供良好的借鉴作用。

实施价值观管理，是 IBM 成功转型的关键。当今时代管理者和员工拥有共享价值观，已经成为企业获取竞争优势的重要源泉，价值观管理日益成为企业建立可持续、有竞争力和更人性化文化的新趋势。为了促进战略转型，IBM 确立了“成就客户、创新为要、诚信负责”的核心价值观，并将个人业绩承诺 PBC 纳入公司的绩效管理系统。基于价值观的绩效评价和绩效奖励是价值观管理的重要且富有成效的途径。未来，中国企业也可以借鉴 IBM 的成功经验，加快企业核心价值观建设与转型，增强企业凝聚力，为加速传统企业数字化转型提供保障。

4.2　特色领域企业数字化转型

4.2.1　Fast Radius：集成工业物联网的数字化后台办公

Fast Radius 是一家美国增材制造公司，它将强大的数字化后台办公与数字规划相结合，实现各职能部门之间的信息透明，从而解决效率低下的问题。该分析平台通过所有工厂传感器之间的开放通信协议和中央云数据存储，收集整个制造过程的数据信息，并利用多种机器学习算法来为价值链的所有环节提供特定反馈，促进设计方案改进的同时，逐步减少质量问题和返工次数。此外，应用覆盖所有工厂的“数字孪生”技术实现了远程生产，即为特定工厂分配特定任务，同时优化物流和产能。自应用“数字孪生”技术以来，Fast Radius 的库存下降了 36%，产品上市时间缩短了 90%。

4.2.2　联合利华：打造敏捷冲刺团队

联合利华迪拜个人护理工厂（Unilever Dubai Personal Care Site，DPC）通过打造一个重点关注赋能、可持续性及与业绩直接相关价值创造的动态组织结构，促进了工作流程的重组，在改善成本和客户响应能力的同时，明确了自身的竞争优势。

DPC 在员工中组建了一个内部团队开发数字解决方案，团队成员在继续履行原有职责的同时参与开发项目。为避免影响工厂操作员的日常安排，开发过程严格遵循下述原则：所有应用程序都基于共享的数据湖；使用开源平台设计；提供直观的用户界面；尽可能采用移动技术进行开发。这一过程中，DPC 还与一些初创企业建立了合作关系。这些初创企业作为 DPC 的后勤部队，会根据工厂的需求灵活调整解决方案。

相比于对接合适资源、直面日常挑战、部署和维护大量内部解决方案等大幅资金投入，DPC 在数字化历程中的真正投入来源于员工，他们共同致力于创新解决方案的开发。

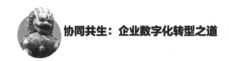

4.2.3 Petkim：依托工业物联网学院提升团队数字化能力

Petkim 是一家土耳其综合性石化公司及原材料供应商。得益于打造数字化学院、价值创造激励机制及敏捷工作方式等措施，Petkim 成功提高了良品率、产量、能源效率和产品质量。

Petkim 在企业内部开发了数个用例，针对财务相关用例、虚拟现实 HSE 培训和评估及使用第四次工业革命技术开展的维护作业等部署相关项目，由一线员工组成的跨职能团队负责交付。为了打造这个价值创造项目，Petkim 专门建立了一个数字化转型部门。根据用例的优先次序明确对人才的需求，Petkim 还建立了一个数字化转型团队和一个数字化学院，旨在提高员工的数字化技能。该公司鼓励数字化和运营团队采用敏捷工作方式，并借助人工智能技术和高级分析工具来提高良品率和产量。Petkim 的数字化转型总共创造了 5190 万美元的经济效益，体量甚至超过其 2018 年息税前利润的 20%。

4.2.4 菲尼克斯电气：加强数据全过程管理

菲尼克斯电气是一家专门提供工业自动化解决方案的德国制造商，通过借助多个 RFID 标签收集信息，确保数据全流程阶段的透明可见且易于获取，很大程度上实现数据的互联互通。这种互通性确保了生产线全天候运转，并以批量生产的成本实现了定制化产品的生产，在提升 40%绩效的同时将生产时间缩短了 30%（见图 4-10）。

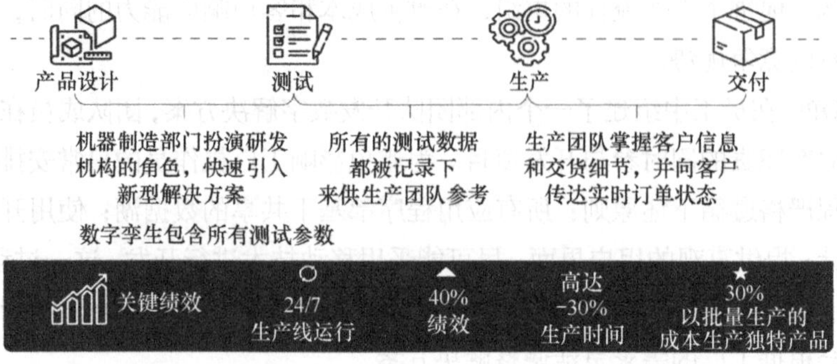

图 4-10 菲尼克斯电气使用 RFID 标签的工作流程

菲尼克斯电气的成功转型归功于其集成式研发模式，即机器制造部门同时兼备研发职责，实现新型解决方案的快速引入。例如，它能批量生产 1000 多种不同设备版本的隔离放大器。这个过程中，该公司有效利用了数字化测试和数据共享。数字孪生不仅记录下所有测试参数，供生产团队参考，还能提供客户信息，使生产团队能够直接对接客户，实时传达订单状态和交付细节。

4.2.5　施耐德电气：跨职能协作取代部门分工

始于原料采购终于产品交付的价值链是 21 世纪制造业的根基，它的各个环节极其复杂，任何一点异常和中断都可能对其他环节产生负面影响。由于数字化技术加强了整个价值链的互通性，各大组织能够共享信息，从而可以最小化生产偏差产生的影响。以施耐德电气为例，其创建了一个通信门户平台，供利益相关方监控和应对制造流程中的异常情况。

其中，单一的通信门户平台供各大供应商交换运营经验，从而实现更好的供应链规划，使总的管理时间减少了 85%。工业物联网平台能为供应商监控和传输实时数据，并能提供实时需求预测，帮助供应商实现高效的智能库存管理，供应商的服务率也因此提高了 70%。基于二维码的智能跟踪系统可以高效跟踪整个价值链中的库存，使准时交货率提高了 40%。施耐德电气在巴淡岛的工厂建立了一个平台，供利益相关方监控和应对制造流程中的异常情况，如图 4-11 所示。

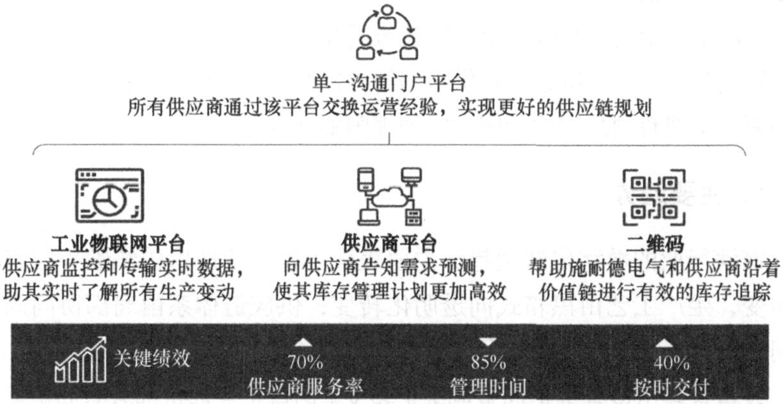
单一沟通门户平台
所有供应商通过该平台交换运营经验，实现更好的供应链规划
工业物联网平台
为供应商监控和传输实时数据，助其实时了解所有生产变动
供应商平台
向供应商告知需求预测，使其库存管理计划更加高效
二维码
帮助施耐德电气和供应商沿着价值链进行有效的库存追踪
关键绩效
70%
供应商服务率
85%
管理时间
40%
按时交付

图 4-11　施耐德电气在巴淡岛的工厂建立的平台

第5章

独辟蹊径——国内企业转型实践

5.1 重点行业企业数字化转型

5.1.1 钢铁行业

钢铁行业作为我国重要的原材料制造行业，具有生产流程长、生产工艺复杂、供应链冗长等典型特征，如今面临设备维护成本高、工业知识隐形程度高、下游需求日益个性化、环保压力增大等挑战，亟须围绕设备管理、生产管控、供应链管理、环保管理等方面开展数字化转型。连接全要素、全产业链、全价值链的工业互联网，正是钢铁行业进行数字化转型的首选路径，但是在落地应用中存在诸多问题。基于此，研究工业互联网平台如何在钢铁行业中规模化落地具有重要意义，有利于推动我国钢铁行业关键生产设备管理、生产工艺全过程管控、全产业链协同及能耗管理向数字化、网络化、智能化转型升级，深化钢铁行业供给侧结构性改革，开创钢铁行业高质量发展新局面，实现我国从钢铁大国向钢铁强国的转变。

1. 主要趋势

钢铁行业的数字化转型趋势主要表现为设备管理由传统维护向智能维护转变，生产工艺由黑箱式向透明化转变，供应链体系由局部协同向全局协同转变，环保管理由粗放型向清洁型转变（见图 5-1）。

设备管理由传统维护向智能维护转变。钢铁企业通常部署有高炉等众多高价值设备，以往只能采取事后维护或者基于主观经验判断和固定失效周期的定期维护，很难准确识别设备故障并维修，容易造成产线停滞和生产安全等重大问题。随着智能传感器和通信技术的兴起，实时监测高炉等设备的温度、压力、流量等各种工况数据成为现实，基于此可实现设备故障的自感知、自分析和自决策，做好设备的预测性维护，减少维护成本，提高设备的可靠性，并保障生产的通畅运转。

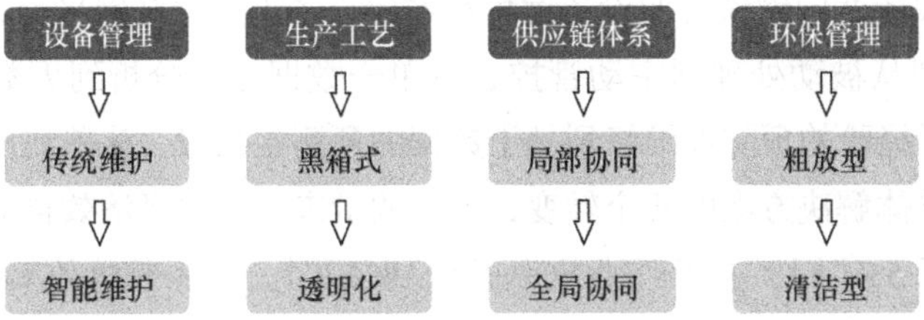

图 5-1　钢铁行业的数字化转型趋势

生产工艺由黑箱式向透明化转变。钢铁行业是典型的长流程行业，生产环节众多，生产工艺复杂，对工艺知识的依赖程度很高。在很长一段时间内，钢铁企业的冶炼工艺、冶炼配方、设备维护、经营管理等环节的正常运转只能依靠隐形程度很高的人工经验，容易造成工人技术水平参差不齐和产品质量波动。随着信息技术在钢铁企业的深度渗透，隐形的生产经验被挖掘、提炼，并被封装为显性化软件模型，实现生产工艺透明化，有效指导实际生产，提高生产效率和安全水平。

供应链体系由局部协同向全局协同转变。库存一直是钢铁行业的一大管理痛点，主要源于上下游产业产生的信息盲区，并且家电、汽车等下游产业对钢材的需求日益个性化，加大了做出科学高效采销决策的难度。钢铁行业传统的供应链只能靠契约合同保障，信息孤岛化问题突出，物料信息难以在供应链中实现跨环节的自由流通，大大增加了企业运营成本。钢铁企业可将 ERP、SCM 等信息系统集成用于供应链整合，构建上下游信息流通渠道，结合产品需求、原料供给和产能配置，及时调整生产计划，提高产能利用率，减少库存积压，保障订单稳定到期兑现。

环保管理由粗放型向清洁型转变。作为我国支柱产业的钢铁行业也是高耗能、高污染、高排放的代表性行业，在国家大力治理环境污染时，行业面临的环保成本急剧上升。钢铁行业急需转变发展理念，重视环保管理水平提升，加快由以前单纯追求产量扩张的粗放型生产方式向追求优质低碳的清洁型生产方式转变。而物联网、大数据、人工智能等数字技术的出现，可以帮助钢铁行业实时采集、监测、分析各生产环节的能耗和排污情况，集中企业资源对重点环节进行工艺优化或设备升级，提高企业清洁型发展水平。

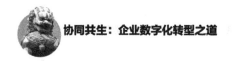

2．主要路径与案例

1）宝钢集团

宝钢集团面向钢铁行业设备远程运维建立了工业互联网平台，促进了设备维修实现从被动处理到主动管控、从单一数据专项分析到大数据综合分析、从基于经验的预防性维修到基于数据的预测性维修、从单纯反馈设备状态到提供整体解决方案的四个转变，为企业带来了显著经济效益，使设备运维成本降低5%以上、检修作业效率提升10%以上、设备整体效率提升5%以上、备件使用效率提升10%，每年为企业带来基于平台增加的社会市场技术服务费约2000万元以上。钢铁行业工业互联网平台可实时采集高炉等高价值设备的运行数据，结合设备故障诊断模型，自动预警设备故障并确定最优设备维护方案，实现设备全生命周期管理。

2）东方国信

东方国信利用在机理模型和大数据分析领域积累的技术优势，开发了适用于炼铁行业的工业互联网平台，在工艺优化、生产管控和质量管理等环节为钢铁企业实现了降本增效的经济目标。酒钢集团在引进炼铁平台之后，铁水质量稳定性提高了20%，单座高炉成本每年降低了2400万元，冶炼效率提升了10%，通过将生产工艺、生产过程管控、产品质量管理等领域涉及的工业知识显性化为工业机理模型，结合实际采集数据，实现智能化生产。

3）南京钢铁

南京钢铁积极适应下游个性化需求，通过构建面向供应链管理的制造云平台，提供“JIT+C2M模型的定制服务”，寻找“个性化定制”和“大规模生产”之间的最佳平衡点，使企业设计成材率提高0.15%、每吨产品附加值提升近百元、整票合同兑现率提升至98.94%、用户满意度提升至94.26%。南京钢铁通过汇聚整理产业链物料信息和产能信息，结合下游实际需求和企业生产能力，制订科学的生产计划，实现了零库存运营和供应链协同（见图5-2）。

4）酒钢集团

酒钢集团是我国西部最大的钢铁联合企业，其原燃料主要依赖于自产，由于原燃料质量差并且质量波动幅度大，高炉类型多样化，反应器具有“黑箱”特性，其能耗成本和环保成本一直居高不下。在引进了东方国信炼铁平台后，酒钢集团单座高炉每年减少碳排放 20000 吨。东方国信预期整个钢铁行业推行 Cloudiip 平台后，每年将为我国钢铁行业降低 100 亿元成本和 1000 万吨碳排放。钢铁行业的能耗和环保问题日益突出，钢铁企业可采集各生产环节的能源消耗和污染物排放数据，找出问题严重的环节，并进行工艺优化和设备升级，降低能耗成本和环保成本，实现清洁低碳的绿色化生产。

图 5-2 南京钢铁通过制造云平台实现零库存运营和供应链协同

5.1.2 石化行业

石化行业是资产密集型行业，具有设备价值高、工艺复杂、产业链长、危险性高、环保压力大的行业特征，面临设备管理不透明、工艺知识传承难、产业链上下游协同水平不高、安全生产压力大等痛点，急需加快基于工业互联网平台的数字化转型步伐，全面提升设备管理、生产管理、供应链管理、安全管理、节能降耗等环节的数字化水平。恒逸石化、恒力石化、石化盈科、中油瑞飞等企业以设备智能管控、生产协同优化为切入点，加速推动石化行业向全流程智能化方向加速转型。

1. 主要趋势

石化行业的数字化转型趋势主要表现为设备管理从黑箱管理向健康管理转变，知识管理从纸质封存向模型封存转变，供应链管理从企业内向企业间协同转变，安全管理从人工巡检向智能巡检转变（见图 5-3）。

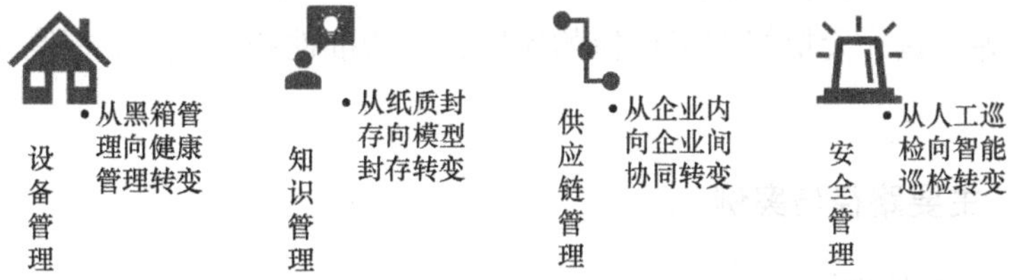

图 5-3 石化行业的数字化转型趋势

设备管理从黑箱管理向健康管理转变。石化行业的生产设备具有危险性，一旦设备在运行的过程中出现异常高温、高压、设备腐蚀泄漏的情况，就会引发火灾或者爆炸事故，造成人员伤亡。过去，企业很难及时了解企业设备的情况，只能定期派人对设备检查和维护，浪费了大量的人力物力。石化行业在工业互联网平台应用的大背景下，基于传感器、自适应感知、精确控制与执行等数据采集技术，实现了设备全生命周期的实时态势感知、远程故障诊断和预测性维护。

知识管理从纸质封存向模型封存转变。我国石化行业经过几十年的发展，积累了大量的工艺技术、实践经验和专家知识。它们大多在少数专家手中，碎片化现象严重，知识传播渠道以线下的培训为主，受到时间和空间的诸多限制。石化行业在工业互联网平台应用的大背景下，聚焦炼化生产的工艺优化、质量管控、节能降耗场景，推动了石化工艺知识以机理模型、业务模型、算法模型的形式共享、复用、传播，大幅降低了石化知识创新的门槛。

供应链管理从企业内向企业间协同转变。我国石化行业的原油和天然气进口依存度高。在国际原油价格大幅波动，供应链成本压力持续发酵的大背景下，我国石化行业需要提高供应链整体的敏捷性和灵活性，对市场变化快速做出反应，及时调整，统筹安排开采、外购、运输、生产和销售，以工业互联网平台为连接枢纽，实现了上游原油供应企业、中游炼化生产企业、下游产品分销企业之间的供应链协同。

安全管理从人工巡检向智能巡检转变。中国油气运输管线约7万千米，跨度大、范围广，部分管线处于地形地貌复杂、自然环境恶劣、环境敏感区域，输送介质危险性大。石油炼化生产的原料和产品大多是高温高压、易燃易爆有毒的危险品，规模庞大，微小的事故就会造成灾难性危害。常规人工巡检速度慢、成本高、效率低、受自然和地理条件制约大。石化行业在工业互联网的大背景下，利用传感器、增强现实眼镜、无人机、智能机器人等工具，大幅提高了巡检的实时性、精准性和可视性，提高了巡检效率。

2. 主要路径与案例

1）设备管理

一是设备状态检测。通过对物理设备的几何形状、功能、历史运行数据、实时监测数据进行数字孪生建模，实时监测设备各部件的运行情况。中石油青海油田对 10 万口油气水井和 3000 余座场站的采油设备的运行数据自动采集，远程实时监测设备运行状态，实现了边远油田派遣人数和人工成本大幅下降。二是远程故障诊断。将设备的历史故障与维修数据、实时工况数据与故障诊断知识库相连，利用机器学习和知识图谱技术，实现设备的故障检测、判断与定位。中油瑞飞工业互联网平台对中石油海外油田设备提供了跨国油田远程技术支持服务，结合专家远程诊断和工人维修指导，实现了 50%以上的问题无须设备服务商到场解决。三是预测性维护。构建设备数字孪生体，实时采集各项内在性能参数，提前预判设备零部件的损坏时间，主动、及时和提前进行维护服务。燕山石化建立了调节阀故障模型，通过对炼化装置流量控制阀进行数据分析和诊断，实现了对控制阀的预测性维护，降低了50%以上的无效维修，创造直接经济效益近 5000 万元。

2）炼化生产

一是工艺优化。在实际炼化生产前，对原油原料、工艺流程、炼化设备进行数字孪生建模，对工艺配方、工艺流程等全方位模拟仿真，优化原料配比参数和装置优化路径，得出最优的炼化生产方案。中石油云南石化对开工原油的炼化工艺流程进行模拟分析，明确各项操作参数，从而指导生产操作，实现了常减压装置 1 次开车成功，制氢联合装置核心设备投产 1 次成功。二是质量管控。实时采集和分析油品炼化全流程的质量数据，对各项质量指标进行在线动态分析和预测预警，实现炼化全流程质量跟踪及自动控制。中石化九江石化在炼化生产过程中，对各项质量指标进行实时监测和动态分析，实现了油品炼化质量的大幅提升，原油出成品油率提高到 82%，产出率提升了 7%。三是节能降耗。对关键耗能设备和高耗能加工流程数据采集，结合大数据、人工智能算法和专家知识库，分析耗能的关键因素，找出能耗最低的工艺参数来指导实际生产，提高关键耗能设备的维护精度。恒逸工业大脑通过对历年锅炉燃烧数据的深度学习，推算出最优的锅炉燃烧参数，燃煤发电效率提升了 2.6%，在节煤方面增加了数千万元收入（见图 5-4）。

3）供应链协同

一是企业内协同。实时采集和分析供应链运行情况，识别资源配置低效的环节，提出改进方案，提高企业内部资源配置效率。中石化镇海炼化将原油采购、资源配置、装置运行、产品结构、销售物流等进行全流程建模，系统分析供应链协同的重点难点和优化潜力点，测算了各类优化方案637个，累计创效3.9亿元。二是企业间协同。打通石化上游原油供应、中游炼化生产、下游产品销售各环节，优化全产业链资源配置。当前，我国石化产业链的供应链协同正处于探索应用阶段，新冠肺炎疫情期间，基于石化盈科ProMACE工业互联网平台，镇海炼化、恒力石化进行生产动态优化调整，提高防疫所需原材料的供给能力，同时与口罩、防护服生产企业实时对接、协同排产，实现了上下游医卫用品资源配置的动态优化，提升产业链协同效率。

图 5-4　恒逸工业大脑炼化生产的数字化应用

4）安全巡检

一是生产安全监控。实时采集炼化生产过程中的各类安全数据，结合安全生产监控模型，对生产异常状态和安全风险实时报警。中石化茂名石化基于ProMACE工业互联网平台汇聚厂区内外的安全信息，结合安全风险诊断模型，实现了异常状态和安全风险的实时报警，发现并消除了1800多项生产异常问题，避免了多起突发事件。二是管道智能巡检。在油气管道内外利用传感器、智能阴保桩、管道巡检机器人、无人机等数据采集工具，以及地理、气象等环境数据，实现管道内外运行状态的全面感知和实时监测，对管道异常状况快速定位。基于ProMACE工业互联网平台，石化盈科在中石化西北油田开展了原油管线泄漏视频智能识别应用，通过训练卷积神经网络，实现视频数据实时分析处理，巡检视频识别效率提高70%以上。

5.1.3　煤炭行业

煤炭行业为我国经济社会发展提供了60%以上的基础能源保障，是国家工业的支柱性产业，具有工艺流程复杂、故障风险较高、资本设备密集、生产条件多变等特征，面临着生产风险高、环境污染大、设备管理难等行业痛点，亟须加快基于工业互联网平台的数字化转型步伐，全面提升生产挖掘、综合管理、销售运输、生态保护等环节的数字化水平。发展煤炭工业互联网前景广阔、恰逢其时。华为集团、榆北煤业、蒙草集团等企业以安全生产、无人生产为切入点，积极开展工业互联网解决方案探索，推动煤炭产业围绕生产无人化、管理集成化、运输联网化、环保数字化等方向加速数字化转型。

1. 主要趋势

煤炭行业的数字化转型趋势主要表现为挖掘开采由人机并用向无人生产转变，矿山管理由人工向虚拟集成转变，煤炭运输由被动排队向智慧运输转变，生态修复由宏观设计向数据驱动转变（见图 5-5）。

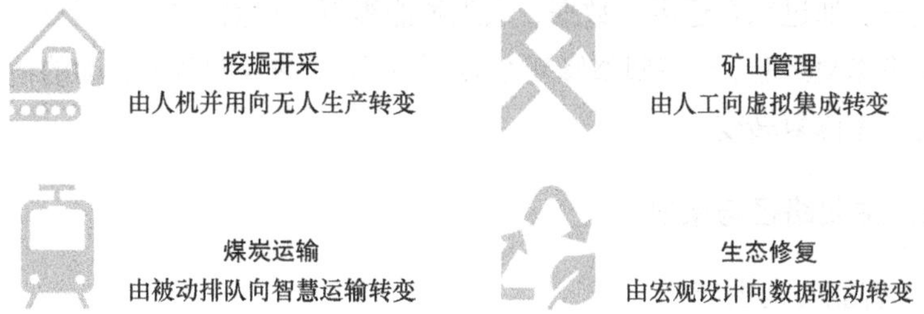

图 5-5　煤炭行业的数字化转型趋势

挖掘开采由人机并用向无人生产转变。煤炭产业长期面临瓦斯积聚、矿井涌水、地质灾害等突发情况，具有较大的生产风险。随着开采技术的革新，特别是新一代信息技术的运用，井下机器人、智能传输机等智能设备的使用显著减少了人力需求，机器视觉、深度学习等技术提高了设备执行率与准确率，使无人生产、少人巡视、远程操作成为可能，有利于煤炭企业降低用人成本，提高运营利润。

矿山管理由人工向虚拟集成转变。煤矿管理涵盖采煤、掘进、运输、提升、排水、通风等复杂流程，需解决矿机、矿车、矿工等大量系统综合协调问题，管理要求高、范围广、难度大。当前，部分煤炭企业信息化和智能化水平仍然较低，部分流程还处于纸质单据时代。通过数字孪生、虚拟现实等技术打造的虚拟矿山，将直观展现矿山的地形环境、地表地物、井下矿道等情况，还原煤矿的复杂环境和生产状态，为生产工艺优化、远程系统管理、应急救援指挥等提供了有效支撑。

煤炭运输由被动排队向智慧运输转变。一方面，传统煤炭运输物流成本较高，相较快递电商领域运输成本平均在 0.15 元/吨千米，煤炭行业运输成本高达 0.3 元/吨千米。另一方面，部分煤炭物流园区缺乏场站管理，车辆混乱无序。通过集成 NB-IoT、RFID、GPS、智能识别等技术，为汽车搭载智能模块，动态监测矿车运载、排队等情况，有利于提升排队管控、分流调度、称车过磅、装载卸料的智能化、自动化水平，有效减少偷煤换煤、以次充好、车队拥挤等事件发生，节约运输成本，提高运输效率。

生态修复由宏观设计向数据驱动转变。煤炭厂区一般位于气候干旱、降水量少、生态环境脆弱的地点，煤炭开采带来的环境污染和生态破坏问题日益突出。生态修复不仅能重建被退化的生态系统，本身更存在广阔的产业化空间。有研究认为，生态修复在未来将成为和旅游产业并驾齐驱的世界十大产业之一。通过综合运用大数据、人工智能等新一代信息技术，有利于梳理总结生态修复经验，动态调整修复方案，使粗犷式修复向数据驱动的精细化、科学化生态修复转变。

2. 主要路径与案例

1）智能安全生产

依托工业互联网平台动态采集边缘侧数据，结合井下机器人、智能传输机等设备，利用机器视觉、深度学习等技术实现无/少人生产，切实提高煤炭安全生产能力。一是智能自主生产。企业可依托工业互联网平台，通过“边缘数据+云端分析”实现采煤机、传输带、化煤机等设备的自动识别、自主判断和自动运行。二是故障辅助诊断。结合机器视觉技术对皮带、煤仓、电机等易故障设备进行自动巡检，帮助维修人员及时调整设备状态。三是风险预警管理。实时采集空气成分、设备震动等数据，结合瓦斯浓度、设备寿命等模型分析，实现煤矿事故风险提前预警，提高事故灾害防控能力。

华为依托华为云构建“煤矿大脑”，以“云+边+端”一体化方式打造“全感知—全链接—全智能”的智慧煤矿，实时风险识别率达 98%，煤矿有效工时提高 10%，设备运维成本下降 65%（见图 5-6）。

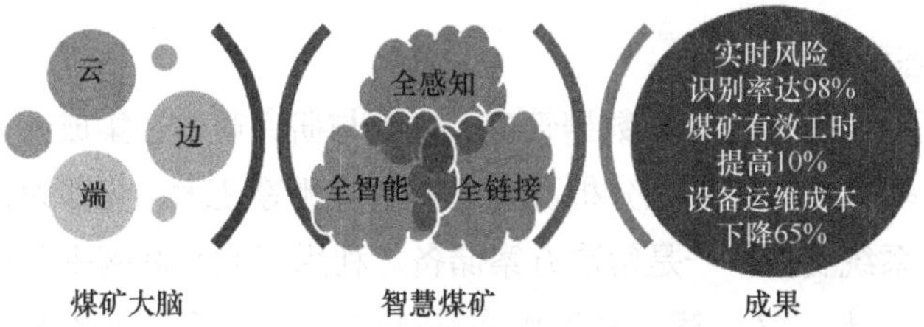

图 5-6 华为云“煤矿大脑”

2）矿山综合管理

通过工业互联网结合 AR、VR、虚拟仿真等构建数字矿山，在数字孪生空间实现对物理矿山映射的基础上，为挖掘设备、运输设备、能源设备的使用、维护、修理、升级等提供辅助决策与操作支持。一是少人值守。围绕堆煤管理、人员巡检等场景提供在线监管服务，及时干预、纠正问题，进而提升煤矿管理水平。二是集成控制。集成工作包括视频监控、远程集中控制等，打破数据孤岛，提升信息共享层次，提高管理层决策效率。三是辅助决策。结合 AR、VR 等进行应急模拟体验与特殊工种培训，基于 3D 矿山仿真模拟建立应急救援方案库，根据具体情况自动生成救援方案。

榆北煤业搭建智慧矿山系统，对煤炭开采、运输、销售、设备维修、备品备件、人力资源管理等在内的各种需求做出智能响应与快速决策，1 秒能够完成一次矿区人员位置信息的刷新，25 毫秒可以远程启动矿区任何一台设备，3 秒可以对所有矿区生产系统完成全面巡检。

3）煤炭智慧运销

聚焦准点、安全、低价等煤炭运输需求，通过工业互联网平台汇聚车队数据，推动运营管理精细化、销售运输一体化、运输安全可控化，打造煤炭智慧供应链。一是车队动态管理。基于工业互联网平台加快车辆上云，根据园区装载、排队、交通等实际情况动态调整运输部署，打造煤炭精准运力池。二是销售运输协同。建立运输价格数据库，结合煤炭产品个性化需求对运输方式进行运价比对，最大程度保证运输效益、减少运输成本。三是智能辅助驾驶。依托机器视觉、深度学习等技术自动甄别疲劳驾驶、超速、车道偏离等危险场景并对司机进行及时提醒，降低运输事故率。

G7 智联依托平台动态监控故障事故、司机行为等事件，每 5 分钟更新一次风险判别，推动企业运输效率提升 5 倍，运输成本下降 10%，安全指数提升 2 倍。

4）生态资源保护

工业互联网平台作为大数据管理、决策与研究载体，集成无人机、三维虚拟仿真、多维度数值模型分析及现场实时监测等技术，能够为开展生态修复提供技术系统支持。一是解决方案储备。利用工业互联网平台可储存数以百万计的水、土、气、草、畜等生态基础信息，收录各地乡土植物种质资源信息，自动生成生态恢复组合库，丰富生态恢复方案。二是辅助个性定制。通过平台收集地区历史生态数据资料，追溯原生植物、分析搭配群落、探寻演变规律，因地制宜实施决策辅助。三是生态实时监控。汇聚监测点信息，分析环境土壤的 pH 值、湿度、气压等生态数据，支撑精准、实时的监测指挥。

蒙草集团打造矿山生态大数据平台，目前已动态监测 3000 万个有效信息点，存储 500 多万文字的标准说明，实现生态数据指挥“一张图”、科学管理“一张网”、精准服务“一平台”，有效支撑矿山修复构建。

5.1.4 航空航天行业

航空航天行业具有长周期、多种类、小批量、高可靠的行业特征，面临数据源差异大、模型适配性不足、管理调度效率低下、故障预测能力欠缺等行业痛点，急需加快基于工业互联网平台的数字化转型步伐，全面提升研发设计、生产制造、供应链管理、运营维护等环节的数字化水平。GE、欧特克、劳斯莱斯、商飞、西飞等国内外企业正以网络化协同为切入点，向基于平台的设计、制造、管理、服务一体化转型。

1. 主要趋势

航空航天行业的数字化趋势主要表现为研发设计由串行异构向并行协同转变，生产制造由以数映物向数物融合转变，生产管理由单点对接向动态调整转变，运维服务由定期维护向视情维护转变（见图 5-7）。

研发设计由串行异构向并行协同转变。传统航空航天行业研发设计二维、三维辅助软件混用，在工具、模型、数据、API、操作规范等方面差异较大，研发设计流程冗长复杂，研发成本较高。随着业内基于模型定义

（Model-Based Definition，MBD）研发设计模式的应用推广，将三维模型作为唯一数据源进行几何、工艺、质量和管理等属性标注，有利于统一标准，改善数据差异问题，打破研发设计的空间、时间、组织限制，降低跨专业、跨部门、跨企业协同研发设计门槛。

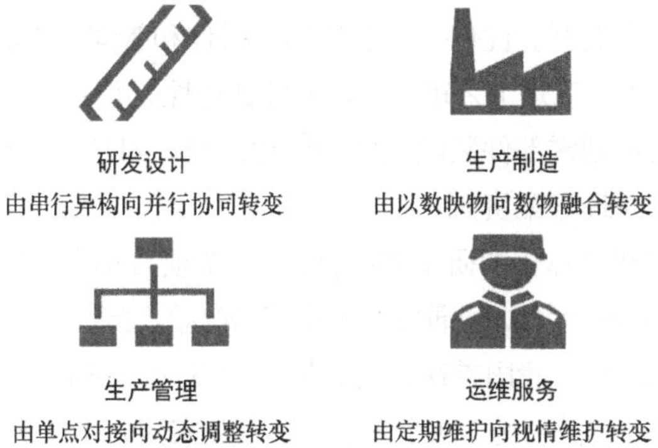

图 5-7　航空航天行业的数字化趋势

生产制造由以数映物向数物融合转变。在传统生产制造过程中，将研发设计模型转化为生产制造模型需消耗大量人力物力，零部件加工主要以常规加工为主，生产质量管控成本较高。在图纸到实物的转化中，因缺乏三维空间信息，过度依赖操作工人的理解、经验和技能水平。数字孪生技术在生产制造环节的应用，将助力企业依据统一模型、统一数据源进行制造，解决 CAD 到 CAM 的集成问题，实现生产过程可预测、可调整、可追溯，降低生产成本。

生产管理由单点对接向动态调整转变。相较传统离散行业，航空航天对材料供应和资源调配都具有极高要求，既要尽量采用灵活的零部件管理来降低运营成本，又要保证交付的速度。传统数据交换模式以单点管理为主，缺乏节点间统筹管理，无法适应复杂场景下的动态调整需求。工业互联网聚焦人、传感器、生产设备和云端等节点的互联互通，打通研发、生产、管理等环节“数据孤岛”，可有效构建大协作、大配套的生产管理体系。

运维服务由定期维护向视情维护转变。传统运维以基于经验和规律的定期检修为主，不同零件、组件在制造工艺、故障类型和生命周期等方面差异化巨大，维护成本高昂。在飞机维修领域引入大数据、人工智能等新一代信息技术，有利于开展故障溯源、辅助设计和工艺改进，提高设备描述、仿真诊断、预测维护的精密度和准确率，达到治未病、自感知、自决策的效果。

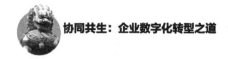

2. 主要路径与案例

1）基于 MBD 的研发设计

企业通过开展基于 MBD（Model Based Definition，全三维基于特征的表述方法）的研发设计，以三维统一数据源作为唯一依据，缩短研发周期，提高效率。一是信息交互。优化信息的传输、操作和管理，大幅减少由理解差异产生歧义的问题。二是工艺审查。分析可制造性、可装配性和结构合理性。三是工艺规划。规划零部件装配顺序和运动路径。四是工艺编制。计算关键部件工艺容差，合理分配资源。

波音公司构建全球化的研发体系，波音 777 项目实现了全球 238 个 DBT 团队，总成员 8000 余人协同研发，减少了 90%的设计更改，设计周期缩短一半。运-20 研制中，我国首次建设异地协同设计、制造和管理信息平台，开创一航商飞、一飞院两地、四个主机厂、十九家国外供应商协同研制模式。

2）基于 CPS 的智能制造

结合 CPS（Cyber-Physical Systems，赛博物理系统）、AR、VR 等技术推动数据源、模型的统一，加快数据有效流通，构建异地多厂协同制造体系。一是分布式生产。将整机组装厂、零部件生产厂等资源整合，以信息管理为整个制造网格系统提供行动依据，形成网络化制造系统。二是个性化生产。针对不同型号的飞机制造需求，制订个性化的组装方案。三是柔性化生产。根据市场、厂区、库房的动态信息，及时调整生产所需的人、机、料、法、环等配套供给。

我国在新飞豹的研制中，全面采用数字样机技术，实现全机 51897 个零件、43 万个标准件、487 个关键件的三维数模直接用于数字化生产。西飞通过资源、信息、物料和人的高度互联，确保工艺流程的灵活性和资源的高效利用，成功将整机制造周期压缩到 15 个月左右（见图 5-8）。

图 5-8 西飞智能制造示意图

3）基于大数据分析的供应链管理

企业借助工业互联网平台对供应链信息进行收集、整合、优化，通过数据分析，及时发现仓储物流、产品质量、制造工艺等方面的问题，提高供应链调整能力，保障产品质量。一是物流管理。通过业务需求，动态调整备品备件预计划，改善供应链库存状况、降低系统库存总成本、提高准时交付率。二是质量管理。运用大数据技术评测生产制造能力、质量保障能力、交付进度、合格率等指标，健全质量管理体系，完善质量追溯制度，实现对各环节产品质量的精确管控。

西飞构建基于工业云的飞机研制系统平台，推动全球近 150 个一级供应商之间进行数据交互，实现基于统一数据源的设计、制造、供应一体化协同。西飞按生产计划实时更新装配进度信息和配套缺件动态信息，将计划、库房、缺件结合起来，航材备件月结库存时间由原来的 1 天缩短为不到 4 小时。

4）基于故障预测与健康管理（Prognostic and Health Management，PHM）的运营维护

建立航空产品故障和维护维修的数据库，支持多部门、多专业协同进行运营维护。一是状态实时监测。实时采集发动机、飞行器等设备工作温度、工作环境和应力分布等状态数据，进行可视化呈现，保障设备状态监测可靠性。二是故障诊断预测。对历史积累的海量数据进行高效处理，生成运维模型，诊断产品在不同使用条件下出现故障的概率和时间。三是维修辅助决策。基于故障预测结果，辅助制订维修方案，远程指导工程师现场执行，降低人工操作错误产生的返工，有效避免信息传递缺失的问题。

西飞运用数字化技术，对飞机和航空产品的使用性能、功耗、能耗等进行过程监控，并根据对运行数据的分析，预先制订改进方案，及时更换老化零部件，进行健康管理、维修，提高了航空产品服务的安全性和数据采集的多样性。GE 在 Predix 平台上开发了 DRAI（人工智能超差处理）算法，用于检测飞行器叶片故障隐患，自动抓取，生成维护报告，识别率和报错率在 95% 和 97%以上。

5.1.5　汽车行业

汽车行业是典型的大型离散行业，具有供应链高度分散、生产工艺复杂、产品结构精密等特征，面临研发设计周期长、供应链管理低效、下游需求碎片化、服务要求高端化等行业痛点，亟须加快基于工业互联网平台的数字化

转型步伐，全面提升研发设计、生产制造、产供销管理、经营模式等环节的数字化水平。上汽、北汽等企业以网络化协同设计和规模化定制生产为切入点，加速推动汽车行业向协同化、定制化、柔性化方向转型（见图 5-9）。

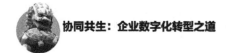

图 5-9　汽车行业的数字化趋势

1. 主要趋势

研发设计由独立分散向网络协同转变。汽车的研发设计通常包括车观外形、结构强度、内饰摆放和电器布置等方面，涉及众多专业领域，采用传统的烟囱化设计业务系统，难以实现各方面设计的协调性，容易导致后期较高的设计修改率。虚拟仿真和云协作平台等技术的出现，可以保障各设计部门基于唯一虚拟模型进行设计开发，实现成员间“点对点”的信息交流，提高研发设计协同化水平，缩短产品上市周期。

生产制造由批量生产向规模化定制生产转变。我国汽车产品同质化问题严重、市场竞争激烈，诸多车企呈现销售下滑等颓势，并且下游消费者需求日渐碎片化，使得传统少品种、大批量生产模式难以适应市场变化，加大了车企的生存压力。随着大数据等新兴技术的应用，车企可以全方位获取消费者的需求数据，结合企业生产能力和生产线转换能力，动态调整生产计划，实现规模化定制生产，提高企业竞争优势和消费者满意程度。

产供销管理由信息孤岛向全局协同转变。传统车企需要与众多零配件供应商和汽车经销商进行沟通协调，保障汽车产品从生产到销售过程的通畅运行，而以往汽车产业链的信息孤岛问题严重，大大增加了车企对产供销链条的管理成本。建立数据流动渠道，打通汽车行业产供销端的信息管理通道，可为产业链各环节的企业制定科学采销决策提供重要支撑，保障物料信息在产业链全链条中的自由流动，带动物料资源自由流通，实现产供销端的高效协同。

盈利模式由单一销售向全方位服务转变。传统汽车行业只能依靠销售汽车进行盈利，盈利渠道单一，容易受市场环境影响，韧性较差。随着汽车产品高度智能化和通信技术的快速发展，汽车企业可以更容易获取围绕人、车、城市生成的娱乐数据，车机数据，驾驶行为数据，电商数据及场景化数据等重要数据资产，并用于汽车精准投保、预测性维护、智能营销、出行服务等新兴业务场景，有力拓宽盈利渠道。

2. 主要路径与案例

1）研发设计协同

一是模拟仿真。汽车企业可通过在工业互联网平台部署 CAE 等功能模块，在赛博空间对汽车模型进行碰撞仿真、结构仿真和流体仿真等，降低样品试制成本，并缩短产品研发周期。二是设计数据交互。汽车企业可应用工业互联网平台集成汽车的外观、结构、性能和电器分布等数据，实现各项设计工作跨部门、跨企业、跨区域的同步进行，保障设计方案的协调与适配，提高研发效率。三是工艺设计优化。利用工艺流程仿真等功能模块，全方位、超逼真模拟汽车加工、焊接、涂装、整装等工序，确定最优工艺方案，保障产品质量。

长安汽车在美洲、欧洲、亚洲等地都设立了研发中心，通过建立以三维数字化设计和全球协同设计为核心的汽车产品智能化研发云平台，与海外设计中心进行 24 小时全天候产品联合开发，实现了跨部门、跨企业、跨区域的产品协同设计，支撑产品研发周期从 36 个月缩短至 24 个月。

2）规模化定制生产

一是用户深度参与。汽车行业搭建的工业互联网平台可以为消费者参与定制生产提供入口，协调研发部门、生产部门和采销部门根据客户定制信息，确定生产方案，实现以客户为中心的定制生产模式。二是全流程排产。汽车行业通过建立客户定制产品物料清单（Bill of Material，BOM），并结合生产能力和时间要求，自动生成高效且可执行的生产计划。三是柔性化生产。汽车行业可以依据产品生产制订方案，及时切换产线布局，并协调指挥自运引导运输车（Automated Guided Vehicle，AGV）满足不同产线的物料需求，实现规模化定制生产。

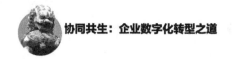

荣成康派斯公司依托海尔 COSMOPlat 工业互联网平台“SINDAR 幸达”智慧房车露营生态解决方案，通过构建交互定制平台、创新设计平台、模块化采购平台、智慧售后服务平台等，让用户直接参与房车生产的全生命周期，实现房车的大规模定制化生产，取得了良好经济效益，综合采购成本降低7.5%，交付周期从 35 天下降到 20 天，订单同比增长 62%，一次性交检合格率达到 95%。上汽大通开发了包括“我行 MAXUS 大数据平台”在内的七个数字化平台，可以为用户参与、用户制造提供接口，整合和匹配用户的多样化汽车配置，统一调配各生产车间协作，实现在线选配、日历订车、订单跟踪等智能定制功能，支撑实现规模化定制生产模式，助力产品上市周期减少35%，产品交付期缩短 20%以上，加工及产线切换时间缩短 30%，实现了99.8%的配置精确度。

3）产供销协同

一是“进销存”精准管理。汽车行业通过工业互联网平台建立贯穿全产业链的沟通渠道，实时监测上游原材料供给情况和下游产品需求信息，根据精益管理要求，动态调整企业库存策略，在保障企业正常运转的基础上，实现“进销存”精准管理。二是质量追溯体系。汽车企业可基于工业互联网平台，采集汽车零配件和生产工艺信息，进行标签化处理，对产品进行全生命周期的质量管理，准确识别质量问题，并进行溯源管理，找到质量问题环节，提高产品质量保障水平。

广西汽车集团通过工业互联网大数据平台搜集销售、生产、采购、物流各环节的数据，搭建起了企业全流信息化平台，实现了供应商供货—工厂生产—客户配送全程数字化，实现了产供销端的协同化，使物流作业效率平均提高 35%，单据错误率降低 85%，数据及时性提高 50%（见图 5-10）。

4）服务化延伸

一是预测性维护。汽车企业基于工业互联网平台实时采集生产设备参数设置、应力分布等状态数据，利用故障诊断大数据分析模型，实现设备故障预警，通过实施预测性维护方案，减少非计划停机时间。二是智能营销。汽车行业可将工业互联网平台数据接口扩展至社会范围内的大数据体系，精准识别客户信息，完整刻画客户肖像，通过智能汽车等终端进行个性化推送，提升营销水平。三是个性化保养。汽车行业工业互联网平台可结合车联网实现与客户的互联互通，采集客户驾驶习惯、车况数据等信息，通过故障预警分析模型，为客户提供个性化保养方案，优化客户服务体验。四是出行服务。汽车行业工业互联网平台可通过实时监测汽车产品，动态匹配客户用车需求，简化汽车租赁流程，为客户提供完整的出行解决方案，打造高质量出行服务生态体系。

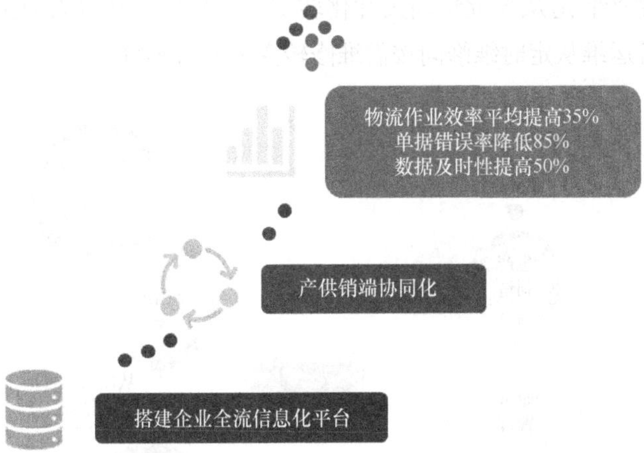

图 5-10　广西汽车集团对工业互联网大数据平台的应用

一汽基于工业互联网平台实时监测总装车间电机设备状态，通过对总装电机的预测性维护，有效避免因非计划停机造成的损失，实现了显著的经济效益，总装电机故障预测准确率提高至 90%以上，预测周期提前 7～90 天，非计划停机时间减少 10%～20%，电机维护成本节约 5%～15%。北汽福田汽车基于 iTink 云平台通过车联网实现与客户的互联，为客户提供预测性维修保养和车队管理等高端服务，并通过打通与其他行业数据体系的流通渠道，形成包含汽车金融、ETC 管理等围绕客户全方位的服务生态体系，采取打标签的方式，精准用户画像，并依据大数据标签精准推送，进行有针对性的服务，使回客率提高 20%以上。

5.1.6　轨道车辆行业

轨道车辆行业具有安全性能要求高、集约化管理、供应链系统相对独立、产品种类多、专业化程度高的行业特征，面临资源调配效率低下、车辆运维困难、客户需求不断提高等痛点，亟须加快基于工业互联网平台的数字化转型步伐，提升企业综合实力。中车四方、中车株机、中车浦镇等企业正以车辆远程运维为切入点，加速推动轨道车辆向研发设计数字化、生产制造柔性化、产业链管理一体化、车辆运维智能化等方向转型。

1. 主要趋势

轨道车辆行业的数字化趋势主要表现为研发设计从实验验证向平台仿真转变，生产制造从大批量向柔性化转变，业务管理从以人为主向精益化转变，设备运维从定时维修向按需维修转变（见图 5-11）。

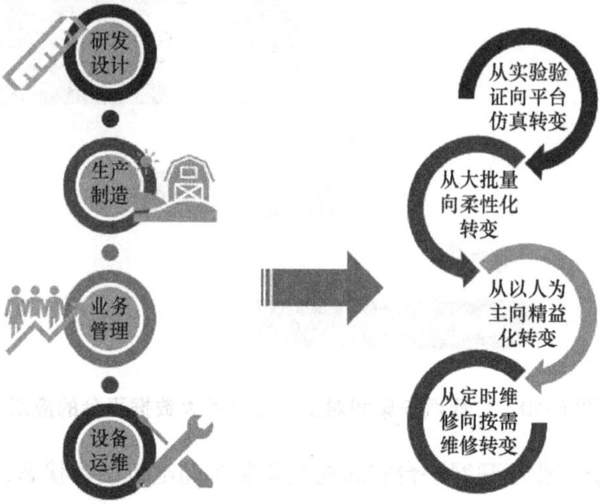

图 5-11 轨道车辆行业的数字化趋势

研发设计从实验验证向平台仿真转变。轨道车辆行业传统研发设计是基于实地实验验证的，每种新的零部件都需要经过大量的实际线路试验检测、数据提取、统计分析来确定它的安全性、可靠性，期间耗费大量的人力、物力、财力，且效率较低。基于工业互联网平台构建虚拟仿真环境，在赛博空间构建轨道车辆数字孪生体，通过工况设置、参数输入等进行虚拟仿真，不断迭代优化，将持续推动产品研发完善，缩短研发周期，降低研发成本。

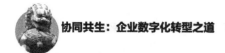

生产制造从大批量向柔性化转变。近年来，我国轨道车辆行业正处在快速发展时期，国内的需求量猛增、订单量巨大，轨道车辆供应商规模持续扩大、供给能力不断提升。但是，随着市场趋向饱和，地铁等多样性城市轨道交通兴起，轨道车辆的产业需求逐渐升级，倒逼轨道车辆供应商积极寻求转型，从单纯的车辆制造商逐渐转变为基于车辆制造的服务商，探索车辆制造车间智能化改造，加速向柔性化生产的方式转变。

业务管理从以人为主向精益化转变。轨道车辆行业传统的管理模式以人为主，具有变动性大、作业管理混乱、管理无法落地且追溯性差等弊端，管理效率较低。基于工业互联网平台对业务流程进行实时把控，有利于打通部门之间、人机之间、设备之间的数据壁垒，实现以节拍式拉动、看板式管理、流水化作业和标准化工位等精益化管理模式，推动生产制造透明化、部门合作协同化、资源调配高效化，节约管理成本、提高管理效率。

设备运维从定时维修向按需维修转变。轨道车辆行业的设备安全性能要求高，必须严格保障车辆运行过程中的健康水平。传统的高速铁路车辆运维建立了一套按照里程数维修的制度，每当车辆运行到标准里程数，必须进行健康水平检测，运维的时间成本、经济成本很高。基于工业互联网平台在线采集车辆运行实时数据信息，经过算法统计和模型分析，有利于发现车辆运行过程中的健康状态和存在的问题，便于安排维修计划，保障车辆运行效率。

2. 主要路径与案例

1）虚拟仿真

轨道车辆行业通过搭建虚拟仿真平台，构建车辆数字孪生体，在线上虚拟空间中进行工况模拟，可以实现研发设计迭代式优化。一是建立仿真模型。通过赛博空间和物理空间的映射，构建车辆系统虚拟模型，用来展示车辆系统实时状态。二是进行工况模拟。设立不同的线路，输入工况参数，进行虚拟空间实验，确定数字孪生体的车辆性能，为物理实体提供参照。三是进行设计优化。依托虚拟仿真得到的大量数据，经过统计分析，可以促进研发设计环节迭代更新。

中车株洲机车使用 ESI 集团 IC.IDO 3D 仿真分析平台进行实时优化设计，为客户提供 1∶1 3D 虚拟样机设计并实时传达修改，节省了大量的开发时间和成本。中车四方基于工业互联网平台协同仿真，提升资源利用率和研发仿真验证效率。

2）协同制造

基于工业互联网全要素、全产业链、全价值链连接能力，打通人与机器之间、机器与机器之间、产线与产线之间的信息壁垒，实现生产过程最大化的协同平衡。一是人机协同。基于工业互联网平台，对机器设备进行远程监测、指挥、维护，实现人机协同作业。二是设备协同。基于平台采集生产过程数据信息，通过大数据分析优化，对生产线进行智能化改造，实现生产设备最优布局，让设备发挥最大效能。三是产线协同。基于平台数据的计算分析、智能决策，统一调配生产要素，推动跨产线协同制造。

中车株机基于轨道交通行业工业互联网平台，建设转向架智能制造车间，实现人员、AGV设备、物料、产线全部数字化对接，解决了智能制造产线之间的协作问题。11条子生产线可达到最大化的协同平衡，转向架的构架、车轮和车轴3条生产线之间的相互等待时间基本为零。同时，基于平台开展柔性化生产，使小批量试制与大批量投产同步进行，推动人员成本减少50%，生产效率提升30%。

3）产业链管理

轨道交通作为一个综合性产业，其产业链十分丰富，基于工业互联网平台实现产业链的有效管理，将促进轨道交通行业资源配置优化、服务能力提升。一是供应链管理。建立供应商关系维护、对接、交流平台，严密把控市场动向，确保零部件高效供应，保障生产维修需求。二是制造链管理。加强生产制造过程的实时监测、数据采集、智能分析，提高生产车间的洞察力。三是服务链管理。建立客户对接平台，积极交流，根据客户不断升级的需求推出个性化产品，提高企业服务能力，塑造综合竞争力。

中车信息技术有限公司结合中车供应链产业升级需求，优化整合中车电商平台和中车供应链采购管理资源，建设“中车购”供应链电子商务协同平台，加强供应链管理。截至2017年7月底，平台交易总规模超过640亿元，合格供应商用户总数超过20000家。

4）设备健康管理

基于工业互联网平台对轨道车辆设备进行深刻洞察、设备故障精准预测、事故风险有效评估，按需安排维修计划。一是状态监测。通过传感器等感知设备，采集车辆运行过程中的状态数据，实时进行状态监测，确保车辆安全运行。二是建模仿真。利用虚拟仿真平台，进行不同工况的状态模拟，从而不断优化车辆性能。三是大数据分析。结合工作日志、历史故障、运行轨迹、实时位置等海量数据进行挖掘分析，判断可能出现故障的时间和部位，实现预测性维护。

中车株机使用先进的联网技术、传感器技术，搭建数据采集和分析平台，及时了解机车的健康参数，确保车辆在安全可控的状态下运行。中车四方和国信会视合作，基于工业互联网平台建设了轨道交通装备智能运维平台，实现列车状态数据的实时采集和处理，对列车状态进行监控和故障快速告警，降低列车运维成本，保障列车的健康安全运行（见图5-12）。

图 5-12　中车四方搭建轨道交通装备智能运维平台

5.1.7　工程机械行业

工程机械行业具有设备产品多样、生产过程离散、供应链复杂的行业特征，面临设备价值增值水平不高、供应链资源调配效率低下、金融生态不完善等行业痛点，急需加快基于工业互联网平台的数字化转型步伐，全面提升研发设计、生产制造、供应链管理、远程运维、客户服务等环节的数字化水平。徐工集团、三一重工、中联重科等国内企业和 uptake 等国外企业以远程运维为切入点，日本小松以智慧施工为切入点，加速推动工程机械行业向设备维护智能化、综合解决方案“交钥匙化”方向加速转型。

1. 主要趋势

工程机械行业的数字化趋势主要表现为设备维护按需化、备件管理精益化、产融结合在线化、解决方案服务化（见图 5-13）。

图 5-13　工程机械行业的数字化趋势

设备维护按需化。传统以预防为主的定期维修无法有效处理潜在或突发的异常故障，也会产生诸多不必要的拆卸和安装，造成过高的设备维护维修费用和额外的磨合损耗，甚至导致新的故障。基于工业互联网平台，在线采集设备性能、状态参数等数据信息，经过一系列的统计算法和分析，可以及时发现设备运行过程中的健康状态和存在的问题，按需求进行设备维护，节省人力物力，保障设备运行效率。

备件管理精益化。传统的仓储模式能够缓解一定的备件需求压力，但是同时产生了包括存储空间、物流调配、流转资金在内的高昂的仓储成本，还需要进行备件管理，耗费人力物力。运用物联网、云计算、大数据等新一代信息技术，加强供应链管理，能够提高备件流通效率，快速响应生产和维修需求，即时调配、按需调配、智能调配，提高生产和维修效率，节省现金流。

产融结合在线化。由于工程机械设备单价高、行业金融体系不完善等，下游中小企业往往存在着资金短缺的问题，严重制约了行业生态的发展。依托工业互联网平台进行设备连接，提升数据采集、统计分析等能力，可以实现制造设备运行过程透明化，有利于金融机构做出实时评估，控制金融风险，在线提供快速融资、贷款服务。

解决方案服务化。我国工程机械行业的技术、产能、效率近几年获得了飞速的发展，为应对越发紧缩的市场环境，响应用户端需求的升级变化，工程机械行业正呈现出制造业服务化趋势，即以产品制造商向解决方案提供商转变，从单纯的生产加工向提供设备运营维护、支撑业务管理决策、满足个性化定制需求等服务环节延伸，增加产品的附加价值，塑造企业的综合优势。

2. 主要路径与案例

1）设备预测性维护

工程机械行业基于工业互联网平台的建模仿真、数据分析、评估诊断能力，有效评估设备健康水平，实现了预测性维护。一是设备状态监测。实时采集温度、电压、电流等数据，提高设备状态洞察力，避免机械设备突发故障。二是设备建模仿真。构建设备数字孪生体，通过输入参数、工况等数据，进行模拟仿真，优化维护方案。三是设备故障诊断。对设备工作日志、历史故障、运行轨迹、实时位置等海量数据进行挖掘分析，判断可能出现故障的时间和部位，安排维修计划。

卡特彼勒基于 Uptake 开发的设备联网和分析系统，采集设备的各类数据信息，联网监控，分析预测设备可能发生的故障，实现了 300 多万台运转设备的统一管控。日立基于 lumada 工业互联网平台推出 ConSite OIL 解决方案，通过传感器将远程的故障预警率提高到 58%。徐工集团基于汉云工业互联网平台，为每一台设备做数字画像，将可能损坏的零部件进行提前更换，使设备故障率降低一半。

2）备品备件管理

备品备件的管理一直以来都是工程机械行业不可忽视的重要部分，基于工业互联网平台，可以有效促进企业备品备件管理迈向智能化。一是备品备件标识管理。以物联网技术连接备品备件，运用标签化管理、智能化检索等手段实现备品备件的监督、跟踪和协调。二是备品备件部门协同。基于工业互联网平台，打通各部门信息壁垒，推动跨部门协作，促进备品备件高效流通。三是备品备件供应链管理。建立零部件供应商对接交流平台，在保障生产和维修需求的前提下，实时、定量采购，降低库存量，节约现金流。

徐工集团基于汉云工业互联网平台，实现备品备件的计划、采购、库存、供销、追溯功能一体化，通过大数据分析持续优化备品备件管理体系，打破生产商和分销商信息孤岛，提升分拣效率 8%，提升仓库利用率 6%，降低备件库存 8%，提高库存周转率 5%（见图 5-14）。

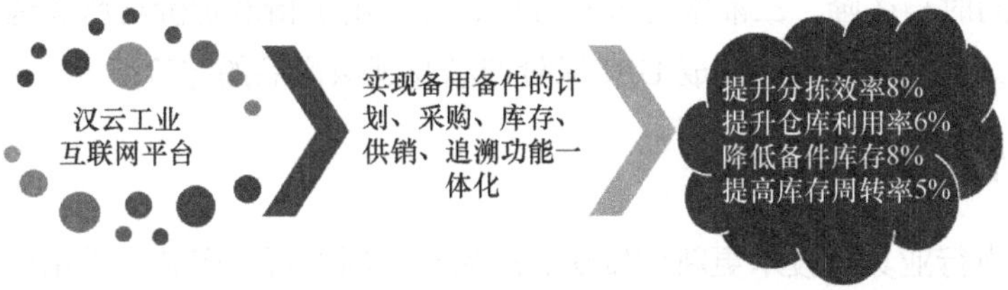

图 5-14　徐工集团基于工业互联网平台的备份备件管理

3）智慧施工

工程机械行业正从设备本身的解决方案向现场的解决方案转变，将机器和工人连接，优化施工方案，辅助操作施工，实现智慧施工。一是现场施工数据采集。通过传感器、无人机、三维扫描仪等方式对施工对象、施工场景、外在环境等因素进行高精度感知，掌握现场施工状态。二是施工方案模拟仿真。建立虚实映射的数字孪生体，输入设立不同的施工条件，进行工况模拟迭代，不断优化施工方案。三是现场施工现场指挥调度。建立反馈响应系统，根据设备动态变化，实时修正、调整施工方案并指挥现场施工。

小松提出和实施智能施工解决方案。通过无人机+边缘盒子+小松云，聚焦高精度测量、设计图和测量图对比（Skycatch）、小松云模拟确定施工计划等环节，实现了建筑工程状态感知、实施分析、科学决策、精准执行的闭环，从而实现远程操作服务。

4）互联网金融

基于工业互联网平台实现工程机械设备的深刻洞察、设备故障精准预测、事故风险有效评估，促进基于平台的产融模式创新。一是在线贷款。银行、金融机构通过线上平台监测施工队作业情况、承包商贷款情况和经营情况，针对性地提供贷款、融资等服务。二是融资租赁。工程机械企业依托独立运作、与银行合作、与融资公司合作等方式，提供租赁业务。加快资金的流通，降低融资成本，缓解资金压力，帮助中小企业迅速做大规模。三是精准投保。保险公司依托工业互联网平台对机械设备的监测、管理，综合评估工程机械设备施工风险，从而实现针对性投保、按需投保、精准投保等保险服务。

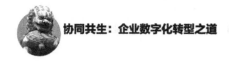

中联重科成立融资租赁公司，实现了设备的扩大销售，获得的营业额占集团总收入的20%以上。三一集团基于树根互联根云工业互联网平台，通过融资租赁或者经营性租赁运营超过50%的设备，每年管理超300亿元的在外货款，同时与久隆、三湘银行展开合作，开发用于精准定价与风险选择的数据产品，帮助久隆保险完成UBI保险产品及延保产品的定价。

5.1.8 家电行业

家电行业具有技术更新速度快、产品研发周期短、产品同质化程度高等特征，面临市场趋于饱和、生产智能化水平低、供应链协同难度大等痛点，海尔等家电企业正以个性化定制和供应链整合为切入点，加速向生产方式柔性化、经营管理平台化、产品服务生态化等方向数字化转型。

1. 主要趋势

家电行业的数字化趋势主要表现为生产定制化、经营平台化和产品服务化（见图5-15）。

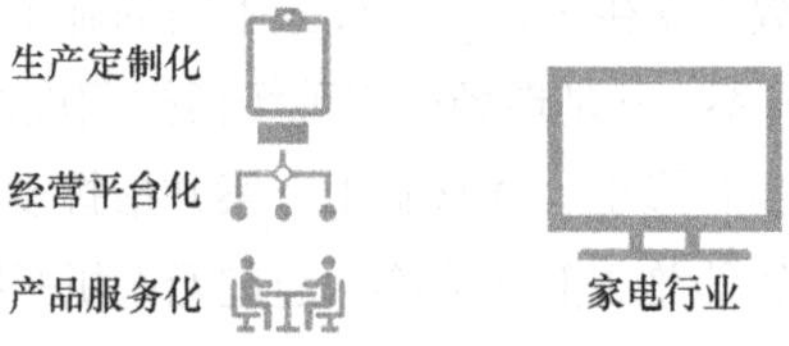

图5-15　家电行业的数字化趋势

生产定制化。家电行业中消费者对产品的需求日趋多样化，这对企业智能化生产能力提出了更高的要求。规模化定制作为一种新的生产模式，使用户参与到从产品设计到成品生产的全过程，将用户需求直接转化为生产排单，实现以用户为中心的个性定制与按需生产。在全面综合成本、质量、柔性和时间等竞争因素的前提下，生产定制化有效地解决了满足个性化需求与大规模生产之间的冲突，成为大多数龙头家电企业转型的方向。

经营平台化。家电行业竞争的实质是供应链竞争，供应链的运作能力是家电企业不可或缺的核心竞争力。传统家电企业的供应链响应周期长、响应速度慢、协同管理手段缺失，导致供应链整体运行效率低，形成过重的渠道库存，影响产品的交付周期和用户满意度。在这种背景下，基于信息化手段，依托工业互联网平台提高各环节协作效率，实现企业内外部供应链协同优化，成为家电企业数字化转型关注的焦点。

产品服务化。随着宏观经济的增长放缓，家电消费需求增速明显回落，家电企业通过不断丰富产品功能，优化产品结构，加速向附加值更高的产业链上游转移。随着新一代信息技术的快速迭代和不断成熟，家电产品正从单纯的功能性产品向智能化服务系统转变，借助先进的传感器、互联网、人工智能、自动控制等技术，实时感知用户信息，通过平台化统一管理和信息交互，为用户提供全方位、定制化的家居体验，推动企业由卖产品向卖解决方案转型，形成新的竞争优势。

2．主要路径与案例

1）柔性化生产

家电行业工业互联网平台能够快速响应用户需求，促进生产环节与用户需求的深度交互，实现柔性化生产。一是产品设计优化。通过建立定制化产品设计体系，使用户全流程参与需求交互、产品设计、生产制造、物流交付等产品全过程，形成基于用户数据驱动的闭环设计系统，提升产品设计效率。二是采购供应优化。通过采集汇聚传感器、设备控制器、立体仓库、AGV、物流机器人等设备数据，开展生产进度、物料管理、企业管理等深度分析，实现排产、仓储、运输和追踪的按需调度和优化。三是生产过程管控。通过工业互联网平台可与生产制造各环节建立互通互联的数据通道，构建生产设备、产线、材料、工艺等数字模型，利用现场数据驱动模型运行，按需优化控制生产环节、加工环节、装配环节的工艺流程、路径规划、控制参数及生产系统结构和控制程序，实现智能化生产。

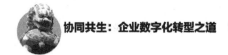

海尔集团依托 COSMOPlat 平台打造了 15 家互联工厂，形成以用户需求驱动的即需即供、弹性部署、横向扩展的柔性生产能力。以胶州互联工厂为例，生产效率提升 60%，开发周期缩短 50%以上，交货周期缩短 50%以上，运营成本下降 20%。美的集团通过打造 M.IoT 工业互联网平台，构建以数据为驱动的全价值链运营，实现传统家电制造工厂到精益制造、再到智能精益制造的转型升级。以美的南沙工厂为例，原材料和半成品库存减少 80%，整体制造效率提高 44%，产品交付周期由 20 多天下降到最多 3 天。

2）供应链协同

家电行业工业互联网平台可打通产业链上下游各环节，实现跨部门间、跨企业间、跨企业与社会间的数据互联互通，促进资源优化配置和开放共享。一是企业内部供应链协同。通过工业互联网平台可实时获取设备、工具、物料、人力等生产资源信息，跟踪现场物料消耗，结合库存情况进行精准配货，实现生产、库存的动态调整优化，有效降低库存成本。二是企业间供应链协同。实时采集物联网数据、生产操作数据、供应商数据、用户感知数据和企业经营数据，通过边云协同实现供应链数据的横向集成和纵向集成，推动设计、制造、供应、服务等环节的并行组织和协同优化，形成集中采购、协同设计、电商销售、智慧物流、金融科技等创新服务。

海尔集团依托平台整合研发资源、供应商资源、用户资源，构建了基于平台的共创共赢生态，为企业和用户提供互联工厂建设、协同制造、设备资产运维、供应链金融等服务，形成平台上供应商、企业、用户全链条的价值增值，实现由制造型企业向平台型企业的转型。平台集聚供应商资源 390 万家，服务企业数量 4.3 万家，生态收入超过 151 亿元（见图 5-16）。

图 5-16　海尔集团的工业互联网平台建设

3）智能家居解决方案

家电行业工业互联网平台利用在产品上增加智能模块实现产品联网与家居环境感知，利用大数据分析提供智能家居解决方案，推动企业由卖产品向卖服务拓展，有效延伸价值链条，扩展利润空间。一是智能家电解决方案。将边缘计算、网络通信等技术引入家电产品中，使其具有自感知、自适应功能，基于平台实现健康节能等服务。二是家居整体解决方案。将各种家庭设备进行云端连接，依托平台对设备的环境数据、运行数据及用户设置数据等进行智能分析，提供家居环境控制、空气质量管理、家庭安全防护等综合服务。

松下电器以智能家电作为用户数据入口，向附加值更高的产业链上游转移，通过打造基于平台的 Ora 智能家居解决方案，为用户提供从智能单品到智能家居、从智能家居到家庭装修的一体化综合服务，实现企业由卖产品向卖服务转型。其中，“家电 DNA”已延伸至住宅、美容健康、车载、系统解决方案和 B2B 业务等领域；打造的“住空间”系统解决方案，预计 2021 年营收达到 600 亿元。

5.1.9　风电行业

风电行业的风场设计周期长、设备维护成本高、并网协调效率低、弃风漏电压力大等问题，一直制约着风电产业的发展壮大。工业互联网平台作为新一代信息技术与制造业融合发展的产物，正结合风电产业地理位置偏僻、资本技术密集、发电波动性大等特征，以设备智能化运维、风场数字化管理、精准柔性供电等场景为切入点，加速风电行业数字化转型。

1. 主要趋势

风电行业的数字化趋势主要表现为数据采集由底层互联向全面感知转变，设备维护由人工调试向智能运维转变，风场管理由单场单管向虚拟集成转变（见图 5-17）。

数据采集由底层互联向全面感知转变
设备维护由人工调试向智能运维转变
风场管理由单场单管向虚拟集成转变

图 5-17　风电行业的数字化趋势

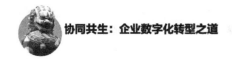

数据采集由底层互联向全面感知转变。数据采集是风电产业设计、生产、运营的关键基础，传统数据采集周期长、成本高、精度低，难以满足风场精细化设计和运营需求，容易造成投资方损失。随着智能传感器和通信技术的兴起，更加实时、全面、精细的数据采集成为可能，数据采集为风场设计建立更加精密的风资源图谱，为设备运行建立齿轮、轴承等更加微观细致的数字模型，为风场管理提供准确有效的气象、能源等数据输入以应对雷击、台风、雾霾等不同场景需求，从而为智能选址设计、生产性能提升、管理决策优化等提供有效数据支撑。

设备维护由人工调试向智能运维转变。风场一般处于人烟稀少、位置偏僻、环境恶劣的地区，不适宜维护人员长期驻扎。特别对于海上风电来说，后期运营维护费用占到总成本的一半以上。此外，由于风电行业前期跳跃式发展、参与方良莠不齐、缺乏统一标准等原因，风电机组在实际运维中容易存在运行不稳、故障频发等问题。目前，国内风电运维仍以纠正型运维为主，后期设备维护成本较高。结合 5G 无人机、巡检机器人等智能产品远程巡检设备运行情况，有利于在云端对设备运行与环境进行大数据分析，开展预测性维护与备品备件管理，减少设备停机维护带来的损失，提高运维数字化、智能化水平。

风场管理由单场单管向虚拟集成转变。一方面，随着国家能源局做出新能源电价调整的战略决策，风电和火电价格将趋同保持一致，压缩风电利润空间，倒逼企业提高生产效能。另一方面，由于缺乏系统规划、风预测精度低、电网不配套等原因，风电产业限电弃风压力较大，容易造成资源浪费。通过综合运用数字孪生、VR 等技术构建“数字风场”，对大气环境、设备运行、电力输送等建立虚拟模型，有利于依托大数据分析开展集群运行参数优化，助力实现风电产量精准预测，为管理者直观反馈风场运行情况，优化运行控制策略执行，提高风场发电效率。

2. 主要路径与案例

1）虚拟风场设计

依托工业互联网平台设计虚拟数字风场，有利于提高设计精度，缩短设计周期，有效降低风场建设设计过程中的不确定性。一是宏观辅助选址。基于互联网平台的计算能力与地理信息资源，结合激光雷达、无人机等勘探技术建立三维仿真模型，实现宏微观地理选址与场区推荐。二是机群优化排布。

通过定制化风场仿真建模实现机组最优排布、集群尾流优化、工程精准计划等自动化设计，合理利用不同密度的风力资源。三是风场个性定制。依托工业互联网平台针对风场特有的风况特征、地形条件等进行定制化设计，节约工程建设成本，控制风电场投资风险。

金风科技依托金风云平台打造风场数字化设计系统，围绕环境、风机、道路等建立高精度三维仿真模型，实现“分钟级”集电线路自动规划与“秒级”智能选址，缩短了设计周期，提高了设计精度，推动风电场投资回报率提升 1%～3%，投资估算误差小于 3%。

2）设备预测维护

树根互联、东方国信、徐工集团等工业互联网企业将减少设备停机检修损失、开展预测性维护作为切入点，以风机为核心实现覆盖风电设备全生命周期的故障预测和主动维修，有效降低平准化维护成本。一是精准故障定位。依托平台建立故障智能诊断模型，基于专家库和自学习机制，缩减人工挑选有用变量的成本与时间，快速实现设备故障定位。二是设备预测维护。基于平台分析预测风机关键部件变化趋势、产品寿命和潜在风险，对零部件库存、运输和更换开展主动管理，抢占维修窗口期，减少风机停机、飞车倒塔等损失。三是虚拟辅助维修，基于数字孪生技术打造风机故障实验模拟平台，通过数字样机积累设备维护知识库与解决方案检索库，提高故障处理效率。

巴盟风电整合风力发电设备的设计、环境、运行、运维档案等数据资源，建立设备健康管理模型，打造具备故障诊断预测、产品健康管理和寿命预估等功能的综合管理系统，使关键零部件故障可提前 72 小时预警，次生事故可降低 90%，减少直接和间接损失近千万元。

3）风场管理优化

企业依托工业互联网平台建立场级运行管理模型，有利于精确预测发电区间，优化电网功率负荷，探索分布式能源管理，提升风场管理水平。一是发电效能提升。通过调整风机控制提高机组出力，带动风场整体效能提升。二是集约管理优化。基于工业互联网平台整合风电开发产业链，汇聚前期工作、工程建设和生产运营等环节关键要素，提高风场管理水平，支撑风电规模化发展化。三是柔性协调供电。基于大数据精准预测发电量区间，与火电、太阳能等能源实现协同增效，降低供电整体波动性。

昆仑数据与国网青海电力联合打造“绿能互联”工业互联网平台，接入负荷侧大用户并开展能耗监测业务，通过对风机集群进行动态监测、状态纠偏与参数优化，提升电厂发电量 1%～5%，新能源电厂人员成本降低超过 20%，电厂备件消耗平均降低 10%（见图 5-18）。

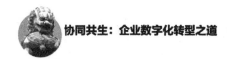

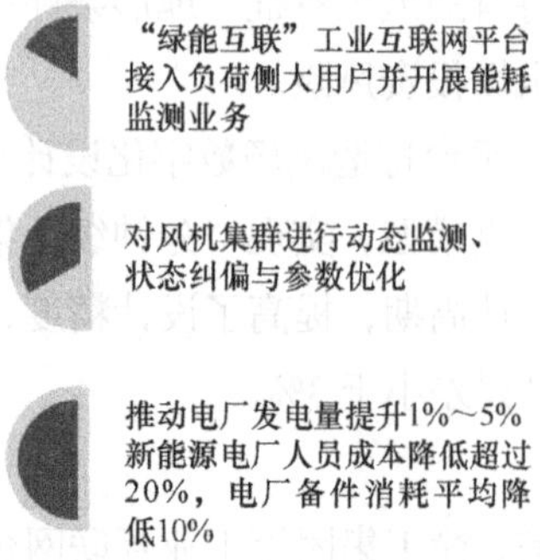

图 5-18　昆仑数据与国网青海电力联合打造的工业互联网平台

5.1.10　能源行业

能源行业是社会经济发展必不可少的基础行业，具有资本和劳动力密集度高、建设和服役周期长、运输负担重、生态和环境影响大等行业特征，面临数据总量大、计算量和计算复杂程度高、信息基础设施建设薄弱、能源综合利用效率较低、区域之间协同亟待加强等行业痛点，亟须加快数字化转型步伐。中石油、中海油等企业以算力上云、机器替人等为切入点，加速推动能源行业向全产业链协同化、决策精益化、技术清洁化方向转型。

1. 主要趋势

能源行业的数字化转型趋势主要表现为，通过传感网络，数据感知能力不断提高；数字技术提高生产和运营效率，实现决策精益化；数字技术推动清洁能源发展（见图 5-19）。

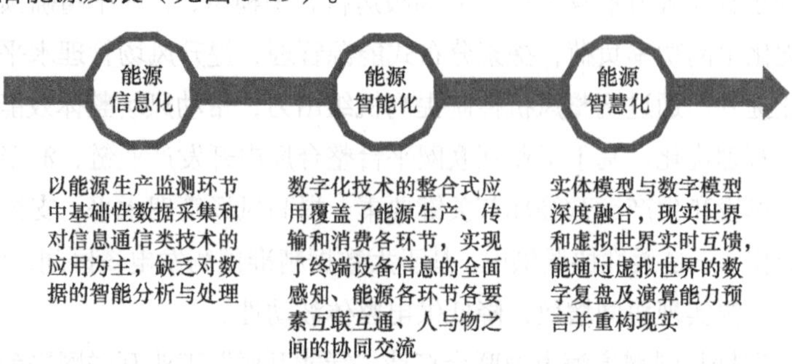

图 5-19　能源行业的数字化转型趋势

通过传感网络，数据感知能力不断提高。数据感知能力是数字化基础和油气上游生产领域的基本组成部分，也是能源企业掌握设备运行情况、洞察客户需求的有效手段。通过部署多种传感器、5G 通信技术的工业化应用及制定统一数据和技术标准，形成互联互通的数据感知网络，有助于降低数据传输的成本和延迟时间、提高数据传输速度，增加监控覆盖范围，实现从生产平台到精炼厂到管道和运输的全面监控，提高企业的数据感知能力，增强整条产业链的协同效应。

数字技术提高生产和运营效率，实现决策精益化。人工智能、大数据、云计算、5G 等数字技术的使用不断增加。爱立信报告显示，2026 年，能源行业将是应用 5G 最广泛的行业。据 IEA 预测，数字技术的大规模应用，能够让油气生产成本减少 10%～20%。通过数字技术分析挖掘海量业务运营数据，依托多维度的数据分析，能够极大地提升管理效率、压缩管理链条，降低维修和维护成本，减少资产停机时间，实现不同场景个性化决策，提升管理客观性、精益性和准确性。大数据分析、人工智能、物联网和区块链等数字工具将提高预测精度和发电过程自动化，促进行业可持续性发展。

数字技术推动清洁能源发展。在设计环节，风机、光伏电池等设备厂商可利用大数据、智能算法，实现对气象、风场、日辐射等自然、地理条件的 3D 精确建模，提高研发效率、缩短设计周期、提升设备可靠性。在建设环节，借助传感器、无人机，工程建设者能够智能监测资源分布、并网需求和地理位置等信息，并利用数据智能类技术，优化风电场选址，提高资源利用率和投资回报率，缩减建设成本。在运行环节，利用数据智能类技术，结合终端感知数据、气象预测数据等，工作人员可以更精准地预测与调控风电、光伏发电出力，提高清洁能源利用率。

2. 主要路径与案例

1）数字化开发，助力能源生产挖潜增效

在勘探环节，借助终端感知类技术，油气生产企业可精准获取地震成像、地质建模信息，显著提升勘探效率和油气可探明储量。在开采环节，终端感知技术的升级将提高化石能源开采成功率，降低开采成本；随着运算支撑技术的成熟，开采建模速度将进一步提升；工业机器人及自动化智能机器人的应用，将进一步挖掘可采资源潜力。

华为为大庆油田建设的油气勘探算力专属云，在不增加 CAPEX 投资的情况下，使大庆油田获得了更强大的勘探计算能力。基于油气勘探算力专属云，大庆油田重新利用勘探历史数据 10PB，算力提升 833%，每年处理的工区面积从原来的 400 平方千米提升到 2000 平方千米。通过搭建井、间、站、管、网统一信息系统平台，开发集数据采集、智能分析、预警监控视频及定位监控功能于一体的生产指挥系统，实现生产管理全面智能化（见图 5-20）。

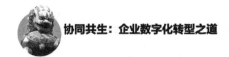

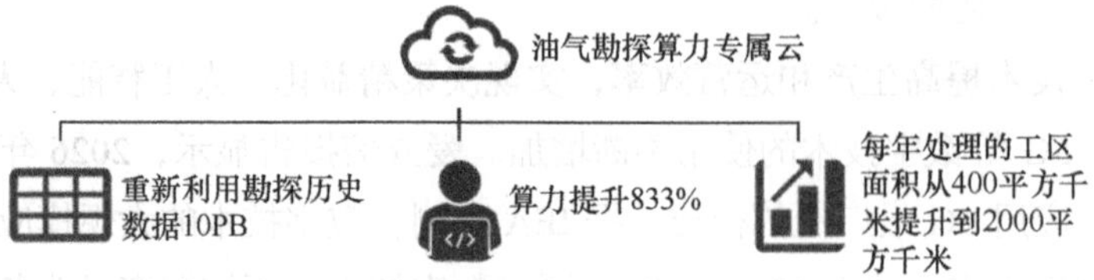

图 5-20　大庆油田数字化开发

2）数字化生产，降低安全风险

自动化水平的提高将减少危险现场工作的人力，并减少健康、安全和环境事故——尤其是在偏远或艰难的运行环境中。石油行业的机器人钻井系统可以利用机器人钻台进行无人作业，有助于降低运营成本和安全风险，并实现节能减排。

3）保障能源高效运输，优化调度控制性能

采用认知计算和信息通信类技术，调整优化油气和电网的骨干传输管网，可实现感知层信息采集系统间的互联互通与联动智能防御，保障传输安全，提高能源传输效率。油气管网和智能电网数据平台将为企业各类业务提供统一的技术和数据支撑，促进能源流、数据流、业务流“三流合一”。企业依托大数据、智能算法技术，可实现信息深度挖掘，利用运算支撑技术，可提升平台计算力和响应力，增强人工智能效果。

中石油通过建立总部及数据中心的基础平台，承载了勘探计算、企业 ERP、OA 等多种业务应用，提供了基于虚拟化结构的网络基础通信平台，保障数据中心的稳定运行。为满足复杂的海量用户灾备需求，基于 IP 的架构可以支持从近线备份到远程实时灾难备份恢复等覆盖 7 级的灾备需求。业务方面，将有线无线网络、安全防御、多媒体应用承载等多个系统加以智能化整合，实现各部分业务流程之间的整合与数据集成，简化了基础设施复杂程度和运维管理成本，为走向国际化的企业组织战略决策提供有力支撑。

5.1.11 食品行业

食品行业具有集中度高、生产周期长、产品周转周期短、对安全性与合规性要求极高的行业特征，面临保质期管理严格、生产现场管理复杂、与消费者距离远、受突发事件影响大等行业痛点。因此，食品制造行业数字化转型应重点关注对消费者需求变化的精准识别、产品质量的安全性与标准性、以及生产物流环节的灵活性。食品行业产业链分布如图 5-21 所示。

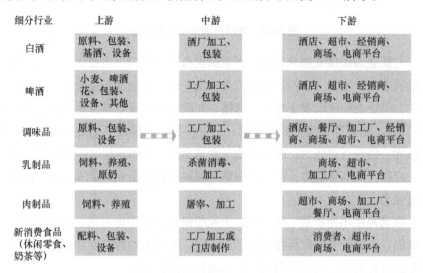

细分行业	上游	中游	下游
白酒	原料、包装、基酒、设备	酒厂加工、包装	酒店、超市、经销商、商场、电商平台
啤酒	小麦、啤酒花、包装、设备、其他	工厂加工、包装	酒店、超市、经销商、商场、电商平台
调味品	原料、包装、设备	工厂加工、包装	酒店、餐厅、加工厂、经销商、商场、超市、电商平台
乳制品	饲料、养殖、原奶	杀菌消毒、加工	商场、超市、加工厂、电商平台
肉制品	饲料、养殖	屠宰、加工	超市、商场、加工厂、餐厅、电商平台
新消费食品（休闲零食、奶茶等）	配料、包装、设备	工厂加工或门店制作	消费者、超市、商场、电商平台

图 5-21 食品行业产业链分布

1. 主要趋势

食品行业的数字化趋势主要表现为消费者需求多样化、健康化，与新业态新模式融合发展，经营范围不断扩展，食物供应链全球化，食品安全日趋严格的审查，以及科学技术的应用（见图 5-22）。

消费者需求多样化、健康化。由于生活节奏加快，人们对生活“第四餐”小零食的需求增加。随着人们对身体健康的重视，消费者更倾向选择无添加、无糖、产品可追溯的健康食品。研究机构 Grand View 数据显示，到 2025 年，全球健康零食市场规模预计达到 329.9 亿美元，年复合增长率 5.2%。互联网使消费者获得了大量食品与健康问题的信息。不断壮大的中产阶级对质量和品种的追求逐渐增强，对食品口味上的变化更加频繁，对高蛋白质产品的消费显著增加。

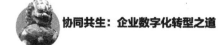

图 5-22　食品行业的数字化趋势

与新业态新模式融合发展。新冠肺炎疫情的暴发，让餐饮业经历了史无前例的考验。线下门店不能正常营业，企业面临现金流断裂危机。为了渡过难关，不少企业采取线上外卖、直播、互联网信息服务平台等方式开启“破局之路”。新冠肺炎疫情结束之后，企业将更加重视数字化转型模式，借助新技术，提升经营能力。部分企业与盒马生鲜、沃尔玛超市等用工量较大的企业合作，共享劳动力，在一定程度上缓解了餐饮企业的成本压力，达到了双赢效果。

经营范围不断扩展。传统餐饮企业纷纷拓展新零售市场。海底捞推出自热火锅，西贝莜面村取得食品生产许可证。规模化的餐饮企业在供应链和品牌方面具有优势，通过布局新零售市场拓展经营范围。

食物供应链全球化。由于全球食品贸易法规逐渐严格，食品企业投资数百万资金用于整合供应链，以提高食品安全性和可追溯性。与此同时，政府积极鼓励企业主体进行供应链整合，来帮助企业提升效益。目前，食品跨境交易量达到史无前例的高度。商家都渴望增长，希望增加国外市场的收入。但是面对微薄的利润，企业选择从世界各地的低成本供应商采购产品。全球化正在增加食品安全和质量的风险，并对供应链的追溯与控制提出挑战。

食品安全日趋严格的审查。备受瞩目的食品安全和掺假事件正在引发公众对健康问题的担忧，并且损害了食品行业和世界各地政府的信誉。随着社交媒体网络的普及，以及社会关注度的提高，质量控制的简单失误可能迅速演变为丑闻并成为国际头条新闻。食品的相关法规将更加严格、更加复杂，这为多地区运营、采购和销售的公司带来前所未有的合规风险和成本压力。

科学技术的应用。科技进步提高了企业发现危害和识别风险的能力。新的技术已经实现商业化运作，伴随数据分析，这些技术可以对整个供应链实施更严格的控制，从而提升质量和效率。可追溯能力的增强将会明确供应链各个环节的责任，使企业能够快速地进行有针对性的召回。可追溯性与社交媒体的结合运用，将为消费者了解食物来源和成分带来前所未有的透明度。

2. 主要路径与案例

1）技术赋能，打造产业新生态

基于“工业 4.0”及“互联网＋”，打通制造各环节的信息流，更好地管理控制产品的生产，实现各环节信息可视化。构建基于企业私有云的智能制造及设备工业互联平台基础框架，打通企业生产全链条的价值流，实现信息透明化；推动计划和执行的顺畅衔接，改进生产绩效；建立存储与生产环节深度协作的精益物流；构建生产和质量追溯体系，实现生产全过程的防错、防呆和预警。

道道全通过构建企业私有云深化行业业务过程控制，实现了平台化集成管控。道道全构建了以平台层为支撑，生产运作层为基础，业务营运层做管控，战略管理层指明集团管理方向的四层架构。平台层打造信息化企业的整体支撑平台，包括动态建模、应用集成、应用开发、应用管理和云技术运行平台；生产运作层满足企业生产经营所需的计划、排产、派工、反馈及过程控制；业务营运层为产业链协作和集团企业间内部协同提供管理手段和控制点；战略管理层为业务运营提供规则和约束力，分析企业运营效率，改进绩效。

2）生产智能化，提高生产能力

目标是建立柔性高效的制造供应链，围绕用户需求实现敏捷创新、高效生产和快速上市，并且实现成本最优。推动制造过程的自动化，能够保证产品工艺和质量的稳定性，并能进一步挖掘设备潜能，提高生产运营能力。一是提升产品质量与安全性。配方和工艺的标准化和数字化有助于保证口味的一致性，实现覆盖制造流程闭环的质量管理。同时，企业通过全供应链的追溯，可确保全流程透明化，从而提升产品品质。二是实现精益管理，提升效率，减少浪费，优化制造流程，降低能源消耗，减少工人数量、工作强度和复杂性，从而降低人工成本。

娃哈哈携手西门子，对其杭州下沙第二生产基地内一条主要生产纯净水和含气饮料的水汽线进行数字化与智能化升级试点（见图 5-23）。西门子为娃哈哈提供软硬件解决方案，实现设备的互联互通和中央监控，达到柔性生产的要求，并优化了产线能源管理，也通过产品质量追溯，保障了食品安全。现在，总部可通过企业资源计划（Enterprise Resource Planning，ERP）系统将销售订单发送到工厂的制造执行系统（MES）中。MES 会根据库存等情况将销售订单拆分为不同的生产订单并发送到西门子 WinCC 系统上，由它对生产订单进行分解，生成具体的生产方案并下发至不同的生产设备。同时，中央监控系统与分布在产线各处的摄像头实现了联动。一旦设备报警，监控系统就会指挥摄像头自动切换画面，快速定位报警点，以便操作人员及时处理故障，缩短停机时间。

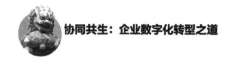

图 5-23　娃哈哈智能化升级

3）营销精准化，提高运营能力

为了迎合消费者个性化的需求，企业需要不断创新，缩短创新周期，产品变得更加复杂，产品组合更加广泛。波动性的市场需求对企业生产制造环节的灵活性提出了更高的要求，企业需要对生产流程进行大幅度的数字化改造。通过数字化转型，企业能够更好地搜寻、整合、利用消费者的偏好和需求等方面的信息，实现产品的精准定位，迎合甚至引领消费者的需求。

蒙牛在 2012 年制定了完备的牧场管理标准，运用数字技术让标准落地。蒙牛的全部奶牛都已经佩戴了 RFID 耳标，具有专属健康档案，部分还配备了更复杂的传感器。牧场对奶牛的所有动作，包括喂料、挤奶、按摩等，均通过数据分析来设定并随时调整，整个牧场甚至就像一个现代化、自动化的智能工厂。下游则通过大数据支撑，持续加大对消费者的洞察，改进研发创新产品，建立起产品、品牌与消费者之间的紧密连接，加强互动性、社交性的消费体验，探索销售渠道、终端管理和营销的智能化。

5.2 中小企业数字化转型

中小企业贡献了我国 50%的税收、60%的 GDP、70%的创新、80%的新增就业及 99%的企业数量。在中小企业的生产经营实践中，层出不穷的数字技术应用不断重塑中小企业参与竞争的方式。尤其随着信息和通信技术的发展，以“大物移云”（大数据、物联网、移动互联网、云计算）为代表的数字技术应用日益成为中小企业转型升级的重要推动力。

数字技术催生的各类新兴技术工具正在打破人、机、物之间的障碍，创造新的客户体验，不仅解构了中小企业既有的业务模式，还赋予员工更强的创新能力，催生新的、更高效的产品和服务不断诞生。新兴数字工具的广泛应用正在成为中小企业进行数字化转型的重要推动力。

目前，中小企业的数字化转型已经呈现出从生产端、产品端和运营端分别切入的几类有效路径。其中，生产端切入模式包括多企业间协同制造和单个企业个性化定制两种模式，产品端切入模式包括传统产品数字化改造和开创全新数字业务两种模式，运营端切入模式包括产销协同智慧运营、一站式数字化运营和打通供应链融资资源三种模式。

5.2.1 生产端切入模式Ⅰ：多企业间协同制造

数字化转型能够帮助中小企业以网络化协作的方式，推动企业间加强协作，弥补自身资源和能力的不足，实现优势互补和“化零为整”。福建泉州制造业企业“小而散”，数字基础薄弱，每家企业只有零散的机械设备，竞争力弱。对此，当地 40 余家投资商联合“众创”投资了嘉华智能科技有限公司，专门负责整合各家小厂零散的制造设备，将多家厂房通过数据系统集成在一起，各企业技术和加工设备并联，实现了一块数字控制屏幕实时连接超过 800 台 3C 数控加工中心。通过共享不同企业数据、技术和生产能力，各企业的无人控制数控设备以极高的协作效率和国际竞争力成为国际一线手机品牌（如苹果、华为、OPPO）的零部件供应商。

“多企业间协同制造”的数字化转型模式很好地弥补了单个中小企业研发创新能力不足的短板。21 世纪以来，我国制造业领域中小企业由于享受了宏观经济的高速增长，普遍依靠成本优势从事低利润业务，大量中小企业一直处于价值链的低端，在创新上的投入严重不足，没有能力依靠自身力量完成数字化转型。多企业间协同生产能够整合单个企业的优势资源，以合作联动推动中小企业在质量和创新上取得更大的突破。

5.2.2 生产端切入模式Ⅱ：单个企业个性化定制

数字化转型能够推动中小企业改变以往大规模生产标准化产品的业务模式，通过终端数字技术应用推动生产端实现更灵活的个性化定制和柔性化生产。例如，服装制造企业红领服饰股份有限公司利用数字技术以“先客户后制造，先线上后线下”为宗旨，终端销售人员将获取的客户体型数据和个人偏好输入系统。在向生产端工人分派任务前，系统会自动计算客户数据并将其转化为一线工人可以识别的语言。在利用物联网技术对生产线进行改造后，不同生产线之间信息流动无须人工干预，而是通过独特的射频识别标签来传送客户的要求数据。生产线能够自动监测每个差异化产品的所有生产流程，突破传统标准化生产模式，显著提高企业的国际竞争力，成为阿玛尼（Armani）等世界知名奢侈品牌的指定代工企业。

福建海天轻纺有限公司打造了全新的数字化车间——“时尚梦工厂”，依托中科院软件所、美国 Oracle 及德国 SEDO 公司的技术支持，将遍布全国上千家门店的数据进行系统化集成，把数据实时传递给生产车间安排生产加工。门店工作人员只需将客户的身高、体重及个性偏好等信息输入手机，就能改变后端车间的生产工艺流程，完全改变了传统服装制作标准化的生产模式，实现了衬衫等服装的个性化定制。

阿里巴巴推出的 C2M 数字化解决方案“厂销通”，帮助生产 C 端产品的商家了解到消费者真正需要什么样的产品并进行定制化生产。中山小家电品牌安家乐采用此解决方案后，在“天天特卖中山小家电专场”销售活动中创下销售 6 万台的业绩。

“单个企业个性化定制”的数字化转型模式改变了中小企业以往以标准化产品和服务为中心的传统，推动中小企业提高产品和服务的个性化和高度定制化，以提升用户体验为导向，利用各种数据和应用来拓展市场空间，预测和引导客户需求，增强信息时代服务消费者的数字化能力。

5.2.3 产品端切入模式Ⅰ：传统产品数字化改造

数字化转型能够提高中小企业传统产品的工作效能，尤其对于性能复杂、需要持续跟踪运行状态的设备，如在动力装备、电力装备、工程机械等领域，企业通过对传统产品进行数字化改造，探索形成了基于工业互联网的远程运维服务。企业通过在装备和产品中配置开放的数据接口，使其具备数据采集、信息通信和远程控制等功能，构建装备和产品的远程运维服务平台，对装备和产品上传的数据进行处理，提供在线检测、预警、诊断、升级等服务，建立了相应的专家库和专家咨询系统，为装备和产品的远程诊断提供决策支持，并向用户提供运行维护解决方案。

新疆金风科技股份有限公司专门致力于风力发电机组的研发与生产，虽然市场占有率较高，但盈利状况不佳，原因在于以往风车叶片的保修更换时间是通过估算的方式获得的，误差大，成本高。为解决这一问题，企业将所有售出设备都安装了嵌入式传感器，即时反馈机器的劳损程度，不管设备经手多少中间商，企业后台总能实时掌握设备运行状态，显著提高了设备运维效率并降低了运维成本。数字化转型使该企业的核心竞争力获得显著提升，推动其市场占有规模不断扩大，成为国内外风电设备的重要提供商。

“传统产品数字化改造”的转型模式能够对中小企业传统业务模式形成很好的保护和强化，智能硬件等数字技术在这一过程中发挥的作用非常显著，有效帮助企业通过数字平台和工具以更快捷、更直观的方式与用户进行互动，重塑了传统产品和服务的交互方式，满足了物理世界和数字世界交汇融合的时代需求。

5.2.4　产品端切入模式Ⅱ：创造全新数字业务

数字化转型能够助力企业解决核心产品或服务不断面临的数字科技挑战，创造全新的业务产品和服务。尤其当企业面临新的数字科技挑战，其核心产品或服务的利润逐渐下降，企业就迫切需要通过创造全新的数字业务来改变其传统的业务模式。例如，润米科技公司联合传统制鞋工厂共同应对服装行业激烈竞争，开发了新的智能跑鞋产品，创造了全新的数字业务，其创新产品 Ultra Smart 智能跑鞋搭载英特尔 Curie™模块，自带加速计和陀螺仪的 6 轴组合传感器等，利用手机 App 可精准监测跑步、步行、骑行、爬楼 4 种运动状态下的即时数据。传统服装生产企业从传统服装及运动用品的供应转型，通过追踪和记录运动数据为消费者提供健康概念的增值产品与服务，以及新型硬件、技术和数据服务，这对传统服装生产企业而言是一项全新的数字业务。又如，美国一家种子公司，通过收购硬件设备企业，在卖种子的同时，在地里植入传感器获取土壤信息，然后与天气数据相结合，帮助客户改进农产品的种植方法。

传统零售业除了要积极寻找新的创新与营销手段，还要通过引入新的科技应用来降低成本、提高效率。咖啡之翼开启了变革之路，推出了 SaaS 系统驱动的智能自动咖啡机“自由翼”，以智能零售终端为载体，构建了无人服务微缩咖啡馆场景，融合咖啡文化、泛娱乐、“互联网+”等时代元素，致力于打造中国娱乐咖啡第一品牌。

“创造全新数字业务”的转型模式能够帮助企业提高传统产品的市场竞争力，有助于企业创造新的业务和盈利模式，拓宽新的收入来源，对企业提高核心竞争力、更好地应对数字科技挑战具有重要价值。

5.2.5 运营端切入模式Ⅰ：产销协同智慧运营

数字化转型可以帮助企业实现从生产到销售全链路无缝衔接，通过销量建模，将基于人工预测改为智能预测，提升销量预测准确度。在智能预测销量的基础上，商家可以对排产计划实时迭代，缩短排产周期，提高库存周转率。

中山小家电品牌安家乐采用阿里巴巴推出的 C2M 数字化解决方案“厂销通”，在库存管理上有了很大改善。工厂经过改造后，可以预估未来 15～30 天的销售量，以销定产，让仓库提高了 25%～30%的库存周转率，减少了积压库存。

“产销协同智慧运营”改变了中小企业的运营方式，帮助中小企业商家更加了解生产经营情况。对中小企业智能排期、优化生产、降低资金压力、提高库存周转率有积极影响。

5.2.6 运营端切入模式Ⅱ：一站式数字化运营

数字化转型可以帮助企业实现数字化运营，提高运营效率，特别是对于一些有涉外业务的企业，通过数字化信息平台，可以加强一站式运营建设，集中解决管理难题。对于零售行业，打造生产、配送、服务、评价全链条数字化，有助于提高经营水平。

兰迪鞋业集设计、生产、加工、仓储、销售、运输一体化，分别在国内和非洲各国设厂，产品主要销往乌干达、肯尼亚、卢旺达等十余个国家。受新冠肺炎疫情影响，兰迪鞋业存在无法从集团层面统一管理、信息化建设难等痛点。公司采购用友 YonSuite 提供的数字化转型服务，解决了在线全球化经营、在线多组织协同、在线一体化和一站式运营服务难题，实现了全球在线管理和集中核算。

幸福西饼实现了配送、服务、评价的全链条数字化。消费者购买面包后，可以对面包进行评价。评价将会反馈给面包师，同时有算法帮助企业拓宽销售场景。幸福西饼利用数字化技术，帮助企业找到每个品类可能购买的人群，实现精准营销。比如，在不同的时间段内向不同的客户推送折扣信息。

一站式数字化运营可以帮助企业在运营阶段利用大数据和算法技术，降低人工成本，提高运营效率和经营水平。

5.2.7　运营端切入模式Ⅲ：打通供应链融资资源

数字化转型可以帮助解决中小企业解决融资难题。由于中小微企业存在着财务管理不规范等问题，财务报表缺失或虚假问题导致商业银行无法掌握企业真实情况，难以进行有效的风控和授信；同时由于大部分中小微企业融资需求频率高且融资金额小，商业银行面对贷款金额小、坏账风险高的业务很难有动力去进行高成本的尽调工作。

一家总部位于深圳的知名品牌包装饮用水企业，由于上千家代理商或各级经销商分散在全国各地，每到季节促销时，就会出现经销商订货现金不足的情况，对企业的销售增长造成掣肘。传统方式下，经销商需自行去银行进行贷款融资。数字化转型情况下，企业可以通过用友的金服桥、数融链两款金融服务产品融资。通过金服桥，企业开放了经销商基本信息、订单数据、销售任务等，银行根据数据筛选出经销商白名单，并测算出授信额度。经销商可自主提款还款，金融机构可根据发票数据监测经销商的偿还能力，解决企业融资问题并降低银行尽调成本。

“打通供应链，对接融资资源”为中小企业带来融资新办法，有助于中小企业解决融资难题，避免产业链上下游企业因资金问题影响企业经营，为产业带来经营保障。

总的来看，制造领域中小企业数字化转型的模式虽各有不同，但数字化转型战略都以客户为中心，其共性是通过应用物联网、云计算、大数据等数字技术来构建企业新的数字化平台，建立新型数字运营模式，从而驱动企业业务转型和创新，提高国际竞争力。

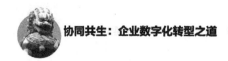

除制造业外，数字化转型也在改变其他领域中小企业的商业模式，如批发零售行业中小企业数字化转型着眼于线上线下相融合，利用数字技术打通商品供应、仓储、物流及消费等各个环节，构建全渠道数字业务模式。传统金融行业的数字化转型主要表现在客户、货币、产品、营销和服务的数字化，旨在构筑智慧的数字化金融运营平台，满足用户对金融的个性化需求，为特定客户提供差异化的金融解决方案等。

第6章

难中求进——企业转型现状与挑战

6.1 初期探索之路漫漫

伴随新一轮科技革命和产业革命加速兴起，数字化转型热度高企。从国际看，跨国企业纷纷加快数字化转型步伐。据 IDC 调查数据显示，截至 2018 年年底，67%的全球 1000 强企业将数字化转型作为企业的战略核心。波士顿咨询公司（BCG）发布的“2018 年全球最具创新力企业 50 强”显示，上榜企业的共同特点是具有较强的数字创新意识和执行力，在创新过程中充分运用大数据、人工智能等数字技术探索新产品和服务。世界经济论坛公布的全球首批 9 家先进制造业“灯塔工厂”中，70%～80%的灯塔工厂制订了明确的数字化转型计划，30%的灯塔工厂应用了新的转型管理技术，60%～70%的灯塔工厂参与了以第四次工业革命为主题的多方合作。

从国内看，我国企业数字化转型呈现“需求端强、供给端弱”的特征。与农业经济、工业经济时代生产端的规模效应不同，数字经济在需求端具有很强的规模效应，用户越多，产生的数据量越大越丰富，数据的潜在价值就越高。目前，我国需求端的企业数字化转型在行业内已经具备良好基础，腾讯、阿里巴巴、百度、京东等互联网企业从消费、社交、出行、通信、支付等多个维度积累了海量用户数据，并开发出各种核心产品来推动互联网、大数据和人工智能在日常消费、生活服务等领域的应用，正逐步实现跨行业、跨地区的发展融合。但供给端的数字化转型还处于起步阶段，特别是制造业等传统行业，其转型动力主要来自行业，不能从消费者处直接获取，数字化转型仍有很大发展空间。早在 2015 年，据《哈佛商业评论》的调查，半数以上的企业高管认为自己的业务将在 12 个月内受到数字化浪潮较大程度的冲击，其中媒体、通信、消费者金融服务、零售、科技、保险、消费者产品、专业服务和教育等行业受到的影响最大。2018 年，IDC 通过对我国六大重点行业的 100 家大型企业调研发现，在整体数字化水平方面，行业间差距较大：靠近消费者的行业（零售、文娱、金融）数字化程度较高，很多已经接近或成为数字化原生企业；信息化投入较大、创新动力强的行业，如教育，数字化程度有一定积累，但也面临较多问题；依赖行政推动力和资源的行业，如政府机构和制造业，数字化程度相对较低。其中，超过 50%的中国制造企业的数字化尚处于单点试验和局部推广阶段，未来发展空间巨大。

从制造业看，我国大部分企业已认识到数字化转型的重要性和紧迫性，但受限于能力薄弱、人才短缺等瓶颈，只有 7%的企业能够突破转型困境，企业数字化转型步伐整体较为落后，仍处于初期探索阶段，主要表现为三种对比性状态并存的局面。

转型意愿强烈与实践路线不明并存。据 IDC 调查数据显示，截至 2018 年年底，67%的全球 1000 强企业和 50%的中国 1000 强企业都将数字化转型作为企业的战略核心，表明大部分企业数字化转型的意愿十分强烈。客观来讲，数字化转型过程纷繁复杂，不同行业紧迫感不同，转型路线也有所不同，很多制造企业愿意开展数字化转型，却不知道数字化转型从哪里入手。据《2017 年北上广深企业数字化发展报告》数据显示，在 261 家受访企业中，有 26 家企业认为自身数字化发展已经成熟，其中只有 20%多的企业拥有清晰的数字化战略和实施步骤，其余大部分企业对数字化转型定位不准，方向不明，路线不清，处于混沌状态，数字化转型脚步停滞不前。埃森哲的一份研究认为，八成以上的中国企业尚没摸清如何通过数字技术使企业变得更高效，并拓展营收来源，实现业务增长；同时，只有 4%的中国制造企业真正释放了数字化的潜力，并成功将投入转化为业务成果。数字化技术应用仍处于零散、零碎阶段，很多企业受到数字技术的冲击，已意识到自身变革势在必行，但由于缺少具有实际指导意义的解决方案，企业往往在转型过程中毫无头绪、无从下手、力不从心。

转型目标高远与数字能力欠缺并存。数字化转型目标的实现与制造企业的数字能力和基础条件密切关联，并不是每家制造企业都能顺利完成数字化转型。当前，我国近 85%的制造企业正在开展数字化转型，但转型的程度有所不同，有近 25%的制造企业缺少数字化技能与人才资源，20%的制造企业难以实现跨部门跨团队协同，超 15%的制造企业文化转型受阻，诸多问题的存在使制造企业数字化转型困难重重，举步维艰[1]。

转型需求迫切与顾虑隐忧较多并存。当前，世界经济形势瞬息万变，加上新兴技术带来的冲击，制造企业既要应对传统模式无法满足新经济形势下的新需求带来的挑战，又要应对跨界者难以预料的竞争，推进数字化转型迫在眉睫。从市场视角来看，消费者对于品质和服务的高要求倒逼制造业向自动化和智能化转型。从行业视角来看，我国制造业面临着劳动力和原材料成本日益上升的双重压力，成本优势逐渐消失[2]。对于制造企业而言，数字化转型已经不是选择，而是唯一出路。尽管企业对于数字化转型迫切性的认知度越来越高，仍有相当部分企业惧怕数字化转型所带来的问题与风险。一些企业认为技术革新太快，业务数字化需要配备哪些资源、如何选择技术平台和架构模式尚不明确，此外，前期耗资巨大、无法估算投入产出比也是顾虑之一[3]。一些企业害怕在缺乏成功所需技能、资金支持、投资模式、文化等因素的情况下贸然推进数字化转型。种种顾虑导致企业迟迟无法推进数字化转型。此外，网络攻击带来的安全威胁、隐私泄露、稳定性顾虑、生产突然停滞的慌乱与无助让很多企业在选择数字化转型时望而却步。

6.2　五大困境亟待突破

对数字化转型认识和理解不足。当前很多企业对数字化转型认知不足，为数字化而数字化。一些企业认为数字化转型就是通过信息化应用对现有业务流程的提升改造，一些企业认为实施“机器换人”、搭建工业云平台、建设数字工厂等就是数字化转型，没有认识到数字化转型是企业战略思维、业务流程、组织管理、商业模式、人才培养等全方位转型，是通过数字技术应用重新定义和设计数字产品、服务，建立数字化运营模式代替原有机制，真正要为企业效益和经济发展带来质的提升。还有一些企业通过数字技术应用解决一些具体问题，而很少有一个完整的数字化转型蓝图。大部分企业仍缺乏足够的互联网经验，对云计算、大数据、人工智能等技术了解不足，无法正确预估投入产出比，无法正确选择技术平台和架构模式。

企业数字化转型能力薄弱。当前，我国绝大多数制造企业的数字化转型

① 中国青年报. 84.9%的中国制造企业正在进行数字化转型，2018.7.

② 电子论坛. 迈向智慧企业：传统制造行业的数字化转型之路，2018.7.

③ 每日经济新闻. 传统制造企业数字化转型患上“焦虑症”高效率高质量或成突破口，2018.8.

能力尚处于初级水平，数字化转型能力薄弱。从工业技术储备水平看，我国工业化进程尚未完成，许多制造企业仍停留在低利润的初级加工阶段，工艺设计能力相对薄弱，工业技术积累不够深厚，工业机理、工艺流程、模型方法经验和知识积累不足，难以有效支撑数字化转型过程中的复杂数据分析和数字化知识传承、迭代与复用。从企业数字化改造能力看，多数制造企业处于工业 2.0 和工业 3.0 补课阶段，工业设备、产品、生产线的传感器部署不足，连接水平低，工业数据采集难度较大，业务系统互通互联程度不高。截至 2018 年 6 月底，全国制造业重点领域关键工序数控化率为 48.4%，覆盖全流程、全产业链、全生命周期的工业数据链尚未构建。40%的企业由于 IT 基础设施限制而尚未采用 AI、物联网等与数字化转型相关的技术①。从解决方案供给看，现有方案大多为面向特定行业的通用型解决方案，缺乏集战略咨询、架构设计、设备上云、IT 和 OT 融合、核心软件、数据运营、流程优化、风险评估于一体的端到端解决方案，掌握核心技术、对行业认知深刻、实践经验丰富、数据挖掘分析能力强、生态构建能力强的数字化转型解决方案尚较少，难以支撑制造企业全方位转型。

企业对数字化转型的效益、数据安全等顾虑重重。从调研看，一些制造企业认为数字化转型投入巨大，而目前又缺乏足够的企业数字化转型成功案例和模式，导致难以估算数字化转型的投入产出比，加之企业自身缺乏技术支持、资金支持、投资模式不清晰及文化制约等，可能面临预算超支、利润下滑等风险，因此很多企业不敢贸然推进数字化转型。还有企业担心核心设备和重要业务上云后，数据被平台企业或竞争对手获取并另作他用。此外，网络攻击带来的安全威胁、隐私泄露、稳定性顾虑、生产突然停滞等带来的风险性损失也让很多企业望而却步。

标准法规不完善。数字化转型离不开法律法规、政策标准的支持，数字化转型也给现行法律法规、政策体系带来了新的问题和挑战。例如，制造企业数字化转型将会催生众多新技术、新产品、新模式和新业态，但相关领域安全模式和安全规则缺失，支撑制造业数字化转型的体系架构、接口规范、数据表示、通信协议等基础关键标准缺少国际话语权，核心技术、产品和装备做大做强面临标准缺失而受制于人的严峻挑战。在数据治理方面，促进工业数据自动流动的技术、手段和能力不足，数据权属争议较大，数据开放共

① 思科. 准备应战，蓄势待发，观望等待：亚太地区全数字化转型就绪性技术展望白皮书，2018.

享、跨境流动、安全治理等领域发展亟待更加完善的法律和制度保障。在就业方面，现有法律法规不能适应数字化转型要求，数字化转型创造就业缺乏法律保障。现行法律法规对使用电子签名、电子合同、电子文件、电子印章、电子档案等的合法有效性尚未给出明确的规定，一定程度上限制了其广泛应用。

数字人才短缺对发展掣肘。当前，我国产业发展正面临数字人才短缺的巨大挑战，适应数字化转型要求的新型技能人才及技术型、管理型、复合型人才严重不足，很多企业信息化团队对数字技术快速更新的响应能力和应对能力不足，具备数字技术与行业技能的复合型人才面临巨大缺口。截至 2017 年年底，我国就业人口 7.76 亿人，技能劳动者 1.65 亿人，占就业人口的 21.3%，高技能人才 4791 万人，占就业人口的 6.2%，高级技工占比仅为德国、日本等工业强国的一半，缺口高达 1000 多万人。而且，将近 90%的数字人才集中在传统的研发领域，其次是数字化运营领域，深度分析、数字战略、先进制造和数字营销等方面的人才最缺乏[①]。软件人才特别是工业软件人才缺口也十分突出，我国软件人才需求以每年 20%的速度增长，每年新增需求近百万人，但目前我国高等教育和职业教育每年培养的软件及相关专业人才不足 80 万人。我国数字人才培养培训制度滞后，导致数字人才数量不高、结构不均衡等现象突出，在一定程度上影响了企业数字化转型步伐。目前我国高等教育体制与市场需求脱节问题突出，高校毕业人才难以顺利实现职场身份转换。同时，我国职业教育体系发展显著滞后于产业加速融合创新发展需求，政产学研用紧密协作、研发创新与人才培养相结合的机制远未形成。

① 清华经管学院互联网发展与治理研究中心. 中国经济的数字化转型：人才与就业——中国数字人才现状与趋势研究报告，2018.

第三篇

定航：企业数字化转型评估路径探索

第7章

博采众长——企业转型水平评估方法对比研究

7.1 代表性机构观点梳理

7.1.1 埃森哲

> 专栏 7-1
>
> **数字化转型评价要素：**智能运营、商业创新、主营增长。
>
> **数字化转型实施路径：**从创新视角出发，关注企业数字化业务变革及数字化战略管理成效。
>
> ——埃森哲《2019 中国企业数字化转型指数研究》

埃森哲连续两年联合国家工业信息安全发展研究中心发布行业洞察报告。该研究抽样调研了九大行业、220 余家中国企业，持续追踪和分析中国企业的数字化转型进程。报告从智能运营、主营增长和商业创新三个维度来观察评估中国企业的数字化转型状况。埃森哲中国企业数字化转型指数模型如图 7-1 所示。研究显示，转型领军企业在这些方面均表现出色，其数字化转型的重心已率先转向驱动增长。领军者和一般企业之间的差别主要体现在三个方面：领军者格局长远，以增长思维部署数字化转型，不是把数字化转型作为战术的管理工具手段来使用，而是以战略思维布局；领军者更关注数字化带来的颠覆性创新和增长，而不局限在短期的财务回报；领军者对数字化转型项目的管理强调勇于试错、持续评估和快速调整。这些领军者，在数字化的道路上走得更前沿，更具颠覆性，也更具前瞻性地应用数字化手段，给其他企业树立了一个新的行业标杆，也由此带动了整体的行业企业向前发展。关于企业如何进行数字化转型及如何使更多企业成为行业的领军者，两个关键点是：对于数字化转型，企业不仅需要数字化工具，还需要数字化战略管理；企业不光要做数字化业务，企业必须要变成数字化企业。

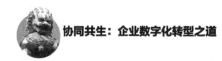

图 7-1　埃森哲中国企业数字化转型指数模型

7.1.2　德勤

> **专栏 7-2**
>
> **数字化转型评价要素：**制定智能化企业成熟度量表，考量企业在战略、人才、数据、技术、运营、需求方面的能力。成熟度方面分为认知、探索、应用、系统化和全面转型。
>
> **数字化转型实施路径：**尝试创新场景、深化数据治理、夯实技术基础、重塑运营机制、建设人才体系。
>
> ——德勤《数字化转型新篇章：通往智能化的“道法术”》

白皮书《数字化转型新篇章：通往智能化的“道、法、术”》详细阐述了企业智能化转型的原因和特征，以及企业即将面对的机遇与挑战。在此基础上，白皮书从“道、法、术”三个层面进行了解构，为企业描绘出转型的方向、模式与路径。

企业的数字化转型已进入智能化新阶段，这将为企业带来大量新机遇，并真实地创造新的业务价值，包括重塑流程、优化成本、优化体验、定制化、优化决策、重塑价值主张及提升收入等。数字化技术演进路径如图 7-2 所示。同时，企业也将面对来自各个层次全方位的挑战，包括数据、技术、运营、组织、监管、人才、文化等。

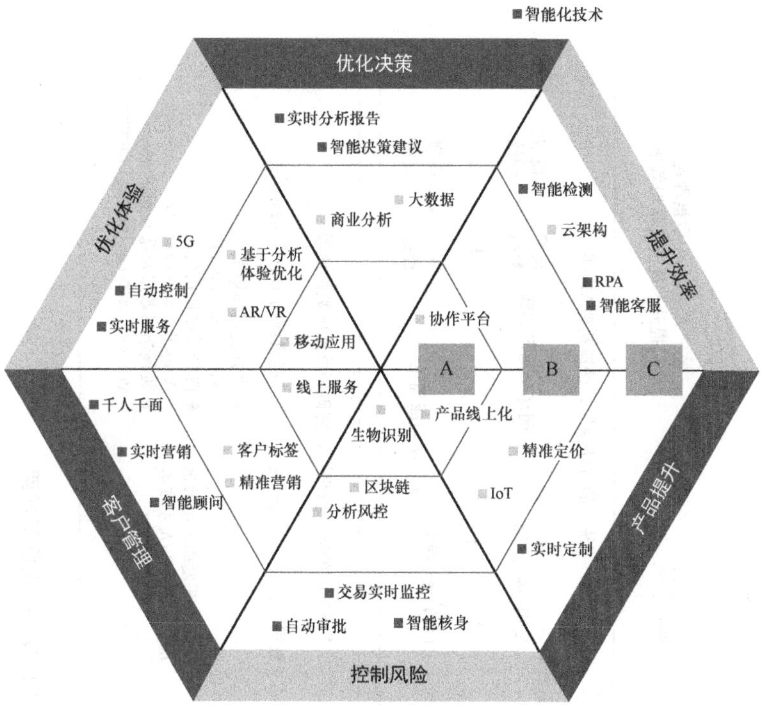

图 7-2　数字化技术演进路径

图 7-2 说明了数字化转型路径中，技术出现的时间序列及其应用方向。从中心向外代表时间，不同的方向代表了技术在企业内部的六个应用方向。可以看出，在时间维度上，智能化技术的出现与应用越来越频繁；在应用方向的基础上，智能化的引用越来越广泛。由此可见，数字化转型已经逐步进入了一个智能化的阶段。

道——明确转型方向：白皮书《数字化转型新篇章：通往智能化的“道法术”》阐述了未来企业的智能化转型所包含的两个核心议题，即应用的深度与覆盖的广度。德勤与第四范式提出了“1+*N*”的智能化建设愿景（见图 7-3），为企业智能化建设明确方向。“1”是指深化企业核心业务场景，实现极致效果；“*N*”是指通过统一方法实现非核心场景智能化的规模化落地。

法——定义能力框架：为实现“1+*N*”的建设愿景，白皮书《数字化转型新篇章：通往智能化的“道法术”》提出了企业智能化建设的六大核心支撑能力，即战略、需求、数据、技术、运营、人才，同时也给出了一套标准化工具来衡量企业数字化转型的总体成熟度，即智能化企业成熟度量表（见表 7-1），界定了六大能力在不同发展阶段的核心特征与诉求。

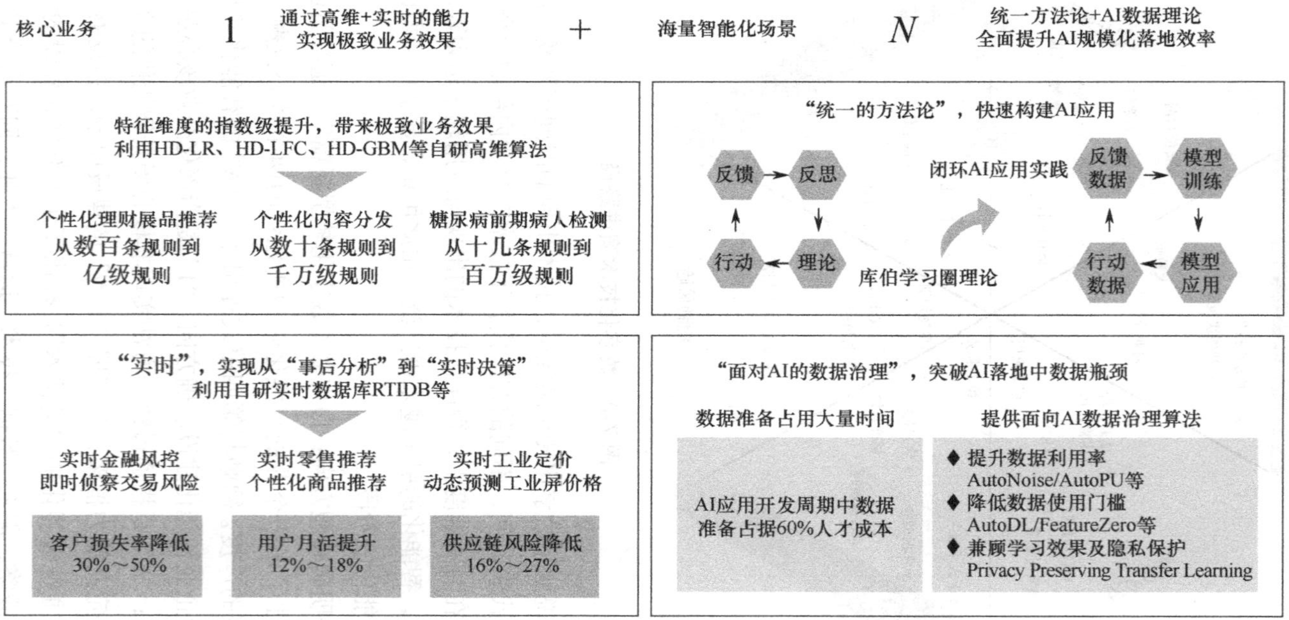

图 7-3　智能化建设“1+N”模式价值框架

表 7-1　智能化企业成熟度量表

		认知	探索	应用	系统化	全面转型
战略	技术驱动 创新机制 变革驱动力 商业模式	• 有限的技术了解 • 创新依赖于个人意识与行动 • 认知到经营与商业模式的制约 • 未形成变革与创新的方向或思路	• 初步验证技术价值与落地性 • 在部门/工作组推动创新与变革 • 设立有限的资源与机制保障 • 对商业模型创新形成初步构想	• 战略层面推动技术规模应用 • 明确的机制、资源与绩效保障 • 企业层面的变革意识推动 • 局部推动新模式探索与验证	• 构建技术引入、验证与推广机制 • 畅通的创新成果持续转化通道 • 企业级变革决议与推动 • 核心市场的新商业模式引入	• 持续推动业务与技术深度融合 • 创新成为企业各级的核心驱动 • 企业具备自我迭代变革的基因 • 市场定位与企业形象的转变
需求	需求分析 需求理解	• 有模糊认知，无方法 • 不具备将智能化需求投射到企业业务中的能力	• 进行探索，识别出智能化需求分析的关键点 • 初步形成对智能化需求的理解，并尝试提出需求	• 总结归纳出需求工作方法 • 从业务流程中清晰识别智能化相关需求	• 成立需求分析专业团队，形成体系化方法论 • 理解智能化与现有流程的融合，具备需求识别到应用端到端的洞见	• 形成清晰的流程与团队分工，保障智能化需求落地的顺利实施 • 能够站在技术与业务的视角提出创新的业务变革或创新业务模式
数据	数据资产管理 数据质量管理 数据服务 数据架构	• 几乎无过程性数据的采集与沉淀 • 缺乏元数据管理手段 • 未制定与落实企业数据质量标准 • 缺乏对于贴源明细级别数据的服务支撑	• 开始关注并尝试过程性数据的采集与存储 • 具备一定数据质量管理能力 • 缺乏对于贴源层数据的管控 • 积累部分明细级别数据服务接口	• 积累一定过程与历史数据并梳理了企业数据资产 • 对核心贴源数据实施了质量提升 • 构建明细级数据服务的管理体系 • 构建非结构/半结构化数据的管理与处理能力	• 针对性的过程与历史数据采集与管理 • 质量问题被集中管理并定期跟踪 • 数据服务体系完善 • 具备海量数据的实时存储与获取能力	• 具备策略性数据采集与管理能力 • 质量管理标准与制度完备 • 数据资产被高效、有序、可控地应用 • 支持数据实时采集、存储、应用、反馈的架构

（续表）

		认知	探索	应用	系统化	全面转型
技术	算力	• 未明确各类算力硬件的应用场景 • 初步识别智能化对于企业架构与科技治理的变化，尚未采取举措 • 分散的应用智能化算法	• 结合 CPU/GPU 应对算力需求 • 点对点的对企业架构与治理进行调整以应对转型过程中的不相容 • 探索并构建高维算法能力	• 尝试软硬一体技术提升算力供给 • 通过企业架构匹配调整，实施高维实施决策应用 • 制定关键治理机制实现统一管理 • 构建完整的算法库应用于各类场景的训练与预测	• 搭建与智能化相适配的算力设施 • 形成企业级架构原则并进行整体架构调整 • 落地全面的治理机制与相匹配的系统支撑 • 自动化建模技术被广泛应用	• 企业智能化需求的算力持续匹配 • 实现面向实时高维决策与反馈闭环的企业架构 • 匹配智能化发展的治理架构持续优化 • 持续保持前沿成熟算法的集成
	架构					
	治理					
	算法					
运营	变革管理	• 关注新技术的影响，未形成对企业变革的认知 • 缺乏创新领域配套的管理流程 • 组织缺乏对于创新的支持 • 沿用传统的治理结构决策创新探索事宜	• 个别领域智能化转型的变革探索 • 针对创新业务及技术的应用建立了相匹配流程 • 设立创新组织，小规模进行技术调研和应用探索 • 允许 CIO 在相对有限领域推动智能化转型探索	• 高层意识到智能化转型的必要性并开始推动变革 • 建立明确的职责边界，并完成体系化流程建设 • 设立专职机构负责转型工作推进 • 建立了智能化转型落地的决策、管理和监督机制	• 智能化转型具有明确目标与规划 • 驱动运营重构，建立了标准的工作流程和方法论 • 通过组织的动态变化推动企业持续转型 • 推出灵活的决策机制，领导层成为变革倡导者	• 对智能化转型有清晰统一愿景，共同推动变革 • 高效流程与创新应用互相促进 • 组织具备弹性变化能力适应转型的快速迭代 • 灵活开放的赋能型治理结构，引领弹性管理文化
	高效流程					
	弹性组织					
	治理结构					
人才	人才策略规划	• 有初步对于智能化人才的认知，尚未采取行动 • 部分人员对智能化技术有初步了解与认知	• 初步尝试定义相关人才岗位，未尝试开展高级人员引入 • 开始启动组织内部的讨论、培训及应用试点	• 进行了岗位与角色的初步定义，但缺乏整体人才策略 • 智能化团队初具规模，具备一定自主的智能化建设能力	• 定义完善的智能化人才选育用留机制 • 自建全栈能力团队，覆盖智能化主要领域	• 完善的人才规划机制与实施计划 • 智能化人才具有强烈的创新驱动意识与能力，持续推动业务创新并引领业务发展
	人才能力构建					

术——提出转型举措：针对建设目标，白皮书《数字化转型新篇章：通往智能化的“道法术”》中初步提出了六项核心转型举措，即“拓荒+耕耘”战略、尝试创新场景、深化数据治理、夯实技术基础、重塑运营机制、建设人才体系。同时，针对目前各个领域已经比较成熟的智能化应用实践，德勤与第四范式介绍了大量成功案例，供企业转型参考。

7.1.3　IDC

> **专栏 7-3**
>
> **数字化转型评价要素**：从数据角度对企业进行评价，最成熟的（第 5 阶段）到最不成熟的（第 1 阶段）为：5—数据成就者；4—数据协同者；3—数据回应者；2—数据求存者；1—数据抗拒者。
>
> **数字化转型实施路径**：提高数据在组织、业务部门和工厂层面决策中的作用。
>
> ——IDC《推动制造业数字化转型：数字化领导者经验》

《推动制造业数字化转型：数字化领导者经验》报告（7.1.3 节中以下简称“报告”）通过对美国、英国、法国、中国、日本和澳大利亚的制造业中 300 名 IT 和数据主管进行调查，总结了这些企业在管理数据和数字技术方面的特点，并介绍了关于扩展数字技术应用来创造更好业绩的经验。

报告认为，通过利用数字技术，制造商正在提高企业的运营效率，推动更快的产品创新，并获得对差异化竞争的洞察力。制造业即将彻底改变产品的设计、制造和交付方式。报告根据数字化成熟度将企业分为五类，从最成熟的（第 5 阶段）到最不成熟的（第 1 阶段）为：**5—数据成就者；4—数据协同者；3—数据回应者；2—数据求存者；1—数据抗拒者。**

报告提出，数字化成熟的企业正在转型为数据驱动型企业，在管理数据和数字技术方面的经验有：

（1）在其核心技术中应用数据分析，扩展数字技术应用，以制定更好的制造决策；

（2）将商品更快地投放到市场中，提高运营效率，加快产品创新；

（3）从数据中获得高级（实时）洞察力，以实现组织变革并提高产品差异化竞争力；

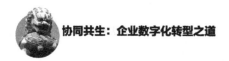

（4）使用物联网（IoT）提高产品的可靠性和客户体验，将应用物联网和 IT（信息技术）/OT（运营技术）集成作为数字化转型的两大特征；

（5）更具战略性地、更有效地使用云技术，提高员工生产力、安全性和灵活性，将本地部署和公共云服务用于应用程序和数据，与同行相比，更多地使用 SaaS 应用程序；

（6）发展混合云，实现对制造环境端到端的控制；

（7）在利用人工智能和深度学习方面处于领先地位，以实现制造业务的转型。

7.1.4 西门子

> **专栏 7-4**
>
> **数字化转型评价要素：** 综合考量公司在产品生命周期价值链、资产运营价值链、业务履约价值链这三条价值链上的表现。
>
> **数字化转型实施路径：** 发展方向和业务目标梳理、管理运营表现评估、数字化摸底、适配数字化转型的管理运营再造、基于中台理念的数字化解决方案实施。
>
> ——西门子《明晰路径　推动企业数字化转型》

《明晰路径　推动企业数字化转型》报告主要分析了西门子“dTAT 数字化转型评测工具箱”，助力企业找到适合自己的数字化转型之路。dTAT 数字化转型评测工具箱主旨为系统性推动企业数字化转型，整合数字化举措和中台理念，提升管理运营表现。dTAT 数字化转型轮舵如图 7-4 所示。

产业生命周期价值链具体指标：产品利润率、产品研发时间及其预测准确度、产品研发总成本及其预测准确度、产品故障率。

资产运营价值链具体指标：设备综合效率（Overall Equipment Effectiveness，OEE）、设备投资回收年限及其预测准确度、生产成本占销售额的比例、交付前非一致性成本占销售额的比例。

业务履约价值链具体指标：订单交付时间及准时率、现金循环周期、交付后非一致性成本占销售额的比例。

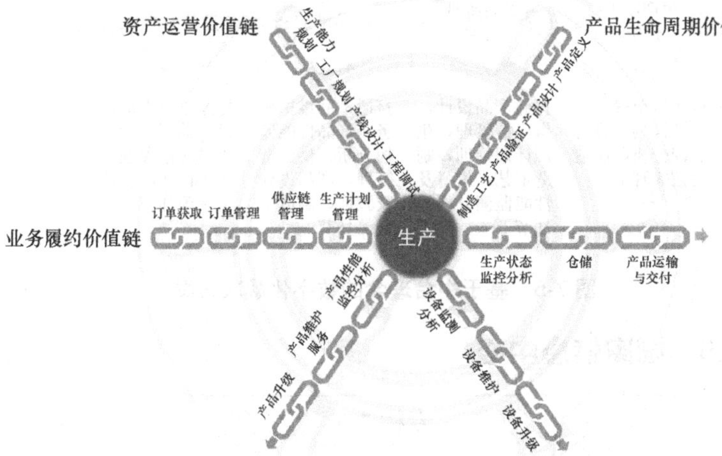

图 7-4　dTAT 数字化转型轮舵

数字化转型实施路径：

一是发展方向和业务目标梳理。分析企业的使命愿景、发展状况、市场及客户等信息，帮助企业选择最合适的发展方向，并制定可行而有挑战性的业务目标。

二是管理运营表现评估、数字化摸底。通过数字化转型航海图，对管理运营表现进行定性和定量的分析，识别薄弱环节，对实际和期望的状态进行精准定位；通过数字化能力基础和数字化应用情况两部分摸底数字化程度，并定位与管理运营表现薄弱环节的关联关系。

三是适配数字化转型的管理运营再造。对业务流程、组织架构、公司治理、企业文化、人才管理体系、财务体系等进行优化再造以保证实现数字化转型价值的最大化。

四是基于中台理念的数字化解决方案实施。传统的数字化手段难以实现不同价值链的协同，而中台技术可以结合 IoT 连接技术，全面打通 IT/OT 数据，打破各个独立子系统、数据源之间的壁垒，对复杂多元的异构数据进行整合，实现产品价值链、资产运营价值链、业务履约价值链之间的数据融合，通过增强数据的获得性、标准化和流通性以增强数字化转型的影响，开发为企业创造价值的应用。基于中台理念的数字化解决方案如图 7-5 所示。

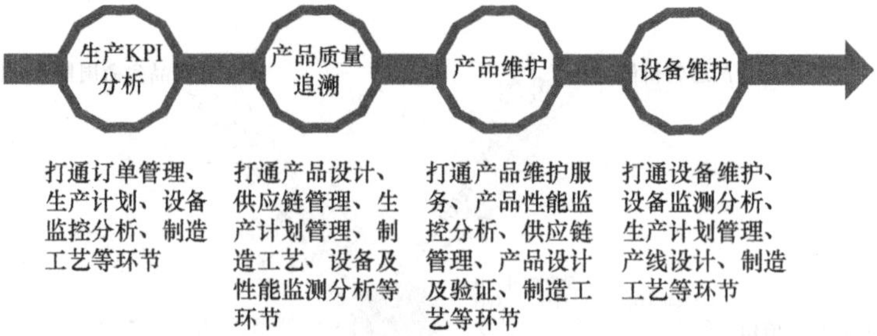
生产KPI分析
产品质量追溯
产品维护
设备维护
打通订单管理、生产计划、设备监控分析、制造工艺等环节
打通产品设计、供应链管理、生产计划管理、制造工艺、设备及性能监测分析等环节
打通产品维护服务、产品性能监控分析、供应链管理、产品设计及验证、制造工艺等环节
打通设备维护、设备监测分析、生产计划管理、产线设计、制造工艺等环节

图 7-5　基于中台理念的数字化解决方案

7.1.5　国家信息中心

> **专栏 7-5**
>
> **数字化转型实施路径：**数据要素驱动、科技平台支撑、品牌价值赋能、生态融合共生、政府精准施策。
>
> ——国家信息中心《携手跨越 重塑增长》

国家信息中心信息化和产业发展部与京东数字科技研究院共同推出《携手跨越　重塑增长》中国产业数字化报告（7.1.5 节中以下简称“报告”）。报告详细介绍了产业数字化的意义、特点及发展趋势、企业数字化转型过程中的困难、数字化转型路径和各行业案例。

产业数字化发展在不同的角度有不同的定位（见图 7-6）：从**国家层面**思考产业数字化与提升国家数字生产竞争力，打造数字强国之间的关系；从**产业角度**思考产业数字化在产业结构优化升级、产业效能提升中的独特作用；从**企业微观**角度，思考产业数字化在加速商业模式变革、降低生产运营成本、打造数字化企业等过程中的战略意义。

报告指出五项产业数字化推进的主要着力点。**一是数据要素驱动**，精准触达客户需求，催生全新商业模式。**二是科技平台支撑**，推动其成为产业要素资源的连接器、提升企业数字合力的加速器和培育新型产业组织的孵化器。**三是品牌价值赋能**，推动品牌价值线上线下转移融合，成为产业数字化转型的新“亮点”。**四是生态融合共生**，构建线上线下融合共生的全新产业生态体系，促进传统企业与数字科技企业跨界融合。**五是政府精准施策**，创新数字化发展政策环境，提供全天候无忧撮合服务和精准靶向服务。

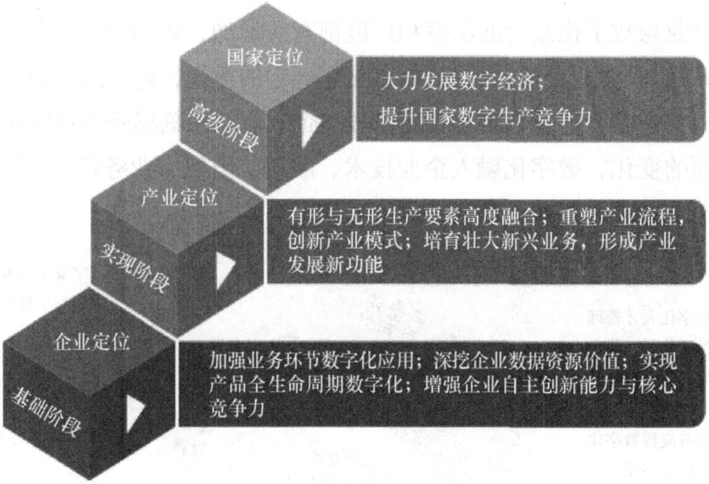

图 7-6　产业数字化发展定位示意图

7.1.6　上海交通大学

> **专栏 7-6**
>
> **数字化转型评价要素：数字战略、数字组织、数字业务、数字技术。**
>
> ——上海交通大学《中国企业数字化转型研究报告》

上海交通大学《中国企业数字化转型报告》（7.1.6 节中以下简称“报告”）探讨了数字化的定义、发展形势和未来趋势。报告的核心内容针对的是企业的数字化转型评价体系。

报告将企业数字化构成划分为四个维度，一是**数字战略**，二是**数字组织**，三是**数字业务**，四是**数字技术**。数字战略维度下三级指标与二级指标相同；数字组织维度包含数字制度与文化、数字人力资源、数字生产运营；数字技术维度划分为两个子维度：数字基础设施、数字安全；数字业务维度划分为数字效益和数字营销。

报告建立起上海交通大学海外教育学院企业数字化发展指数模型（见图 7-7），并通过层次分析法确定出不同指标的权重，最后借助模糊综合评价法可直接用于企业数字化发展的评价。评价结果划分为数字化起步阶段、数字化成长阶段、数字化智慧阶段三个等级。

在**数字化起步阶段**，企业开始意识到数字化的重要性，但仅仅将数字化作为一种尝试，因此在各个方面与数字化的结合尚且不紧密。在**数字化成长**

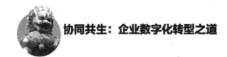

阶段，企业与数字化结合的深度和广度都有所增加，数字化对企业影响较为明显，并且在这一阶段，企业对数字化有一定的重视，内部组织管理与数字化技术能够相融合。在**数字化智慧阶段**，企业能够深刻感受到数字化带来的方方面面的变化，数字化融入企业技术、战略、组织、业务各个层面。

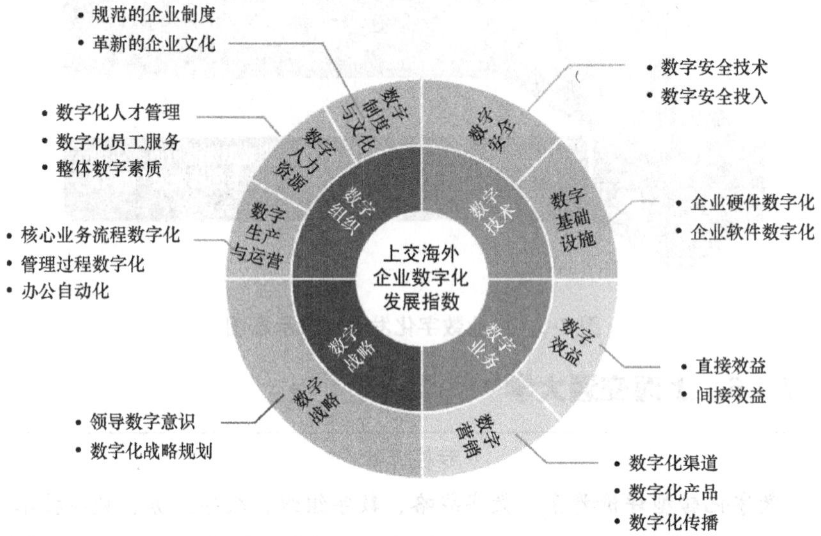

图 7-7 上海交通大学海外教育学院企业数字化发展指数模型

7.1.7 华为

> **专栏 7-7**
>
> **数字化转型实施路径：**坚持一个企业级转型战略，创造两个保障条件，贯彻三个核心原则，推进四个关键行动。
>
> ——华为《行业数字化转型方法论》

华为《行业数字化转型方法论》白皮书主要介绍数字化转型的时代背景、内涵与特点、实施路径及华为数字化转型的探索与实践。

数字化转型实施路径方面，《行业数字化转型方法论》中提出“1234架构”（见图 7-8）。即坚持 1 个企业级转型战略，创造 2 个保障条件，贯彻 3 个核心原则，推进 4 个关键行动。

坚持 1 个企业级转型战略。以战略为指引开展数字化转型，将大大提高转型成功的概率。数字化转型战略主要包括数字化转型愿景和使命。

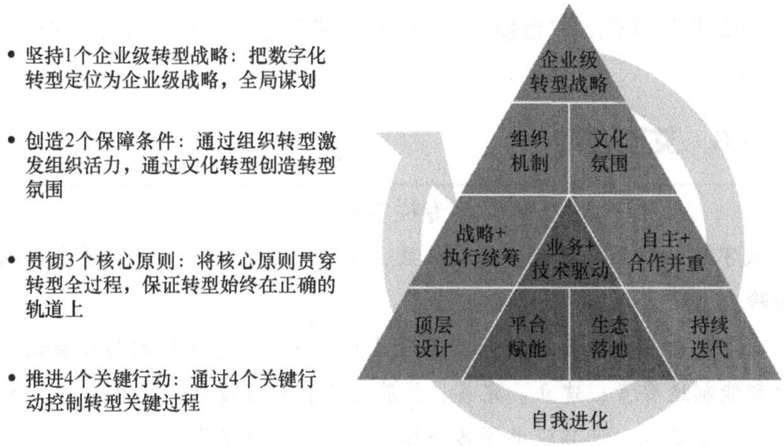
• 坚持1个企业级转型战略：把数字化转型定位为企业级战略，全局谋划
• 创造2个保障条件：通过组织转型激发组织活力，通过文化转型创造转型氛围
• 贯彻3个核心原则：将核心原则贯穿转型全过程，保证转型始终在正确的轨道上
• 推进4个关键行动：通过4个关键行动控制转型关键过程
企业级转型战略
组织机制
文化氛围
战略+执行统筹
业务+技术驱动
自主+合作并重
顶层设计
平台赋能
生态落地
持续迭代
自我进化

图 7-8 《行业数字化转型方法论》提出的“1234 架构”

创造 2 个保障条件。组织机制保障：需要明确转型的责任主体，制定合理的组织业务目标，配套考核和激励机制，优化组织间协作流程。**文化氛围保障**：要不断培养转型文化理念，激发个体活力，为员工营造好的转型环境，形成数字化转型的动力源泉。

贯彻 3 个核心原则。原则一，**战略与执行统筹**。数字化转型过程中战略和执行并重。战略强调自上而下，找到行动的目标，路径指导具体的执行；执行强调自下而上，将新技术和具体的业务场景结合起来，从而找到价值兑现点。原则二，**业务与技术双轮驱动**。从业务视角主动思考转型的目标和路径，将转型落实到具体的业务运作中，通过持续的探索和学习，把新技术的威力变为实际的业务价值，推动业务持续转变。原则三，**自主与合作并重**。转型是否成功关键在企业自身，企业要实现转型的自我驱动。对于非核心能力，企业应充分利用外部力量，快速补齐能力短板为自身发展构建互利共赢的生态体系。

推进 4 个关键行动。顶层设计：主要包括价值发现、蓝图绘制和路径规划三个主要阶段。**平台赋能**：通过建设支撑数字化转型的平台，有效沉淀业务经验，逐步积累数字资产，平滑演进技术架构。**生态落地**：以生态方式构建数字化系统，可以吸引多类型厂商协同联动，优势互补。数字化系统建设所需的生态合作资源，通常包括咨询设计服务、应用服务、技术平台服务、系统集成服务、运营安全服务和投融资服务等。**持续迭代**：数字化建设的迭代是分层的，不同的分层以不同的周期迭代和演进。迭代类型主要包括功能级的“短周期”迭代、平台能力级的“中周期”迭代和规划设计级的“长周期”迭代。

7.1.8 艾瑞咨询

> **专栏 7-8**
>
> **数字化转型评价要素：**预期收益、实施难度、成本下降、资金投入、时间跨度。
>
> **数字化转型实施路径：**制定合理且有延续性的整体规划与顶层设计；获取智能制造要素；建立、完善、扩展企业在研发设计、生产制造、物流仓储、订单获取、产品服务等各个环节的“智造能力”。
>
> ——艾瑞咨询《2019 年中国制造业企业智能化路径研究报告》

艾瑞咨询《2019 年中国制造业企业智能化路径研究报告》系统梳理了智能制造的概念内涵、构成要素与整体架构，并以制造业企业应围绕自身核心痛点搭建智能制造系统为切入点，提出企业要沿着“智能制造要素→智能制造能力→智能制造系统”的发展方向，分阶段且持续性地获取智能制造要素，建立、完善、扩展企业在研发设计、生产制造、物流仓储、订单获取、产品服务等各个环节的智能制造能力，最终形成完整、高效、科学的智能制造系统。

艾瑞咨询对制造业企业生产活动中各个环节的六种典型智能制造能力从**预期收益、实施难度、成本下降、资金投入、时间跨度**五个维度进行分析评价（见图 7-9），并以此为基础提出智能化路径。具体为：数字化设计——缩短研发周期、降低研发成本、对接制造环节；智能制造单元——提升设备

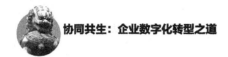

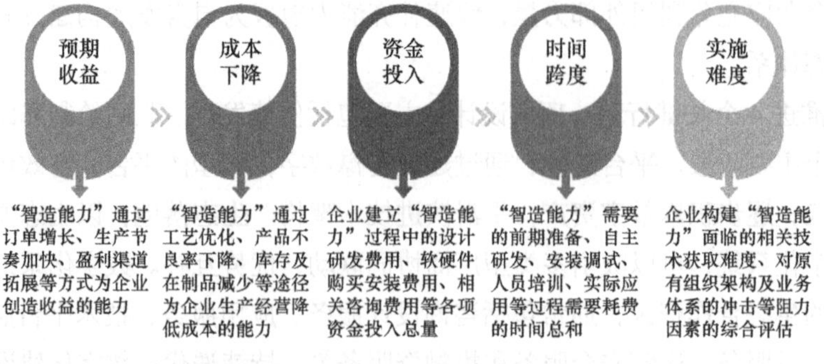
预期收益
成本下降
资金投入
时间跨度
实施难度
“智造能力”通过订单增长、生产节奏加快、盈利渠道拓展等方式为企业创造收益的能力
“智造能力”通过工艺优化、产品不良率下降、库存及在制品减少等途径为企业生产经营降低成本的能力
企业建立“智造能力”过程中的设计研发费用、软硬件购买安装费用、相关咨询费用等各项资金投入总量
“智造能力”需要的前期准备、自主研发、安装调试、人员培训、实际应用等过程需要耗费的时间总和
企业构建“智造能力”面临的相关技术获取难度、对原有组织架构及业务体系的冲击等阻力因素的综合评估

图 7-9 “智造能力”的五维评价体系

使用率，带动企业加快生产节奏，增加产出与效益；生产全过程数字化——打通数据→整合优化→互联互通→降本增效；智能物流仓储系统——让一切物理实体流动起来，节省空间、时间与人力资源；大规模定制平台——打造向大规模定制转型的入口，提升品牌价值与用户黏性；产品远程运维服务——以智能化服务拓展商业模式，推动价值链向后延伸。

7.1.9　毕马威

> **专栏 7-9**
>
> **数字化转型实施路径：**长尾重构——规模化供给解决定制化需求；敏捷响应——精准捕捉用户需求，快速推出新产品；智能决策——工业大脑结合行业洞见，重构人机边界；高度协同——工业互联、云中台助力大型集团构建高度协同的智能制造生态体系。
>
> ——毕马威《从工具革命到决策革命——通向智能制造的转型之路》

毕马威与阿里巴巴研究院共同推出《从工具革命到决策革命——通向智能制造的转型之路》报告（7.1.9 节中以下简称“报告”）。报告以“数据+算力+算法”这一大技术体系为核心，从产业链的视角详细阐述了科技对制造业五大生产环节的全面提升和重构，并在此基础上提出了智能制造的四条赋能路径，全面解读智能制造带来的“工具+决策”两个维度的革命性机遇。

报告指出智能制造的四条赋能路径。长尾重构——规模化供给解决定制化需求。C2M（Customer-to-Manufactory，顾客对工厂）定制化生产模式，成为这轮产业革命的新趋势。该模式可以应对高度碎片化、个性化的需求，并对各种新的需求做出实时、精准、科学的响应。**敏捷响应——精准捕捉用户需求，快速推出新产品。**敏捷制造是指制造企业采用现代通信手段，通过快速配置各种资源（包括技术、管理和人员），以有效和协调的方式响应用户需求，实现制造的敏捷性。**智能决策——工业大脑结合行业洞见，重构人机边界。**一个完整的工业大脑由四块关键拼图组成，分别是云计算、大数据、机器智能与专家经验。只有将工业大脑与行业专家的洞见结合起来，才能确保机器智能与实际业务需求吻合，开发出能够实现生产的低成本和高效率的模型与算法，切实减少生产过程中的浪费、停滞与低效。**高度协同——工业互联、云中台助力大型集团构建高度协同的智能制造生态体系。**工业互联网平台的协同作用可以体现在企业内部的制造协同、企业间的产能协同、不同种类产业间的产业协同和企业与金融行业的产融协同等。

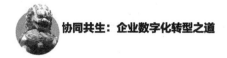

7.1.10 H3C

专栏 7-10

数字化转型评价要素：业务实现与支持方面、技术实现与质量方面、组织治理与运营。

数字化转型实施路径：顶层规划、战略框架设计、技术架构设计和工程实施设计（四视角法）。

——H3C《数字化转型实现之道》

H3C《数字化转型实现之道》主要介绍数字化转型的定义、企业进行数字化转型的原因、措施及 H3C 数字化转型实践。

数字化转型的本质：借助数字化技术，促进企业与组织能够在变革的数字化世界中创造更大的价值，展现更强健的生命力。

《数字化转型实现之道》指出数字化转型主要包括顶层规划、战略框架设计、技术架构设计和工程实施设计（四视角法）。顶层规划主要包括五部分，每个阶段主要任务描述如图 7-10 所示。

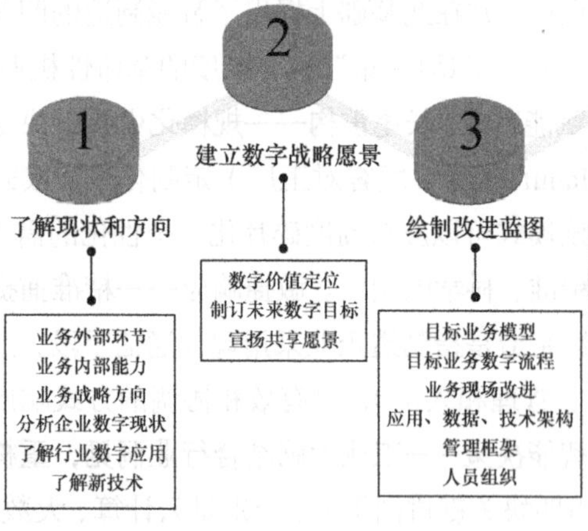

图 7-10 顶层规划阶段

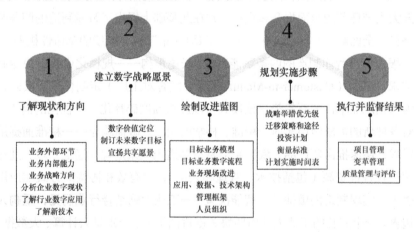

战略框架设计包括四部分。一是业务战略，发现数字化转型愿景与现状的差距。二是企业架构，建立数字化组织。三是业务现场，形成全局的数字化视野。四是 IT 架构，包括应用架构、数据架构和技术架构，根据业务模型设计及业务现场改造，建立相对应的技术架构，主要包括数字化安全、运营、平台和数据分析。架构确定后，确定目标工程组合并给予优先级排序，持续实施跟进，通过业务视角、功能视角、实施视角、技术视角四个方面规划。

《数字化转型实现之道》针对数字化现状的数字化成熟度评估，推荐从业务实现与支持方面、技术实现与质量方面、组织治理与运营方面三个维度进行评估。

7.1.11　WEF

专栏 7-11

数字化转型评价要素：数字化牵引力公式（数字化牵引力=规模×主动使用×互动方式）。

数字化转型实施路径：制定数字化业务模式、制定数字化运营模式、培养数字人才、提高技能。

——WEF《世界经济论坛白皮书　行业数字化转型》

企业进行数字化转型不仅要投资最新的技术，还要展开更为深刻的变革。企业需要寻找新的业务模式，从根本上重塑运营模式，完善吸引和培养数字人才的方式，并重新思考如何衡量业务是否成功。《世界经济论坛白皮书　行业数字化转型》主要关注数字化业务模式、数字化运用模式、数字化人才与技能、数字化牵引力指标四个方面。

传统的财务指标已经不能再有效衡量数字化企业的成功与否。无法衡量自身数字化举措是否成功的企业，应当在年报以外，借助数字化牵引力指标来获取洞见。企业若想从数字牵引力指标中获益，需要培养实时追踪能力。

数字化牵引力公式：数字化牵引力=规模×主动使用×互动方式。其中，**规模**从访问量、单独用户数、注册用户数、注册数月环比增长率、自然增长用户获取。**主动使用**包括活跃用户数、每日活跃用户数（Daily Active User，DAU）、月度活跃用户数（Monthly Active User，MAU）、新用户与客户总数的比例、重复用户与客户总数的比例、转换率、终止率。**互动方式**包括净推荐值、客户满意度指数、下载量、具有业务重要性的年龄段客户保留率指标、网站停留时间、跳出率、流量来源、客户集中度风险、客户流出率和客户退出率的比例、贡献型发帖量、点赞量和分享量等。

企业领导者需了解五大技术趋势，并以此深度思考自身企业如何完成数字化转型，消除关于数字化转型的误区，制定合理的数字化战略。《世界经济论坛白皮书　行业数字化转型》提出的数字化能力框架如图 7-11 所示。

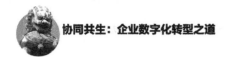

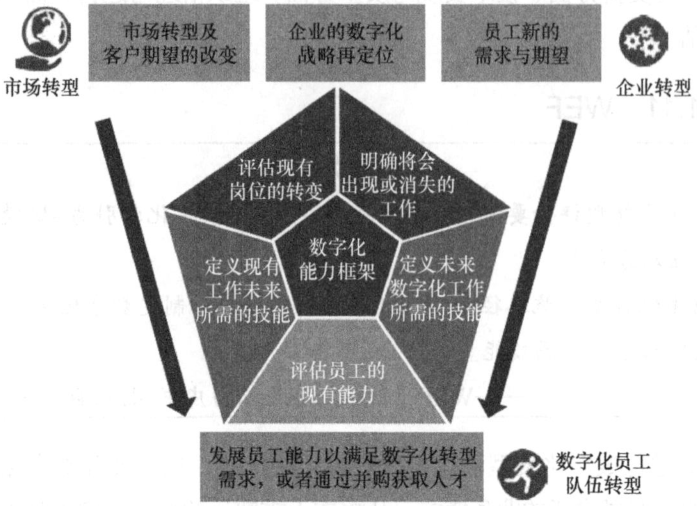

图 7-11　数字化能力框架

明确企业需要做什么，制定数字化业务模式。企业需要从根本上改变自身识别、创建和启动全新业务的方式。**明确企业如何做，制定数字化运营模式。**通过针对数字化时代而设计的运营模式原型，提高企业数字化运营能力。企业制定数字化运营模式，需要打造有效的数字化战略。**明确企业需要与谁合作才能成功，培养数字人才并提高技能。**创造拥有数字技能的员工队伍，发展员工能力以满足数字化转型的需要。

7.1.12　Gartner

> **专栏 7-12**
>
> **数字化转型实施路径：IT 运营模式变革、商业模式变革。**
>
> ——Gartner

1. 数字化转型系统性工作

Gartner 编写的 Gartner 规划指南系列报告，帮助技术专家了解关键技术趋势、制订行动计划、评估架构选项。2019 年，Gartner 规划指南系列的重点是数字生态系统的构建，2020 年 Gartner 从数字化转型视角分别撰写了《2020 年规划指南：云计算》《2020 年规划指南：基础设施、运营》及《2020 年规划指南概述：构建数字化转型技能》三篇报告对企业数字化转型进行指导。

2. 数字化转型的概念

数字化转型的实现路径可分为技术和业务两种，具体技术包括 5G、人工智能、区块链和云。企业的数字化转型之旅是一个循序渐进、不断摸索的过程。在这个过程中，企业面对技术发展、市场需求变化等动态复杂的外部因素需要时刻保持“敏捷”。数字化转型的终点即最终考核目标是商业模式是否产生了创新。这种创新不单指“从一家传统金融服务企业转变为一家数字科技公司”的这种巨变，更多是指可以促进公司业绩增长的商业模式优化与改变，如从线下转为线上、从单一渠道变成全渠道。

3. 数字化转型的实施方法和路径

数字化转型的重点可以归结为“一个‘转型’下的两个‘模式’变革”。具体而言，第一个模式是指“IT 运营模式”——IT 运营模式变革会涉及 IT 战略与治理、IT 组织架构设计、产品研制。另一个模式是指“商业模式”。在商业模式创新的大背景下，新零售、大数据分析与运用能力及中台是目前的热门话题和概念。

为支持数字化转型，企业在规划应用架构时应顺应三大趋势。

1）用 MAMS 架构指导应用架构的规划

Gartner 认为，目前流行的“中台”概念的关注重点是如何把具有共性的业务模块集合起来，以提升对业务的响应速度，但针对如何提供最佳用户（内部和外部）体验，以满足用户在不同场景和不同设备上的使用需求，中台未能提供答案。中台也没有回答如何在前台和后台之间建立最佳的集成方式，让二者各自独立又能灵活对接。

MAMS 框架在这三个层面（前台用户体验、后台服务、系统对接）上都给出了战略性建议，让企业应用负责人能规划面向未来的数字化应用架构。Mesh 应用和服务架构如图 7-12 所示。

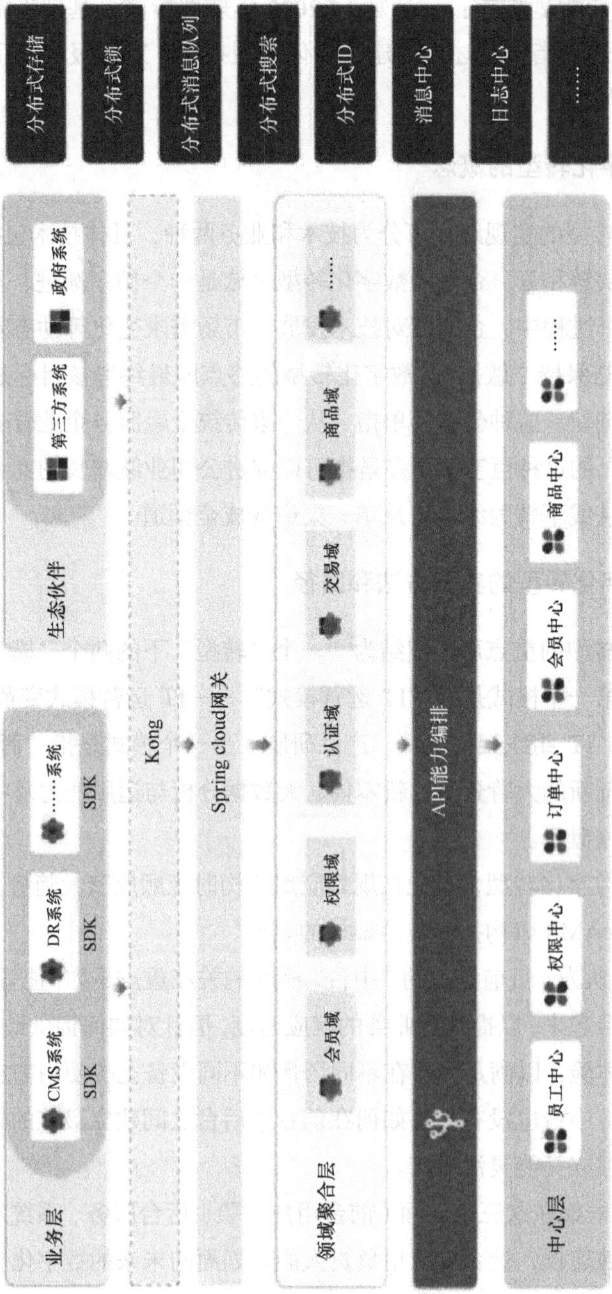

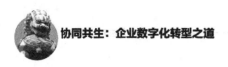

图 7-12　Mesh 应用和服务架构

2）制定应用程序编程接口（Application Programming Interface，API）平台战略

数字化转型时代下，企业业务数据呈几何级增长，企业 IT 架构越来越难以满足企业敏捷创新应用和新业务拓展的需求。如何让业务架构更灵活、敏捷、轻量级，是企业数字化转型的关键命题。一种以 API 为主要媒介的解耦合集成方式应运而生，并正在成为企业 IT 架构新的发展方向。

Gartner 在 2019 年针对 API 使用和策略做过的一次调研结果也印证了这一趋势。该调研数据显示，有 98%的被调查者表示目前正在使用 API，正在实施 API 或计划在来年使用 API。有 88%的参与调查的受访者表示他们正在使用或计划使用内部 API。

不过，仅开放 API 接口是不够的，因为这会带来管理上的混乱。这也是中台的一个弊端：当企业采用多个中台解决方案时，每个方案都是一套 API，如何管理这些 API，让开发团队和终端 App 能方便和安全地调用，这将是一个很大的问题。API 平台是能否成功的一个至关重要的因素，它在 API 解析层的基础上建立了 API 的管理机制、发布机制，以及产品管理机制，这样才能最大限度发挥 API 的作用，让 MAMS 架构"活而不乱"。

3）建立事件处理架构

事件处理架构其实已经存在很久了，但是并没有得到广泛应用。现在数字化业务对服务和响应速度提出了更高要求，越来越多的实时业务需求（如电商）、新型用户终端（如物联网设备）和自动化（如数字孪生）的需求让事件处理型架构有了更多的使用场景。企业应用负责人可以根据业务的具体需求适时采用相应的事件处理型技术。

企业 IT 系统要满足数字化时代的转型需求，就必须在性能特性和服务体验上有所完善：从快速开发上线等敏捷创新的需求，到企业业务数据实时在线的需求，再到能支持边缘计算、AI 的需求等。IT 系统需要具备多方面的技术特性，才能够支持企业在数据资产成为运营核心的当下，重塑企业新的核心竞争力。

7.1.13 普华永道

专栏 7-13

数字化转型评价要素：识别、保护、检测、响应和恢复。

数字化转型实施路径：遵循基于风险的方法和标准框架，以加强“识别”功能；确保网络安全策略与业务发展并进；使用自动化及新兴科技提高网络安全能力；制订治理计划，以遵守外部监管要求；将网络安全管理作为企业层面的事项，而非将其归为 IT 事项；灵活响应和改进。

——普华永道《2019 年数字信任洞察之中国报告》

《2019 年数字信任洞察之中国报告》显示，中国企业的网络安全团队多数仍处于“被动应对风险”阶段，数字化转型要求其主动识别风险。近年来，随着人工智能、区块链、云计算和 5G 等新兴技术的发展，许多企业正在快速进行数字化转型，以提高运营效率。

普华永道中国网络安全和隐私保护服务合伙人李睿指出，科技企业正在引领中国数字化新趋势，部分传统企业对于如何完成数字化转型茫然无措。一些企业将数字创新流程外包给第三方技术供应商，其他企业则经历由监管机构及行业协会等推动的数字化转型。通过访问 121 位中国企业高管发现，28%的受访者认为数据治理或隐私保护将成为数字化转型道路上最为严峻的风险。然而，根据美国国家标准与技术研究院（NIST）发布的《网络安全框架》，在识别、保护、检测、响应和恢复五个方面的网络安全管控中，中国网络安全团队在“响应”和“保护”两项功能中成熟度最高，在“识别”功能中成熟度最低。这一情况说明调研受访者只处于响应状态，在风险发生后采取缓解措施，而未能充分识别风险并防患于未然。

普华永道中国网络安全和隐私保护服务合伙人冼嘉乐表示，采用基于风险的方法开展网络安全活动，使用标准框架进行自我管理，才能恰当预测和管理系统、人员、资产、数据及性能方面的网络安全问题。侦测到事故后为企业提供支持，只能减弱或遏制事件影响。为了帮助中国企业应对数字化转型带来的潜在风险，《2019 年数字信任洞察之中国报告》提出了一些建议，比如遵循基于风险的方法和标准框架，以加强“识别”功能；将网络安全管理作为企业层面的事项，而非将其归为 IT 事项等。

7.1.14 国务院发展研究中心

专栏 7-14

数字化转型评价要素：数字化的 IT 架构、数字化的投入和数字化与行业的结合程度。

数字化转型实施路径：构建数字经济的战略体系；完善数字化基础设施建设；形成制度保障体系；探索教育和人才培养机制；打造自主可控的数字化赋能平台；塑造促进产业数字化转型的创新体系；形成大中小企业协同发展的数字化产业格局；构建开放、协同、融合的数字化生态体系。

——国务院发展研究中心《传统产业数字化转型的模式和路径》

国务院发展研究中心管理世界杂志社与戴尔集团从 2017 年年初开始，合作开展了“传统产业数字化转型的模式和路径”课题研究。《传统产业数字化转型的模式和路径》报告（7.1.14 节中以下简称“报告”）主要包括传统产业数字化转型的内涵、国际经验、实践、模式和支撑条件、战略和路径及主要措施。

报告认为，数字化发展程度的评价标准主要包括数字化的 IT 架构、数字化的投入和数字化与行业的结合程度三个维度。

（1）数字化 IT 架构。数字化转型的过程中，IT 架构的演进一般遵循：传统 IT 架构→私有云或公有云→混合云→混合云平台+敏捷开发，最终的架构为混合云平台+敏捷开发。根据企业 IT 架构的类型，可以评价企业 IT 架构所处的数字化转型阶段。

（2）数字化的投入。通常在传统企业或者转型初期的企业中，大量的投入被用于购买 IT 硬件产品、系统的运维，随着转型的深入，投入逐步向软件和服务。最终的数字化阶段，企业的 IT 投入应该以完全购买服务及解决方案为主，硬件变成以租代购，软件云化。因此，服务、解决方案与企业的业务发展最为密切，也将是企业数字化转型中最重要的投入。

（3）数字化与行业的结合程度。用 IT 投入与效率提升作为评价参数，把投资回报周期作为数字化与行业结合程度的重要标准。如果回收周期过长，则意味着数字化转型过于激进。如果回收期过短，则意味着转型力度不足。

7.2 代表性机构方法借鉴

7.2.1 围绕数字化转型的顶层设计需求

在系统梳理数字化转型共性影响因素的基础上，引入发展成熟度模型，聚焦数字化转型不同阶段特征进行探索。

埃森哲《中国企业数字化转型指数调查报告（2018）》将企业数字化转型划分为智能运营和数字创新两个维度，分别包括数字渠道与营销、智能生产与制造、智能支持与控制、产品与服务创新、数字商业模式、数字创投与孵化共 6 个二类、18 个三类、52 个四类指标。在此基础上，2019 版报告进一步在一级维度上新增主营增长维度，并将“数字创新”维度改为“商业创新”，二级指标按三大维度进行了重新归类，但数量和内容无变化。埃森哲将评估结果按照领军企业和一般企业进行阶段划分，并经过评估验证，认为数字化转型领军企业在推动基于数字生态系统的全业务转型，建立覆盖全生命周期的用户体验转型，推进智能、敏捷、可扩展的运营方式转型方面具有突出优势。德勤（2018）认为，应把企业数字化转型最高阶段——智能化作为出发点，从客户、策略、技术、运营、组织和文化五个维度 28 个要素进行评价，并引入了数字化成熟度模型，相对比较宏观。

7.2.2 围绕数字化转型的服务解决方案需求

从特定行业特征出发，聚焦与行业特点相适应的数字化转型方法论搭建框架。

西门子（2017）推出了中国企业数字评估工具，建立了战略规划、组织管理、系统集成、生产现场、数据管理、数字化应用六维五级评价体系，并发现不同行业数字化指数差异较大。用友企业数字化研究院（2017）对大中型企业数字化转型开展了一系列研究，总结出 7 个企业数字化实践路径，分别为：数字化营销、智能化制造、共享型服务、进化型组织、社会化商业、泛在化金融、云架构支撑。用友更倾向于对新零售企业转型的探索，关注企业制造、服务、营销等各个环节。华为（2019）提出行业数字化转型“1234 架构”，即坚持一个企业级转型战略，创造组织机制和文化机制两个保障条件，贯彻“战略+”执行统筹、“业务+”技术驱动，“自主+”合作并重三个核心原则，推进顶层设计、平台赋能、生态落地、持续迭代四个关键行动，宏观性强，但具体落地需要更多指导。

7.2.3　围绕数字化转型的水平测算需求

立足行业类别，从数字化转型关键要素和能力出发，提出建立企业数字化转型水平评估体系的建议。

上海交通大学提出“四维”企业数字化转型发展指数模型，从数字战略、数字组织、数字业务、数字技术等层面进行评价，将转型阶段划分为数字化起步、数字化成长、数字化智慧三个等级，并分别定义了四个维度的阶段性特征，为企业数字化转型重构提出建议。陈畴镛等结合制造企业数字化转型特点，认为制造技术与信息技术的融合是制造企业数字化转型的起点，对生产制造、组织管理变革具有决定性影响，并提出制造企业数字化转型应从技术变革、组织变革和管理变革 3 个一级指标、8 个二级指标、26 个三级指标，通过企业填报并经专家评分核验进行评估。艾瑞咨询（2019）立足智能制造实施路径，从预期收益、实施难度、成本下降、资金投入、时间跨度等方面评估转型能力，更侧重企业推动数字化转型的基础条件和预期成效。陈春花基于实践经验提出，坚定的领导者、技术穿透、对的人、双业务模式、开放性组织、协同共生文化是传统产业数字化转型的六大能力，相对宏观，缺乏可操作性。

第8章

明晰路径——构建我国企业数字化转型水平评估体系的基本设想

8.1 实施框架的提出

企业数字化转型不是简单的新技术应用，而是战略思维、组织架构、业务流程、商业模式等全方位的转变。企业数字化转型既是战略转型，又是系统工程，需要探索体系化的实施框架。结合对企业数字化转型内涵及特征的再认识，梳理重点行业企业数字化转型的要素、重点和应用场景，对比各研究机构对企业数字化转型的理论框架和评价体系，按照企业“上云”“用数”“赋智”实施路径，建立了包含战略数字化、设施数字化、资源数字化、要素数字化、业务数字化、数字化效益在内的企业数字化转型“六化模型”，如图 8-1 所示。

战略数字化是企业数字化转型的思想引领。企业领导层把数字化转型作为系统工程，在理念统一、目标设定、路径选择、要素投入等方面进行统筹规划、顶层设计和系统推进，建立一把手负责制的数字化转型实施团队，构建符合数字运行特点的组织机制和激励机制，从体制机制层面保障数字化转型变革创新的成功。一是企业领导层主导推动数字化战略实施，制订战略规划及行动计划，并进行持续资金投入。二是开展扁平化管理，构建以项目（任务）为导向的自组织架构，促进员工参与不同团队，最大限度发挥技能。三是提升员工数字技能，加强对技术创新人才、数字化应用型人才、数字化转型管理型人才等的激励，调动员工主动贡献、共享收益的积极性。

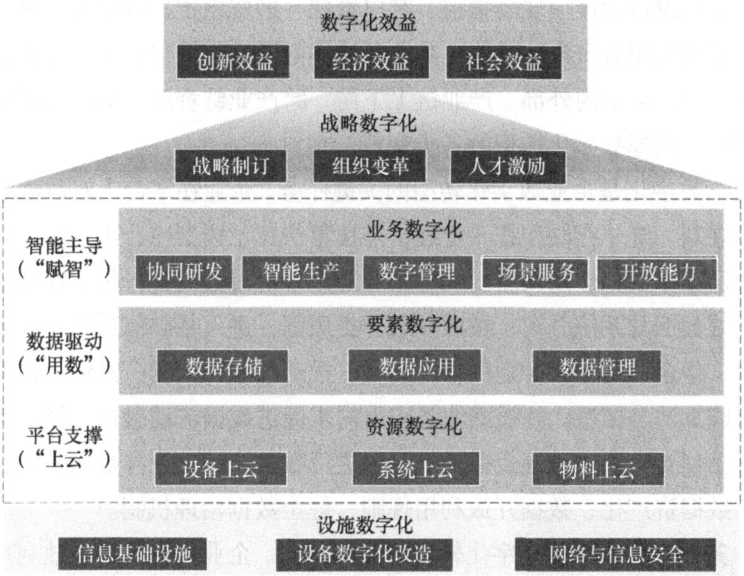

图 8-1　企业数字化转型“六化模型”

（资料来源：赛迪智库整理。）

设施数字化是企业数字化转型的基础支撑。企业充分运用 5G、物联网、NB-IoT、云计算、边缘计算等数字技术，推动硬件设施的系统、接口、网络连接协议等向标准化升级，促使设施具备互联互通和安全防护能力，形成支撑数字化转型的基础底座。一是企业部署高质量专线、高速以太网及 TCP/IP、TSN 等信息通信网络基础设施，对设备、软件、数据采集和应用等进行数字化改造，实现 IT 网与 OT 网融合泛在互联和多源异构数据流转。二是企业设施在互联互通基础上，产品与设备之间、不同的设备之间及数字世界和物理世界之间能够实时联通、相互识别和有效交流，确保对设施数据的边缘采集和传输。三是企业利用专门信息安全技术保障网络环境、数据采集、系统集成等方面的可用性、完整性、保密性检测与管理。

资源数字化是企业数字化转型的必要路线。企业基于“云基础设施+云计算架构”搭建平台，推动生产全过程。设备、系统、物料等全资源通过虚拟化、结构化手段向云端迁移，构建巨大的资源池，支撑企业高效汇聚、动态配置各类资源。一是云平台基础设施即服务（IaaS）的虚拟化。二是业务系统在云平台上实现互操作。三是人、机、物、料、法、环等生产资料信息在云平台实现汇聚。企业可通过两种方式搭建平台：一方面，通过外部成熟平台，采购设备管理、现场管控、客户管理、融资租赁、供应链金融、能源优化等专业化服务资源，赋能自身业务流程的数字化升级；另一方面，企业可自建平台，汇聚内外部、产业链上下游、跨产业链资源，推动基于平台的资源汇聚，支撑数字化转型的各类变革。

要素数字化是企业数字化转型的关键任务。企业在平台上对数据资源进行统筹规划、统一存储和统一管理，搭建算法库、模型库、工具库，以各类数据融通支撑数据应用创新。一是企业基于平台对数据进行集中存储，推进各类系统数据与系统分离，按照分级分类原则，进入基础信息库、业务信息库等。二是企业利用平台提供软件工具，推动技术、工艺、方法、知识等显性化形成算法、模型，并根据业务应用需求促进数据流动融通，经分析挖掘实现数据创新应用。三是企业基于平台进行数据管理，完善数据采集、数据共享、数据资产化、数据开放利用规则，健全数据治理机制。

业务数字化是企业数字化转型的创新导向。企业基于数据开放利用，推动基于数据驱动的研发、生产、管理、营销、服务等业务流程的变革创新，逐步把数据作为价值创造的核心要素，形成新的数字业务和增值空间。一是协同研发，企业搭建内外部开放式研发创新平台，共建共享研发设计、工艺流程、质量检验、运行维护等行业共性知识图谱和机理模型库，开展基于数字样机的智能仿真、虚拟试验、交互体验和学习优化。二是智能生产，企业推动装备、产线、车间、工厂的智能化改造，打通生产现场数据流，促进生产制造全过程的全面感知、实时分析、精准执行和动态优化，实现生产物料精准配送、生产计划按需调整和生产管理智能决策。三是数字管理，企业通过业务系统数据的弹性供给和按需共享，实现一体化柔性经营管理和企业决策的智能化，使经营管理更精准有效。四是场景服务，企业利用平台开放交互能力，搭建以用户为中心的营销场景，丰富服务渠道，创新服务模式，优化服务手段，快速、动态地响应用户需求；更进一步推动数据的资产化运营，拓展跨界的增值服务。五是能力开放，企业通过搭建开发者社区等平台环境，汇聚多方创新主体，推动以 App 为载体的平台服务和能力的在线协同和交易，共同构建企业业务创新生态。

数字化效益是企业数字化转型的价值体现。企业在创新、经济和社会效益三个层面，实现效益增值和生态构建，促进价值创造机制的根本性突破。一是创新效益，企业通过数字化，在提升核心技术创新能力、缩短研发创新周期、促进创新成果产业化等方面取得成效。二是经济效益，企业通过数字化实现“两增一减”，即节约成本、降低库存、降低能耗等节本降耗效益，技术、规模、管理、配置等效率提升，产品质量升级、服务内容升级、品牌价值升级等效益增值。三是社会效益，即带动社会就业等方面的社会责任和价值升级。

8.2　评估体系的构想

8.2.1　基本原则

为开展企业数字化转型水平评估，我们在企业数字化转型实施框架的基础上，构建了企业数字化转型评估体系，突出数字化转型的“六化”特征，并兼顾引导性、科学性、实操性、可扩展性，目的是确保企业能够通过评估与对标，找准发展方向和实施重点，结合短板瓶颈问题，制订有针对性的策略和措施。具体遵循以下基本原则。

（1）从三大维度衡量企业数字化转型水平。综合来看，企业数字化转型“六化模型”，体现了技术、业务和价值三大维度，其中，价值重构是逻辑起点，技术支撑是工具，业务创新是内核，企业数字化转型以价值重构为主线，以技术支撑和业务创新为双轮驱动，实现技术和业务双向迭代。

从价值视角看，价值重构是企业数字化转型的逻辑起点，是企业基于平台通过全要素、全价值链和全产业链的连接、解耦和重构，实现对企业成本、质量、效益的优化和数字新技术、新产品、新模式的培育。企业数字化转型“六化模型”的价值维度如图 8-2 所示。

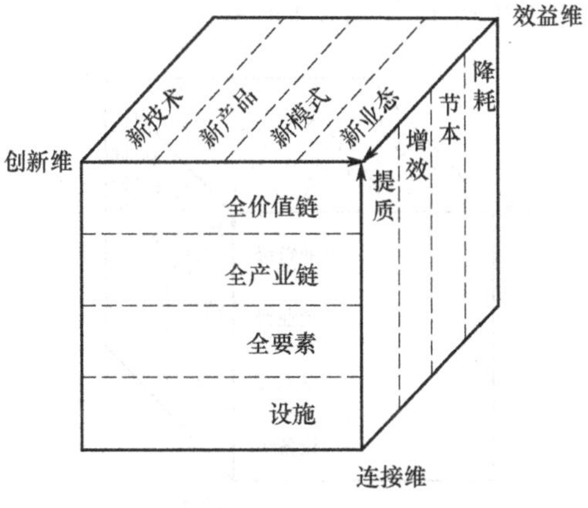

图 8-2　企业数字化转型“六化模型”的价值维度

（资料来源：赛迪智库整理。）

从技术视角看，5G、物联网、NB-IoT、云计算、大数据、人工智能、边缘计算等数字技术与互联网平台的深度融合，是企业开展数字化转型的重要载体。企业基于成熟的云计算架构体系，向下为各类资源要素的连接、采集提供统一接口，向上为各类资源汇聚、要素融通、模式创新、业态转型提供良好的运营环境。企业数字化转型“六化模型”的技术维度如图 8-3 所示。

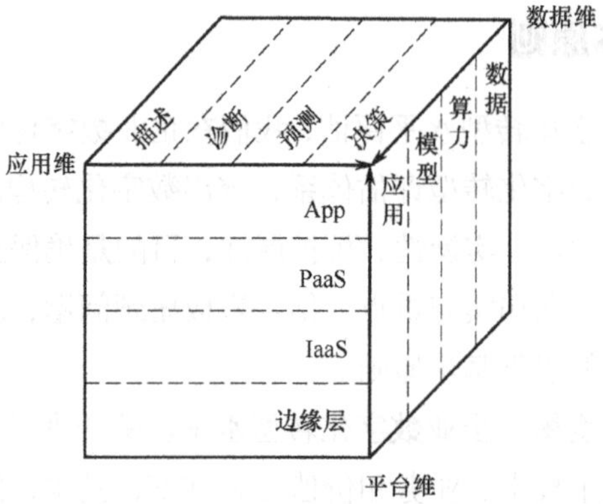

图 8-3 企业数字化转型“六化模型”的技术维度

（资料来源：赛迪智库整理。）

从业务视角看，企业开展数字化转型，是从切实解决企业的痛点问题作为出发点，通过分业施策、需求牵引、场景驱动，基于“计划（P）—执行（D）—检查（C）—处理（A）”的执行体系，对研发协同、智能生产、数字管理、场景服务、能力开放等业务变革创新进行迭代优化。企业数字化转型“六化模型”的业务维度如图 8-4 所示。

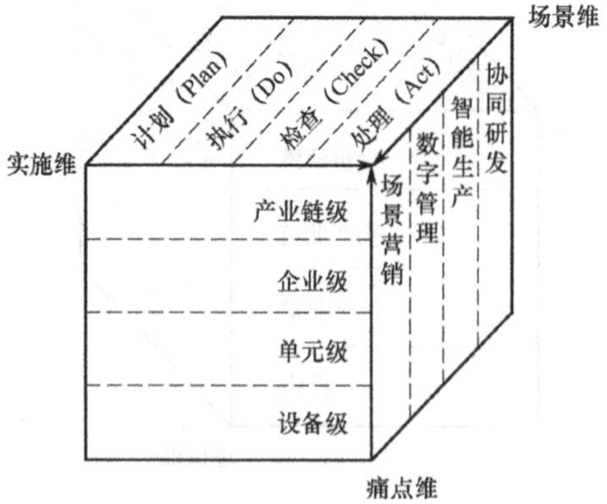

图 8-4 企业数字化转型“六化模型”的业务维度

（资料来源：赛迪智库整理。）

（2）遵循科学性和实操性。企业数字化转型内涵丰富，影响发展水平的因素众多，需统筹考虑、多维评估，既要符合数字化转型整体发展态势，又要兼顾不同发展阶段的企业现实水平，确保企业对每个指标内涵的认知基本在统一范畴之下，以及数据采集的可获得性，最终使得评估指标具有广泛适用性、可采集、可分析。

（3）确保可扩展性。技术的加速创新融合为企业数字化转型发展提供了源源不断的动力，因此应注重长远发展，确保评估框架和指标体系的先进性和可扩展性，以满足持续性开展评估工作的需求。

8.2.2　具体指标

企业数字化转型水平评估体系包含战略数字化、设施数字化、资源数字化、要素数字化、业务数字化、数字化效益 6 个一级指标、20 个二级指标。表 8-1 和图 8-5 显示了企业数字化转型水平评估指标体系。

1. 战略数字化

战略数字化用于衡量企业从战略思维、组织结构、人才激励等方面推动数字化转型变革创新，激发从领导层、执行层，到组织全员参与数字化转型的积极性和创新潜能，主动适应数字化转型带来的变革创新。战略数字化从战略制定、组织结构、人才激励角度进行考核。

（1）战略制定。企业充分认识数字化转型的重要性，在战略层面推动数字化转型的力度和情况。主要从推进数字化转型工作的负责人级别、建立数字化转型的专职执行团队、制定企业级战略规划及（或）行动计划、数字化转型投入金额等方面衡量。

（2）组织结构。反映企业进行组织结构优化调整、重构以适应数字化转型特点的情况。主要从企业组织模式、柔性组织机制等方面衡量。

（3）人才激励。反映企业高技能人才储备情况，以及通过激励机制充分赋权员工的情况。主要从拥有数字技术应用或专业技能员工、开展数字化转型培训、绩效激励等方面衡量。

2. 设备数字化

设备数字化用于衡量企业推动跨设备、跨要素、跨产业链、跨价值链的信息基础设施互联互通，加快设备数字化改造，保障网络和数据的安全性和

表 8-1　企业数字化转型水平评估指标体系

一级指标	权重（%）	二级指标	序号	权重（%）	指标选取依据	指标核算方法		指标采集内容
战略数字化（L1）	15	战略制定	1	5	反映企业充分认识数字转型的重要性，在战略层面推动数字转型的力度和情况	企业填报	A. 3分 B. 2分 C. 1分 D. 0分	① 推进数字转型工作的负责人级别： A. 企业一把手 B. 企业主管领导 C. 企业中层领导 D. 其他
						企业填报	A. 3分 B. 2分 C. 1分 D. 0分	② 是否制定企业级战略规划及（或）行动计划： A. 将数字转型纳入企业长期战略规划，并配套制订阶段性推进计划及目标 B. 将数字转型作为企业短期行动方案，制定了明确考核目标 C. 将数字转型作为某几个部门具体的工作内容，未有明确的考核目标 D. 未推进数字转型，或正在考虑中
						企业填报	A. 3分 B. 2分 C. 1分 D. 0分	③ 是否建立数字转型专职执行团队： A. 建立数字转型专职执行团队 B. 由其他部门兼职承担推进工作 C. 由第三方解决方案服务商推动相关工作 D. 其他
						企业填报	A. 4分 B. 3分 C. 2分 D. 1分	④ 平均数字转型投入金额： A. >1000万元； B. 500万～1000万元； C. 100万～500万元； D. <100万元。

（续表）

一级指标	权重（%）	二级指标	序号	权重（%）	指标选取依据	指标核算方法		指标采集内容
战略数字化（L1）	15	组织结构	2	5	反映企业进行组织结构优化调整、重构以适应数字转型特点的情况	企业填报	A. 3 分 B. 2 分 C. 1 分	① 企业组织模式： A. 基于平台的基层需求快速响应的扁平化组织架构 B. 按照产品—地区—顾客等划分对口经营团队的事业部式组织架构 C. 一把手集中垂直管理的组织架构
						企业填报	A. 1 分 B. 0 分	② 柔性组织机制： A. 已建立以任务导向、基于协作平台的项目团队快速组织机制 B. 未建立柔性组织机制
		人才激励	3	5	反映企业高技能人才储备情况，以及通过激励机制充分赋权员工的情况	企业填报	无量纲化	① 拥有数字技术应用或专业技能员工占比________
						企业填报	无量纲化	② 22 岁及以上员工受教育程度： A. 无高学历员工占比________ B. 学士或同等学历员工占比________ C. 研究生或同等学历员工占比______ D. 教授及以上员工占比________
						企业填报	A. 3 分 B. 2 分 C. 1 分 D. 0 分	③ 开展数字转型培训： A. 树立数字转型企业文化，开展全员培训，将数字转型相关制度纳入绩效考核内容 B. 定期或不定期在领导层开展数字转型相关培训 C. 定期或不定期在 IT 部门开展数字转型相关培训 D. 无相关培训

（续表）

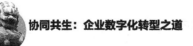

一级指标	权重（%）	二级指标	序号	权重（%）	指标选取依据	指标核算方法		指标采集内容
战略数字化（L1）	15	人才激励	3	5	反映企业高技能人才储备情况，以及通过激励机制充分赋权员工的情况	企业填报	A．3分 B．2分 C．1分 D．0分	④ 绩效激励占员工薪酬比例： A．>40% B．20%～40% C．0～20% D．无绩效激励
设施数字化（L2）	15	信息基础设施	4	5	反映企业信息基础设施支撑人、机、料、法、环等资源云端互联互通的水平	企业填报	无量纲化	可联网的核心设施设备占核心设施设备总数比例______
		设备数字化改造	5	5	反映企业设备数字化情况	企业填报	无量纲化	实施数字化改造的“哑”设备数量占设施设备总数量比例______
		网络和信息安全	6	5	反映企业实施网络和信息安全措施的情况	企业填报	A．三种方式3分 B．两种方式2分 C．一种方式1分 D．无任一方式0分	开展网络和信息安全保障能力建设： A．建立了完善的网络及信息安全保障体系 B．采用技术途径保障网络安全 C．采用技术途径保障数据安全 D．采用技术途径保障设施安全

（续表）

一级指标	权重（%）	二级指标	序号	权重（%）	指标选取依据	指标核算方法		指标采集内容
资源数字化（L3）	15	设备上云	7	5	反映企业基于云平台开展设备虚拟化管理的能力	企业填报	无量纲化	① 接入云平台的设备数占总设备数比例______ ② 设备接入云平台的接口数量______
		系统上云	8	5	反映企业基于平台部署业务系统的情况	企业填报		① 云平台业务系统数量______（包括经营管理、研发设计、生产管理、供应链管理、市场营销、用户服务等） ② 采购云平台系统服务总额______
		数据上云	9	5	反映企业基于平台对除设备、系统外其他资源进行数据采集的能力	企业填报	无量纲化	使用信息化手段进行数据采集的核心设施占核心设施设备总数比例______
要素数字化（L4）	15	数据存储	10	5	反映企业基于平台对数据集中存储的能力	企业填报	A. 2 分 B. 0 分	企业基于云平台对各类数据进行集中汇聚存储： A. 能 B. 不能
		数据应用	11	5	反映企业基于平台通过分析挖掘实现数据创新应用的能力	企业填报	A. 2 分 B. 0 分	企业基于云平台对各类数据进行清洗、分析、挖掘、可视化和创新应用： A. 能 B. 不能 ② 基于平台工具将本领域专业知识转化为工具和模型总量______
		数据管理	12	5	反映企业基于平台进行大数据管理的能力	企业填报	A. 2 分 B. 0 分	企业基于云平台对各类数据进行分级分类管理： A. 能 B. 不能

（续表）

一级指标	权重（%）	二级指标	序号	权重（%）	指标选取依据	指标核算方法		指标采集内容
业务数字化（L5）	25	协同研发	13	5	反映企业基于云平台开展数字研发，以及参与众包众创项目的能力	企业填报	A．三种方式 3 分 B．两种方式 2 分 C．一种方式 1 分 D．无任一方式 0 分	① 利用平台开展新产品研发： A．利用数字化平台获取市场需求 B．利用数字化工具开展产品建模 C．利用数字化环境进行测试验证
							无量纲化	② 参与众包众创项目数增长率________；
		智能生产	14	5	反映企业基于云平台开展智能化、个性化、协同化生产的能力	企业填报	A．四种方式 4 分 B．三种方式 3 分 C．两种方式 2 分 D．一种方式 1 分 E．无任一方式 0 分	① 利用平台开展智能生产： A．工艺智能优化 B．生产智能排产 C．产线智能控制 D．质量智能检测
							无量纲化	② 定制化订单数________
							无量纲化	③ 参与网络化协同生产，实现订单、产能、物流、员工等信息共享与协作业务增长率________
		数字管理	15	5	反映企业基于云平台开展数字化经营管理的能力	企业填报	A．三种方式 3 分 B．两种方式 2 分 C．一种方式 1 分 D．无任一方式 0 分	利用平台开展数字化管理： A．远程协同办公 B．业务及组织在线管理 C．基于大数据分析的经营决策
业务数字化（L5）	25	场景服务	16	5	反映企业基于云平台开展场景服务的能力	企业填报	A．三种方式 3 分 B．两种方式 2 分 C．一种方式 1 分 D．无任一方式 0 分	① 利用平台开展数字营销： A．线上线下门店一体化营销 B．客户资产数据化管理及在线化运营 C．基于大数据分析的营销创新（如精准营销、直播营销、IP 营销等）

（续表）

一级指标	权重（%）	二级指标	序号	权重（%）	指标选取依据	指标核算方法		指标采集内容
业务数字化（L5）	25	场景服务	16	5	反映企业基于云平台开展场景服务的能力	企业填报	无量纲化	② 基于平台开展产品远程运维、设备健康管理等增值服务业务增长率______
							A. 3 分 B. 2 分 C. 1 分 D. 0 分	③ 基于平台开展售前售后服务数字化比例______ A. >70% B. 50%～70% C. 30%～50% D. <30%
		能力开放	17	5	反映企业基于云平台开放能力的水平	企业填报	无量纲化	① 开放 API 接口数量______ ② 月均活跃开发者数量______ ③ 开发工具数量______
数字化效益（L6）	15	经济效益	18	5	反映数字化促进企业经济效益提升的程度	企业填报	无量纲化	① 运营成本同比降低______ ② 生产效率同比上升______ ③ 库存周转率同比上升______ ④ 平均净利润率同比上升______ ⑤ 销售总额同比增长______ ⑥ 产品良品率同比上升______ ⑦ 服务响应率同比上升______ ⑧ 用户满意度同比提升______
		创新效益	19	5	反映数字化带动企业创新的程度	企业填报	无量纲化	① 新产品研发周期缩短率______ ② 新产品占产品总量比率______
		社会效益	20	5	反映数字化企业带动就业增长的能力	企业填报	无量纲化	数字转型至今，新招聘员工数______

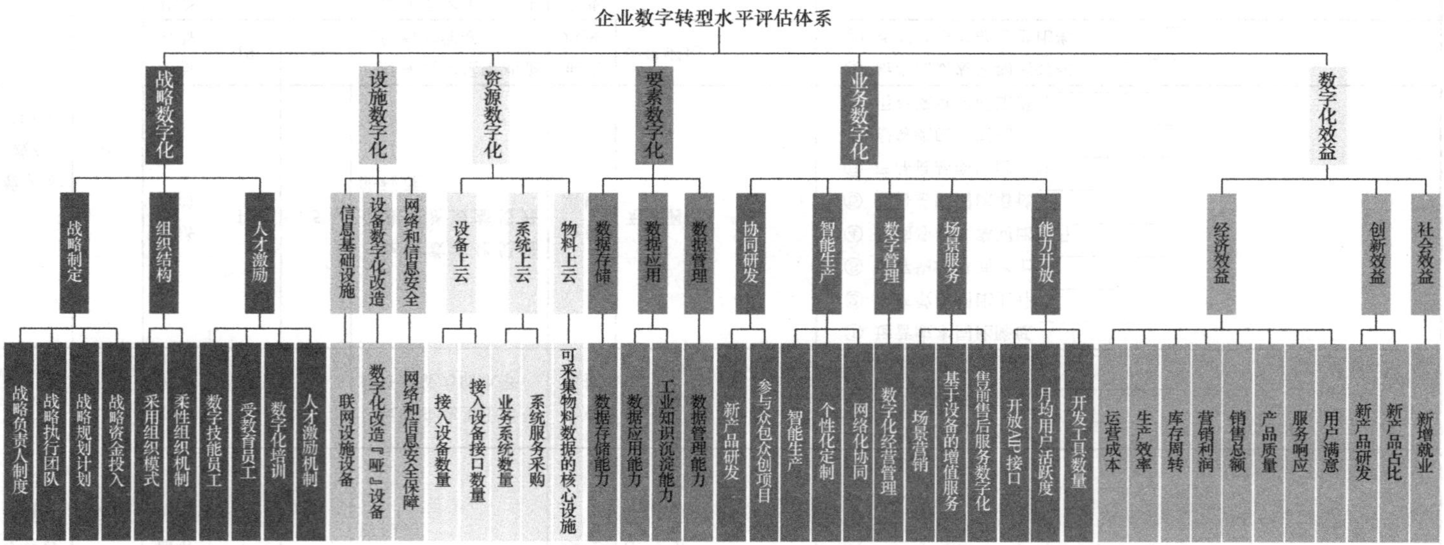

图 8-5　企业数字化转型水平评估体系树状图

（数据来源：赛迪智库整理。）

可靠性，奠定企业全面上云、实施数字化转型的连通基础。设备数字化从信息基础设施、设备数字化、网络和信息安全角度进行考核。

（1）信息基础设施。反映企业信息基础设施支撑人、机、料、法、环等资源云端互联互通的水平。主要从可联网的核心设施设备等方面衡量。

（2）设备数字化。反映企业设备数字化改造水平。主要从实施数字化改造的“哑”设备情况等方面衡量。

（3）网络和信息安全。反映企业实施网络和信息安全措施的情况。主要从开展网络和信息安全保障能力建设等方面衡量。

3. 资源数字化

资源数字化用于衡量企业推动设备等硬件、系统等软件、原材料、环境等物料的云化水平。资源数字化从设备上云、系统上云、物料上云角度进行考核。

（1）设备上云。反映企业基于云平台开展设备虚拟化管理的能力。主要从接入云平台的设备情况等方面衡量。

（2）系统上云。反映企业基于平台部署业务系统的情况。主要从业务系统融入云平台情况、采购云平台系统服务情况等方面衡量。

（3）物料上云。反映企业基于平台对除设备、系统外其他资源进行数据采集的能力。主要从使用信息化手段进行数据采集的核心设施情况等方面衡量。

4. 要素数字化

要素数字化用于衡量企业对数据进行有效汇聚并对数据资产进行云端存储、管理和应用的情况。要素数字化从数据存储、数据应用、数据管理角度进行考核。

（1）数据存储。反映企业基于平台对数据集中存储的能力。主要从企业基于云平台对各类数据进行集中汇聚、存储等方面衡量。

（2）数据应用。反映企业基于平台通过分析挖掘实现数据创新应用的能力。主要从企业基于云平台对各类数据进行清洗、分析、挖掘、可视化和创新应用的情况，以及基于平台工具将本领域专业知识转化为工具和模型等方面衡量。

（3）数据管理。反映企业基于平台进行大数据管理的能力。主要从企业基于云平台对各类数据进行分级分类管理的情况等方面衡量。

5. 业务数字化

业务数字化用于衡量企业通过云端的系统集成和数据融通，推动企业在研发设计、生产制造、经营管理、市场营销、增值服务等环节的业务协同和创新。业务数字化从协同研发、智能生产、数字管理、延伸服务、能力开放角度进行考核。

（1）协同研发。反映企业基于云平台开展数字研发，以及参与众包众创项目的能力。主要从利用平台开展新产品研发、参与众包众创项目情况等方面衡量。

（2）智能生产。反映企业基于云平台开展智能化、个性化、协同化生产的能力。主要从利用平台开展智能生产、定制订单、参与网络化协同生产，实现订单、产能、物流、员工等信息共享与协作业务增长等方面衡量。

（3）数字管理。反映企业基于云平台开展数字化经营管理的能力。主要从利用平台开展数字化管理等方面衡量。

（4）延伸服务。反映企业基于云平台开展场景服务的能力。主要从数字营销、基于平台开展产品远程运维、设备健康管理等增值服务业务，以及基于平台开展售前售后服务数字化情况等方面衡量。

（5）能力开放。反映企业基于开放自身资源、吸引用户参与众包众创的水平和能力。主要从开放 API、用户活跃度、服务领域等开发者社区建设情况衡量。

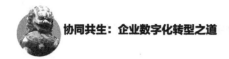

6. 数字化效益

数字化效益用于衡量企业通过数字化转型，在创新效益、经济效益和社会效益等方面实现的价值创造突破。数字化效益从创新效益、经济效益、社会效益角度进行考核。

（1）创新效益。反映数字化带动企业创新的程度。主要从缩短新产品研发周期、开发新产品情况等方面衡量。

（2）经济效益。反映数字化促进企业经济效益提升的程度。主要从运营成本、生产效率、库存周转率、平均净利润率、销售总额、产品良品、服务响应、用户满意度等方面衡量。

（3）社会效益。反映数字化企业带动就业增长的能力。主要从企业开展数字化转型新聘用的员工情况等方面衡量。

8.3 测算方法的设计

根据提出的企业数字化转型水平评估体系及数据采集内容，可按照以下方法对数据进行分析处理，最终得到评估结果。

（1）指标权重设定采用综合法。在指标权重设置时，应对一级指标按照重要程度进行量化比较，划分权重层次。同时结合专家知识和经验，遴选若干行业专家对评估指标体系内一级和二级指标的权重进行打分，各指标体系权重总分为 100，其中二级指标的最终权重为专家打分的平均值 λ_j，一级指标的权重为所属二级指标权重的和。

（2）细化指标的评分处理。当前建立的指标体系是一套系统性多元指标评估工具，通过问卷调查采集的数据存在单位不同的问题，为此需按照 log 函数原则对数据进行无量纲化处理，根据指标数据类型的不同及指标体系的差异，选择不同的处理方式和指标基值，计算出无量纲化后的相对值。一是对评估体系中含“有”“无”选项的指标做特殊处理。二是对于单选项、多选项有分值评分依据的，先按评分依据计算获得分值，再按照无量纲化形成相对值。三是对于填空类题目，直接按照无量纲化形成相对值。

记各评估指标的原始值为 X_{ij}（i 为指标对象，j 为指标编号），无量纲化后的值为 Z_{ij}。

数值指标的处理：在指标体系中，绝大多数的指标为数值类指标。为了避免原始值差异过大造成的指标区分度不均衡，这里采用取对数的方法对指标进行无量纲化。指标计算公式为

$$Z_{ij} = 50\ln\left(1+\frac{X_{ij}}{X_j}\right)$$

二值指标的处理：在指标体系中，如果 $X_{ij}=1$（表示“有”），则 $Z_{ij}=50$；如果 $X_{ij}=0$（表示“无”），则 $Z_{ij}=0$。

指数计算采用加权平均法，即

$$Z_i = \frac{\sum \lambda_j Z_{ij}}{\sum \lambda_j}$$

8.4　评估实践的验证

为验证企业数字化转型实施框架和评估体系的有效性，依托企业数字化转型监测服务平台建设，把试评估重点圈定在制造业领域。由于新冠肺炎疫情影响，通过在线调研形式采集企业数据的效果不佳，因此结合评估体系内容进一步征集了一部分企业数字化转型的纸质材料，主要来自北京、天津、广东等 23 个省份、15 个计划单列市和副省级省会城市，以及 23 家中央企业。

通过研究梳理上报材料发现，一方面，多数企业对于数字化转型的内涵和关键要素认识不统一，上报内容与数字化转型内容差异较大或者数字化转型核心关键环节不明确；另一方面，部分企业数据填报存在严重缺失、前后逻辑不一致，以及盲报、虚报、漏报、错报等现象，比如战略数字化、数字化创新部分的失真性较大。为了保证研究分析的科学性和合理性，从上报材料中筛选出 75 家作为分析样本，且删去了战略数字化、数字化创新统计内容，将一级指标和占比调整为设施数字化（10%）、资源数字化（10%）、要素数字化（30%）和业务数字化（50%）四个维度。

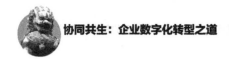

从区域看，样本企业主要集中在环渤海、长三角、珠三角三大区域。从空间分布看，开展数字化转型企业数量较多的省份分别是北京、江苏、上海、浙江、山东、广东等省市，其中北京 15 个、江苏 12 个、上海 9 个、浙江 7 个、山东 6 个、广东 6 个，初步形成以北京、南京、上海、杭州、苏州、济南、青岛、深圳等重点城市为核心的环渤海、长三角、珠三角三大区域集中发展的格局。

从行业看，基于工业互联网平台开展数字化转型的企业集中在装备制造、消费品领域。目前，我国企业数字化转型进程不一。一些综合实力较强的制造企业与 ICT 企业开展合作，凭借在产业链资源整合、工业知识沉淀、软件技术开发等方面的优势，积极打造跨产业链的工业互联网平台，推动基于平台的数字服务创新。据统计，跨行业、跨领域工业互联网平台数量为 6 个，占样本总数的 8%，如图 8-6 所示。

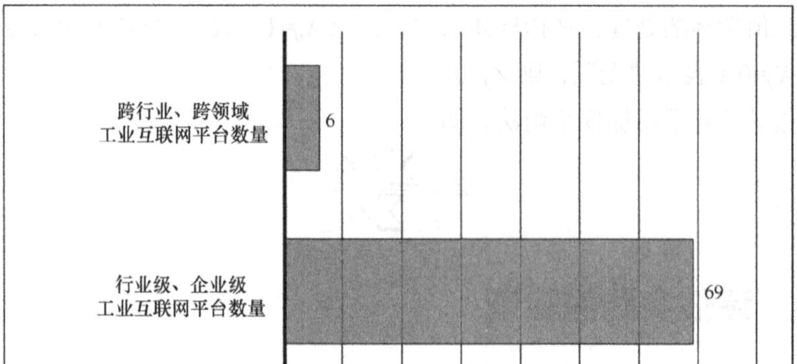

图 8-6　跨行业、跨领域和行业级、企业级工业互联网平台数量（基于 75 家样本量）

（资料来源：赛迪智库整理。）

92%的平台聚焦服务特定行业企业数字化转型。从行业服务领域看，面向装备行业的平台服务最多，消费品领域次之。服务于装备企业数字化转型的平台占比最高为 36.4%，服务于消费品企业数字化转型的平台次之占比为 24.3%，再次为原材料企业（17.0%）和电子信息企业（13.2%）。

在装备制造细分行业中，服务于机械行业企业的平台比例最高，为 33.1%，其次分别是汽车（28.2%）、轨道交通（14.5%）、船舶（12.9%）、航空航天（11.3%）。在消费品细分行业中，服务于家电行业的平台比例最高，为 26.5%，其次分别是轻工（24.1%）、纺织（18.1%）、医药（15.7%）、食品（9.6%）、烟草（6.0%）。在原材料细分行业中，服务于钢铁行业的平台比例最高，为 29.3%，其次分别是石化(25.9%)、建材(24.1%)、有色金属(13.8%)、稀土（6.9%）。企业级、行业级工业互联网平台占比情况如图 8-7 所示。

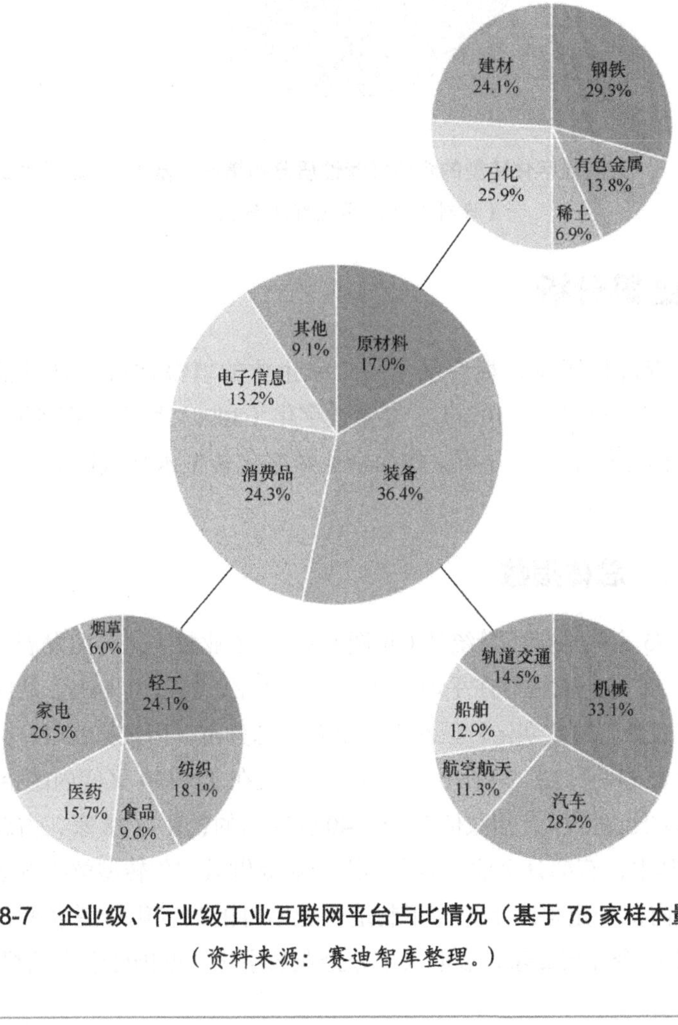

图 8-7　企业级、行业级工业互联网平台占比情况（基于 75 家样本量）

（资料来源：赛迪智库整理。）

从企业主体的经营性质看，民营企业所占比重最多，为 59%，其次是国有企业（33%），三资企业所占比重为 8%。开展数字化转型的企业经营性质分布情况如图 8-8 所示。

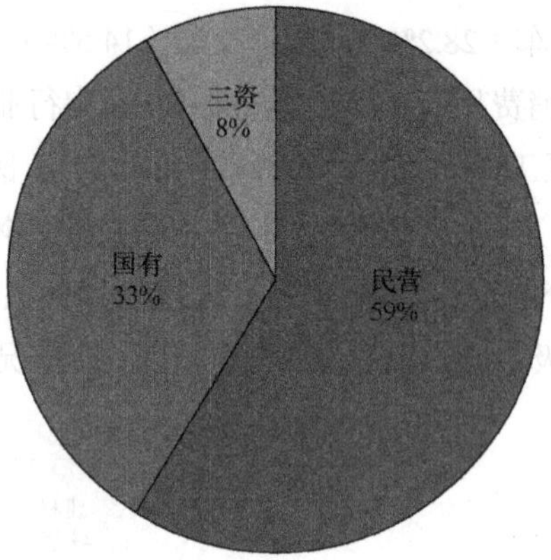

图 8-8　开展数字化转型的企业经营性质分布情况（基于 75 家样本量）

（资料来源：赛迪智库整理。）

8.5　结果分析

受调查过程影响，最终基于 75 家企业的填报材料，以设施数字化（10%）、资源数字化（10%）、要素数字化（30%）和业务数字化（50%）为一级指标进行了统计分析，作为企业数字化转型水平试评估的部分参考依据，具体结果如下。

8.5.1　总体指数

基于 75 家企业样本量统计（见图 8-9），企业数字化转型发展指数平均值为 24，33 家企业指数在平均值之上，占企业总数比为 44%。从区间值来看，受调查企业的数字化转型水平呈相对正态分布，指数值在 11～20 区间内的企业数 24 家，占总数比达 32%，指数值在 21～30 区间内的企业数 29 家，占总数比达 39%，指数值在 31～40 区间内的企业数 18 家，占总数比达 24%。这其中，有部分企业是面向制造企业提供数字化转型解决方案的行业平台服务商，一定程度上拉高了制造企业本身的数字化转型水平。指数值在 41 以上的企业仅 2 家，表明大部分企业数字化转型仍处于中低端水平。

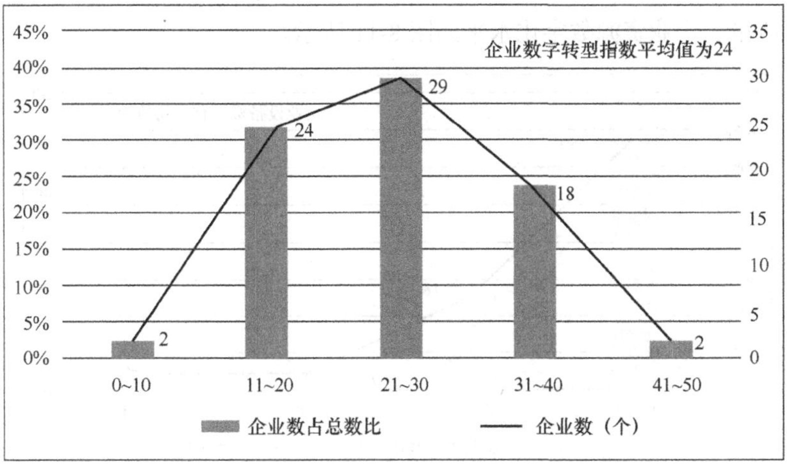

图 8-9　企业数字化转型水平（基于 75 家样本量）

（资料来源：赛迪智库整理。）

8.5.2　分项指数

1．设备数字化水平

设备数字化主要从信息基础设施、设备数字化改造及网络和信息安全保障三个方面进行测算。基于 75 家企业样本量统计，企业设备数字化发展指数平均值为 19，25 家企业指数在平均值之上，占企业总数比为 33%，表明大部分受调查企业的网络和设备的互联互通互操作能力仍处于较低水平。从区间值来看，设备数字化转型水平呈逐级向下递减状态，指数值在 0～20 区间内的企业数 50 家，占总数比达 68%，指数值在 21～40 区间内的企业数 18 家，占总数比达 25%，数字化水平出现明显下降。这表明，企业仍需在基础设施互联互通和数字化改造升级上下大气力。企业设备数字化水平如图 8-10 所示。

2．资源数字化水平

资源数字化主要从设备上云、系统上云和物料上云三个方面进行测算。基于 75 家企业样本量统计，企业资源数字化发展指数平均值为 24，44 家企业指数在平均值之上，占企业总数比为 59%。从区间值来看，资源数字化水平大部分保持在 0～20 和 20～40 区间，其中有 11 家企业资源数字化水平为 0，表明受调研企业上云水平仍处于中低端，需进一步加快提升企业上云质量。企业资源数字化水平如图 8-11 所示。

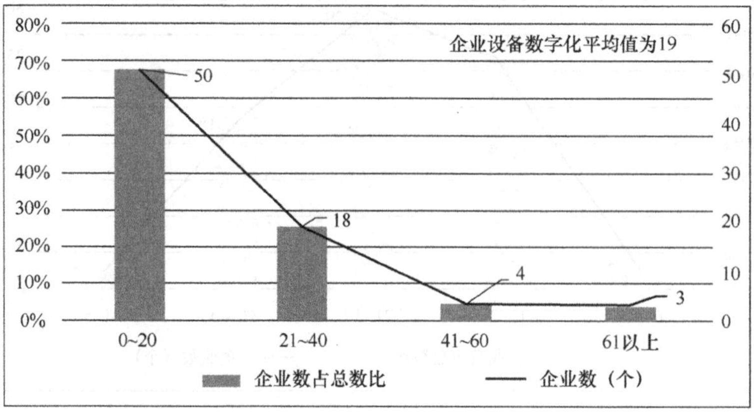

图 8-10　企业设备数字化水平（基于 75 家样本量）

（资料来源：赛迪智库整理。）

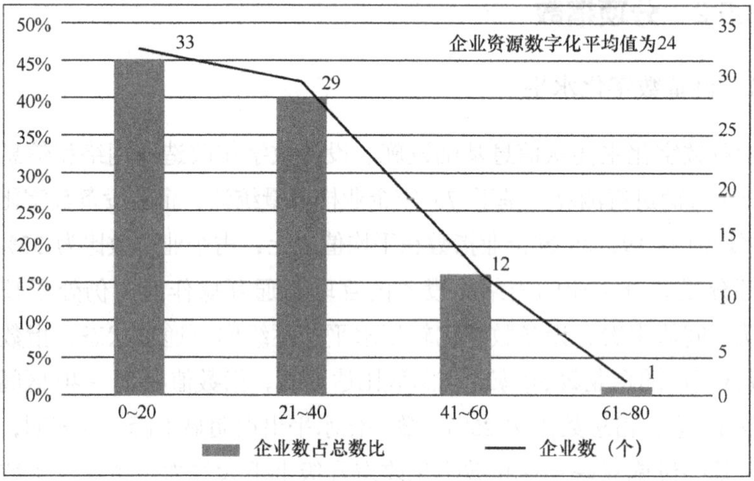

图 8-11　企业资源数字化水平（基于 75 家样本量）

（资料来源：赛迪智库整理。）

3．要素数字化水平

要素数字化主要从数据存储、数据应用和数据管理三个方面进行测算。基于 75 家企业样本量统计，企业要素数字化发展指数平均值为 28，37 家企业指数在平均值之上，占企业总数比为 49%。从区间值来看，要素数字化水平集中在 21～40 区间，某种程度上受数据存储水平拉动影响，而在数据应用和数据管理层面，企业仍面临较大挑战。企业要素数字化水平如图 8-12 所示。

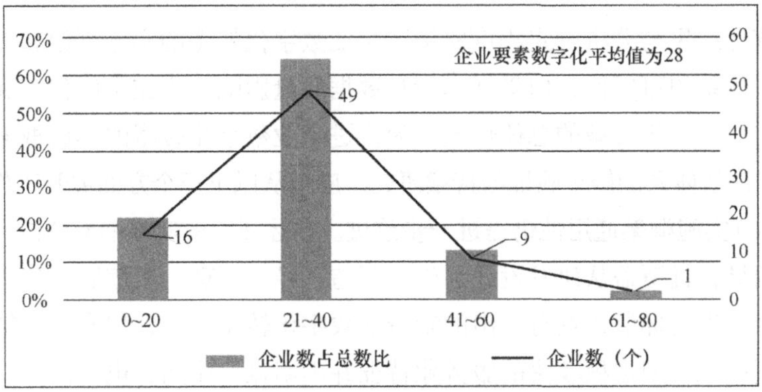

图 8-12　企业要素数字化水平（基于 75 家样本量）

（资料来源：赛迪智库整理。）

4. 业务数字化水平

业务数字化主要从协同研发、智能生产、数字管理、场景服务、能力开放五个方面进行测算。基于 75 家企业样本量统计，企业业务数字化发展指数平均值为 23，33 家企业指数在平均值之上，占企业总数比为 44%。从区间值来看，业务数字化水平分布比较均衡，0 ~ 10、11 ~ 20、21 ~ 30、31 ~ 40 区间值的企业数相差无几，表明企业开展数字化转型的重心均放在业务变革上。业务数字化发展指数在 40 以上的企业数仍然偏少，表明企业在推动业务创新方面仍有很大的升级空间。企业业务数字化水平如图 8-13 所示。

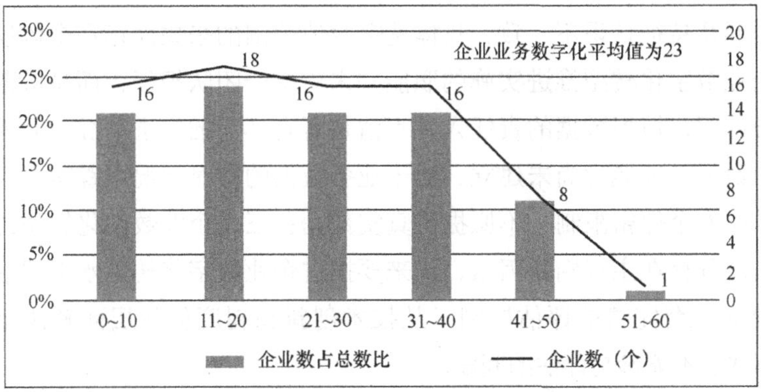

图 8-13　企业业务数字化水平（基于 75 家样本量）

（资料来源：赛迪智库整理。）

8.6 需改进的地方

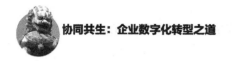

统计结果与分析一定程度验证了企业数字化转型的实施框架和发展水平评估体系的可行性，但受样本量和数据质量影响，不完全能代表我国整个制造业数字化转型的总体情况。为推进企业数字化转型的实施框架和发展水平评估体系的修正验证与持续研究，应当从以下三个方面展开工作。

（1）实施框架通用性仍需进一步改进。前述建立的实施框架理论性特征比较明显，且覆盖从研发设计、生产制造、经营管理、增值服务到能力开放等全过程全环节，具有突出的制造业数字化转型特点，但农业、特别是量大面广且转型进程较快的服务业特征并不明显。比如，电子商务、旅游住宿等领域，特别是中小企业，没有独立的研发设计、生产制造环节，而交互式、精细化的场景服务乃至基于数据驱动的在线化、平台化、融合化服务是业务转型和价值创造的核心内容，这一点在目前的理论框架并没有得到体现，企业数字化转型水平评估也缺乏普适性。下一步仍需结合各行业特点和企业规模特征，研究建立符合型而非通用型的数字化转型实施框架。

（2）完善企业数字化转型水平评估机制。在调研采集企业数字化转型水平评估数据过程中，面临的核心问题是调研数据填报存在严重缺失、前后逻辑不一致，以及盲报、虚报、漏报、错报等现象，特别是涉及企业商业保密内容的失真性比较大。除了新冠肺炎疫情造成企业停工停产，没有有效参与调研之外，可能存在的原因还包括：一是企业对数字化转型关键要素的内涵及特征认识不一致，具体选项数值范围的采集面存在个体误差；二是企业数字化转型推进实施的职能并未由统一团队担任，而是散落在各个业务部门，填报数据的责任人并不清楚所有环节的推进情况，此外大部分企业数据管理能力尚未建立，对于业务数据的实时情况跟踪掌握不足，且受数据安全保密限制，不愿提供真实数据；三是企业数字化转型的非定量评估部分存在主观判断因素，未来要推进企业数字化转型水平评估，更需要建立一套完善的评估机制，从技术创新和制度创新层面解决企业不想、不懂、不能参与评估的问题。

（3）进一步引入成熟度阶段评估方法。从评估结果看，各个维度的发展指数分布形态并未保持一致，处在统一区间值的企业不同维度发展指数的表现也存在差异，这表明企业数字化转型存在明显的阶段性特征，如何定义阶段性特征并进行准确评价，为企业进一步推进实施数字化转型提供目标和依据，是开展水平评价工作更有价值的地方。成熟度是一套管理方法论，它能够精炼地描述一个事物的发展过程，通常将其描述为几个有限的成熟级别，每个级别有明确的定义、相应的标准及实现的必要条件。从最低级到最高级，各级别之间具有顺序性，每个级别都是前一个级别的进一步完善，同时也是向下一个级别演进的基础，体现了事物从一个层次到下一个层次不断发展的过程。引入成熟度评价模型，对于完善评估体系、给企业提供更具有指导意义的建议作用重大。

第四篇

展望：数字化转型新航向

第9章

数字经济新业态新模式

新业态新模式是根植数字经济发展土壤，以数字技术创新应用为牵引，以数据要素价值转化为核心，以多元化、多样化、个性化为方向，经产业要素重构融合而形成的商业新形态、业务新环节、产业新组织、价值新链条，是关系数字经济高质量发展的活力因子，具有强大的成长潜力。受新冠肺炎疫情"黑天鹅"效应倒逼，数字技术与各行业融合"渐入佳境"，以在线办公、在线教育、互联网医疗为代表的新业态新模式持续迭代、加速成熟，"无接触""宅生活""云消费"成为数字生存新常态，正适应、引领、创造我国经济转型发展新需求，为现代化经济体系建设注入新的活力。2020 年 7 月，国家发改委、中央网信办、工业和信息化部等 13 个部门联合印发《关于支持新业态新模式健康发展 激活消费市场带动扩大就业的意见》，通过制度集成式创新，将进一步激活消费和就业市场，更好地释放数字化在经济各领域的创新效能，促进经济快速恢复，实现企业高质量发展。

9.1 时代特征

9.1.1 发展机理

1. 技术驱动：数字技术赋能新业态新模式发展

以云计算、大数据、边缘计算、人工智能、数字孪生等为代表的数字技术是新业态新模式迭代升级的关键驱动力，促进数据融通、资源流动和价值共享，实现配置优化、效率提升和社会协同。云计算实现网络数据的便捷访问和计算资源的按需共享，提高了部门间的协同能力，降低了数字资源管理的技术门槛。大数据技术已实现对海量数据的深度挖掘，促进数据资源向有价值信息的转化，已在优化生产、降低能耗、精准营销等方面开展大量应用服务。边缘计算使数据实现本地化处理，减少云端传输里程，实现更快速的数据处理分析，提高应用服务效率。人工智能赋予机器交互学习的能力，在智能制造、药物研发、无人驾驶等领域融合衍生出丰富的行业应用场景。数字孪生促进物理生产与数字制造的互联、互通、互操作，帮助制造系统实现敏捷分析、全局优化和智能决策。

2．疫情倒逼：新冠肺炎疫情防控触发数字化生存机制

新冠肺炎疫情期间，全民居家带来的生存压力空前，倒逼人们借助数字技术将各类社会关系迁移到线上的数字空间，促进了数字化生存发展，加速了全社会数字化进程。生活方面，电商平台保障了生活必需品和防疫用品的充足供给，直播带货、微经济拓展了“宅生活”的购物渠道，无接触配送极大改善了新冠肺炎疫情期间外出受限带来的诸多不便。工作学习方面，视频会议、在线教育等平台为人们在线上搭建了新的交互场景。休闲娱乐方面，越来越多的电影、电视节目和原创内容开辟了在线播放专区，网剧、网络电影等成为人们休闲放松的文娱大餐。信息传播方面，门户网站、搜索引擎、内容分发等数字媒体已替代传统纸媒，成为人们获取信息的主流方式。社交方面，过去基于日常生活的熟人社交转变为基于微博、微信、Twitter 等软件的网络社交，进而衍生出陌生人社交、兴趣社交等新型社群。社区管理方面，无人机巡逻喊话、视频通话、智能安防等快速推广，有效保障了各项新冠肺炎疫情防控工作的顺利开展。

3．需求升级：消费者主权意识升级激发长尾效应

消费者既不再满足于标准化商品，希望在商品的设计和生产中彰显独

有观念和个性，又更加重视产品及配套服务的双重品质。一方面，买卖双方信息更加均衡。借助电商平台、第三方测评等渠道，消费者掌握了透明可靠的商品信息，商家通过掌握消费者的画像信息，提供更为精细化的增值服务，满足消费者个性化、场景化、新颖化的长尾需求。另一方面，人们的消费需求受收入、消费理念等影响呈现两极分化态势。高收入人群追求时间、体验、品牌优先，更加关注全生命周期体验和实时消费场景等内容；下沉市场中真正的“大众需求”则更倾向追求实用，体现出消费升级道路上的理性回归。

4. 本质追求：价值追求引领企业变革创新

在经济规律性减弱的态势下，企业主动寻求数字化手段来突破发展困境，依靠数据、信息、技术和知识等新要素来挖掘新模式、新价值、新商机。世界经济论坛《第四次工业革命对供应链的影响》指出，79.9%的制造业企业和 85.5%的物流企业认为，在不考虑金融影响的前提下，数字化转型将产生积极影响，数字化变革将使制造业企业成本降低 17.6%、营收增加 22.6%，使物流服务业成本降低 34.2%、营收增加 33.6%，使零售业成本降低 7.8%、营收增加 33.3%。特别是经历了新冠肺炎疫情，数字化基础较好的企业快速实现复工复产，并围绕新冠肺炎疫情带来的新需求快速推出新的产品和服务，有效实现“危中转机”。比如，一些装备企业依托信息共享平台，对市场需求、产能、供应链配套等情况进行监测预警，实现设备、物资和物流的高效匹配对接，推动上下游协同、产供销协同，对于可能停产断供的关键环节提前部署、柔性转产、共享产能，保障了口罩、医疗设备等防疫重点物资供给。越来越多的企业直观、深切地感受到数字化带来的优势，开始更加深入地谋划与发展基础适配的转型路径、方法和模式。追求利益最大化是企业家不断思考的命题，也是推动社会创新、企业变革的不竭动力。数字经济时代的发展机理如图 9-1 所示。

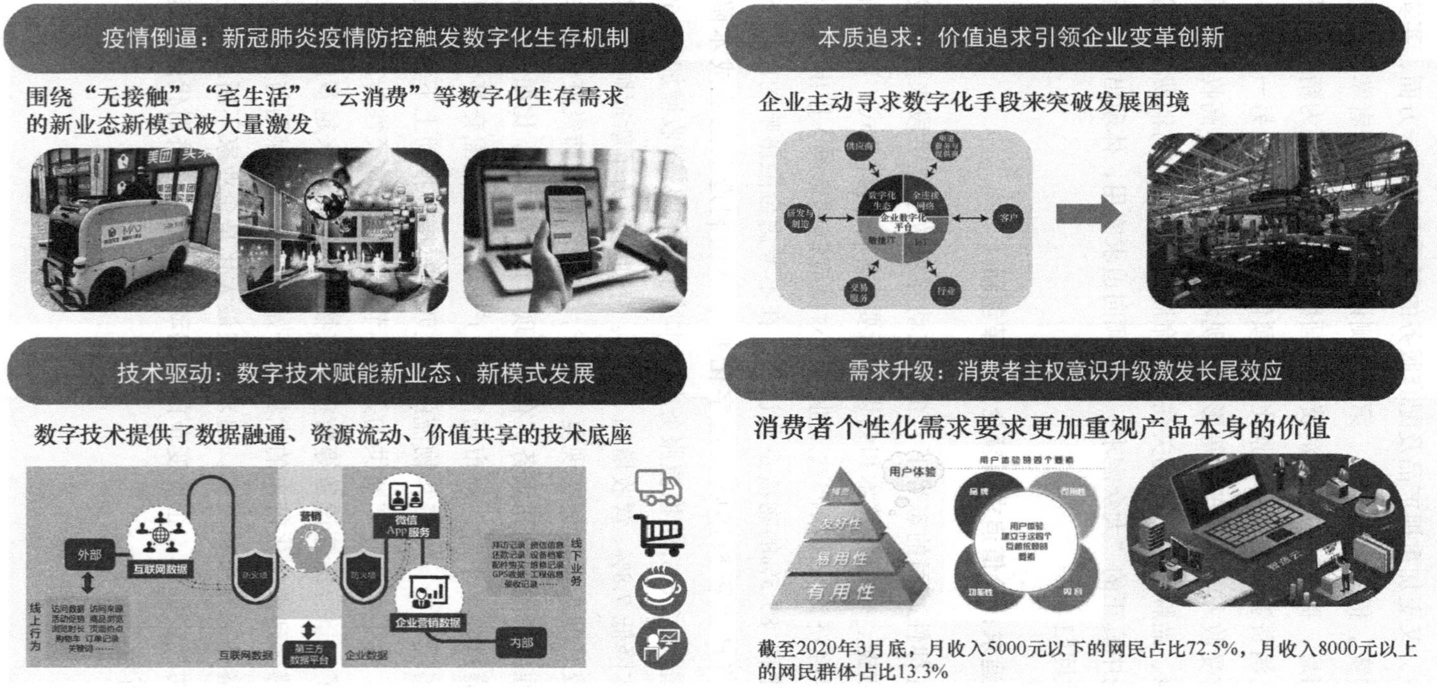
疫情倒逼：新冠肺炎疫情防控触发数字化生存机制
围绕“无接触”“宅生活”“云消费”等数字化生存需求的新业态新模式被大量激发
美团
本质追求：价值追求引领企业变革创新
企业主动寻求数字化手段来突破发展困境
供应商
研发与制造
客户
行业
交易服务
数字化生态
全连接网络
企业数字化平台
IoT
技术驱动：数字技术赋能新业态、新模式发展
数字技术提供了数据融通、资源流动、价值共享的技术底座
外部
互联网数据
营销
微信
App服务
企业营销数据
内部
第三方数据平台
企业数据
线上行为
线下业务
需求升级：消费者主权意识升级激发长尾效应
消费者个性化需求要求更加重视产品本身的价值
用户体验
友好性
易用性
有用性
截至2020年3月底，月收入5000元以下的网民占比72.5%，月收入8000元以上的网民群体占比13.3%

图 9-1　数字经济时代的发展机理

（数据来源：《第 45 次中国互联网络发展状况统计报告》。）

9.1.2 主要特征

1. 从发展理念看，绿色共享主线贯穿

数据驱动的新型经济是资源节约型和环境友好型的绿色经济。对于汽车、住房等产业链条环节多、产品生产周期长的产业，信息传导滞后可能导致产业链上游的产能过剩。新业态新模式则具有数字化程度高、生产周期短、消费门槛低的特点，不会出现明显的边际成本递增，甚至还可能随着产值规模的扩大，生产成本增加的幅度越来越小，这将缓解能源资源和环境约束的压力，也不容易导致供给过剩。此外，新业态新模式不仅有助于提升经济效益，也同时实现了清洁生产。例如，共享生产、共享出行等平台将社会闲余资源以集约共享的方式统一调配，提高了存量资源的利用效率。在线教育、互联网医疗、在线办公等应用的普及，极大地减少了城市交通出行流量，形成绿色可持续的数字生活新模式。企业通过分析用电大数据改良产品设计，实现了源头上的能耗降低；通过柔性生产、个性定制等生产环节重塑，实现了投入产出的精准控制，避免供给过剩造成的资源浪费。

2. 从要素投入看，数据驱动创新发展

随着网络全面普及、要素广泛连接，源源不断的数据得以产生，数据要素打破了土地、资本、劳动力等传统要素有限性的供给束缚，已成为发现新知识、创造新价值、提升新能力的重要驱动力。数据可复制性强、迭代速度快、复用价值高、无限供给的特点，决定了数据规模越大、维度越多，数据的边际价值就越高。数据融入智能可穿戴设备、智能家居、智能网联汽车的功能开发中，推动了信息产品和服务的跨越式创新；数据融入电子商务、金融等业务中，通过数据分析挖掘进行用户画像，衍生出精准营销、广告推送、信用借贷、个人健康管理等新消费服务；数据融入交通出行、社会保障、环境保护的社会治理中，推动形成了数据驱动决策的数字治理新模式，普惠社会大众。数据流带动资金流、人才流、物资流，将不断突破地域、组织、技术的边界，全面提升资源配置的效率和水平，从而有效促进经济社会的不断发展。

3．从参与主体看，跨界融合主体多样

在经济发展方面，跨界融合是业态创新最直接的路径，企业间跨界协作形成利益共同体，通过引入新的经营理念、技术、方法手段，运用现代化工具激活和优化配置资源，进而创新商业模式，重塑价值链。在社会治理方面，政府侧重于多主体协调和制度保障，平台企业、社会组织因掌握大量行业数据且兼具市场的灵活性，可以在政府公共产品与服务供给不足的领域对政府治理手段形成有效补充。在新冠肺炎疫情防控中，平台企业快速上线新冠肺炎疫情地图、健康码等产品，借助自身运营物流渠道协调各类资源，在支援前线、后勤保障、服务民生、资源赋能等方面发挥了举足轻重的作用，正是这一模式的成功范例之一。在民生保障方面，微经济、短视频等通过赋能大众，创造出千千万万个灵活就业岗位，以“大众广泛参与、碎片资源共享、生产消费一体化”为核心价值的新个体经济得以快速普及。例如，金融理财、育儿教育、医疗健康、艺术设计、生活服务等领域的“新个体户”、副业创新人员大量涌现，来自最广大个体主体的供给能力、创造能力被唤醒，凭借个人主体对个性化和高端化的长尾需求的深度挖掘，现有的产品与服务得到不断丰富和细化。

4．从价值实现看，价值溢出效应凸显

新业态新模式借助平台和网络快速实现了技术更新、模式扩散与价值增值，带动上下游行业共同发展，实现价值产出高持续性的循环倍增。在就业方面，电子商务、网约车、外卖、快递、直播带货等新业态增加了大批就业岗位。以电子商务为例，据麦肯锡测算，在每 100 元网络零售中，有 39 元为新增的消费支出。电子商务产业的衍生效应直接带动了广告、营销分销、支付、仓储、物流、快递等相关服务业的快速增长，其中快递行业连续 5 年实现超过 27%的增长，50%以上的收入来自电子商务。越来越多的人依托社交平台、自媒体平台、创客平台等渠道分享知识、兼职创业，其结果是新产品、新服务、新应用、新场景的不断涌现，产生广泛的溢出效应。数字经济时代的主要特征如图 9-2 所示。

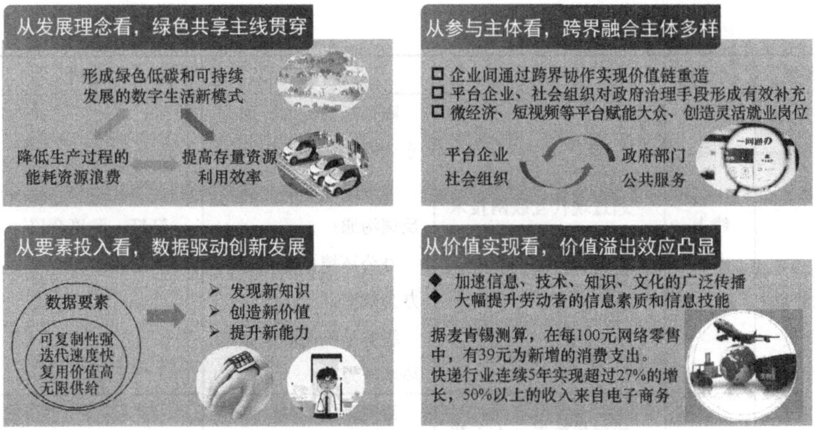

图 9-2　数字经济时代的主要特征

9.1.3　表现形式

根据作用方式的不同，将新业态新模式的具体表现形式分为四大类、15 个小类（见表 9-1）。其中，在线教育、互联网医疗、线上办公、数字化治理等侧重激活消费新市场；产业平台化、无人经济、“虚拟”产业集群、数字化转型等为壮大实体经济带来新动能；自主就业、微经济、多点就业等侧重开辟消费就业新空间；共享生活、共享生产、共享生产资料、数据要素流通等侧重创造生产要素供给新方式。新业态新模式发展活力象限如图 9-3 所示。

表 9-1　新业态新模式的具体表现形式

大类	小类	内涵	特征	案例
激活消费新市场	在线教育	基于网络的远程学习、教育方式	授课地域灵活、教学方式多样；教学资源共享、互动智能体验；技术驱动升级、市场竞争激烈	K12 在线一对一；直播教育方式；网易公开课
	互联网医疗	依托新一代信息技术，提供健康管理、寻医问诊、病情跟踪等医疗项目	优化资源配置、医疗技术共享；促进医患沟通、提高诊治效果；在线平台便捷、医疗设备智能	网上挂号、电子处方；平安好医生、阿里健康平台

（续表）

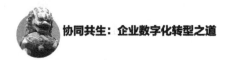

大类	小类	内涵	特征	案例
激活消费新市场	线上办公	通过现代互联网技术远程、异地、移动办公的模式	降低运营成本、增强企业收益； 业务平台共享、及时反馈沟通； 办公环境自由、提高办公效率； 缓解早晚高峰、减轻环境压力	钉钉、腾讯会议；飞书、石墨
	数字化治理	运用大数据、人工智能等数字技术，提速社会治理和资源调配的反馈效率	协同治理价值、多元主体治理；数据融通加速、政企合作增多；定制智慧城市、政务数据闭环	“健康码”；杭州“城市大脑”
壮大实体经济新动能	产业平台化	以数字技术为基础，整合数据、算法、算力，居中撮合、链接多个群体，提供生产、分配、交换、消费、服务等相关信息的收集、处理、传输及交流展示等数字交易服务和技术创新服务	产业规模潜力大、行业运用范围广；平台发展服务化	根据用途产生技术赋能(阿里云、华为云等)、物流配送（顺丰、饿了么）、交易结算（淘宝、京东）等多样化平台，增强构建开放价值网络
	无人经济	借助新一代信息技术和“新基建”优化传统劳动力，打造社会生产总过程的“无人”模式	从零售业、服务业普及生产制造业；市场需求旺盛、辐射作用强，区域布局迅速下沉三、四线城市；参与主体壮大、应用领域众多	小麦铺、宾果盒子；机器人消毒；西门子、上海通用的无人工厂；菜鸟驿站无人仓储
	“虚拟”产业集群	通过虚拟化和网络化平台，促进线下实体与线上虚拟有机结合，具有产业链和价值链	跨区域、跨产业集群，具有信息共享、企业分散、开放灵活的特性	淘工厂等实现供需的匹配与对接，实现创新由封闭性到开放性的跨越
	数字化转型	通过数字化技术与规模化数据管理构建完备的数字化组织架构，协助传统企业更好地融入数字经济背景	人工智能、边缘计算强化平台；平台赋能、企业上云引导趋势；数据资源、平台整合推动升级	海尔 U+智慧生活开放平台实现用户与生态资源的有效联动

（续表）

大类	小类	内涵	特征	案例
消费和就业新空间	自主就业	基于平台型企业衍生的“平台+个人”的自我就业方式	以互联网营销（电商、直播）和现代物流出行（即时物流、网约出行）应用为主	以阿里巴巴为代表的互联网模式构建新实体经济生态圈
	微经济	以微商、微博、微视频、微应用为代表的“微经济”，通过社交、自媒体平台等分享知识、兼职创业的模式	企业组织扁平化、创客化；大众参与度高、碎片资源利用率高、生产消费一体化	以抖音、快手为主的微视频平台不仅将信息资源第一时间共享，同时激发平台价值创造潜力
	多点就业	由新冠肺炎疫情引发的共享员工的新型用工方式，一定程度上促进企业降本增效、降低用工风险	灵活用工市场仍处发展初级阶段，行业两大核心特点表现为渗透率极低和市场份额高度分散	新冠肺炎疫情期间大量劳动力资源通过“员工共享”方式转入生鲜配送、拣货等工作
生产要素供给新方式	共享生活	利用新一代信息技术手段，有效对接供需双方在生活服务领域的潜在需求	逐渐养成和固化线上消费、生活产业链进一步优化提升、共享市场领域扩大	宅经济带动配套新业态、生活服务电商发展迅速
	共享生产	通过互联网平台，将企业闲置的生产能力与生产能力需求方实现对接与共享的新型生产模式	共享平台为生产动力共享提供基础、行业领域广泛拓宽、共享模式多样化	沈阳机床 i5 智能机床、海尔海创汇
	共享生产资料	通过促进所有权和使用权分离，实现生产资料低成本无限制的共享，实现倍增效应	由出租自我闲置逐渐转向租赁专业化新趋势；以共享“设备+服务”为主导，共享内容多样化；数据要素共享成为新引擎，综合提升资源的合理配置与产出效率，加速数字化转型	摩拜、胶州李哥庄“共享工场”
	数据要素流通	运用数字手段，通过打破内部壁垒、消除外部数据孤岛，实现提高数据供给能力、扩大数据资源利用价值的目的	以数字基础设施建设为硬件支撑、重点领域信息开放加强数据资源积累；区块链技术不可篡改特征维护数据安全共享，数据在跨行业、跨领域、跨地区流通、共享中创造更大价值	我国已有多个地方政府推出数据开放平台

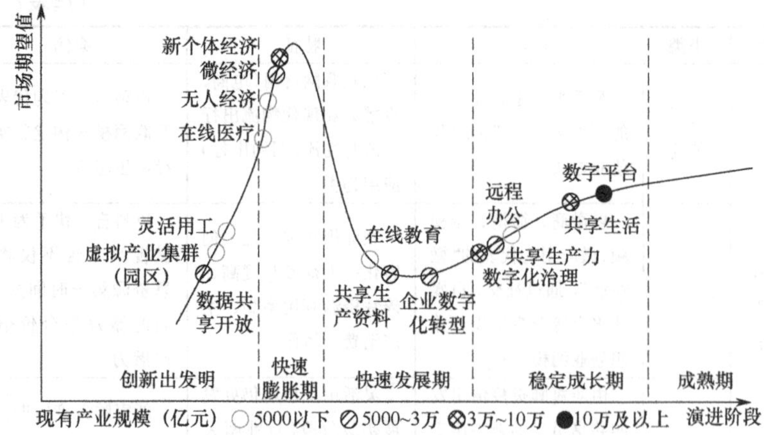

图 9-3　新业态新模式发展活力象限

（数据来源：赛迪研究院整理。）

9.2　发展态势

9.2.1　移动化、平台化、智能化基础支撑架构不断夯实

随着移动智能终端在经济社会各领域的快速渗透，计算和服务平台实现集中统一，以移动智能终端为载体、云计算平台为支撑、智能服务为内容、线上线下深度融合的新业态新模式发展架构加速形成。多领域企业纷纷参与数字生态建设，通过嫁接软硬优势资源，开展各类端到端服务的有益探索，未来有望带动一批新的产业主体、应用平台和新业态新模式蓬勃兴起。例如，京东物流推出了智能拍照量方工业手机，解决快递员上门揽件时包裹测量和数据录入的问题。施耐德研发的 Wiser 无线智能家居系统，可以让消费者通过手机远程操控照明控制、能效管理、遮阳管理、人身安全看护、家庭安全看护、场景联动等功能，真正做到在千里之外掌控居家环境。硬终端、泛平台、软服务的一体化加剧了数字经济生态系统的竞争，将吸引更多服务主体加入，衍生出多元化商业模式。

9.2.2　“产品+内容+场景”深度融合新形态日益丰富

线上购物时代已经到来，便捷的购物场景、高效的购物环节、碎片化的购物时间、快捷的物流配送，随时随地下单已成为消费者的日常购物习惯，产品已演变为被内容、场景所包裹的一种体验。成功的互联网产品往往是“内容为王”，内容的来源、组织、呈现方式和质量对产品的运营效果都会产生很大的影响。通过满足用户获取信息、打发时间、消费决策和深度阅读等内容消费需求，可以提升产品的活跃度，扩大消费者对品牌的认知度。通过将产品嵌入生活场景，用产品卖点触及消费者的痛点、痒点，引起情感共鸣，可以激发消费者的购买欲望，从而完成企业的商业目的。例如，喜马拉雅将音频接入车载智能终端，实现音频收听场景的顺延，达到优化用户体验、增加用户黏性的目的。

9.2.3　以数转型、用数管理、因数发展成为价值创造主攻方向

数据要素的崛起和快速发展不仅改变了传统生产方式，也推动了企业管理模式、组织形态的重构。随着新一代信息技术的快速发展，企业的数据积累加快，越来越多的企业开始探索由数据驱动的服务模式转型、组织管理变革及发展战略制定等新模式，实现决策方式从低频、线性、长链路向高频、交互、短链路转变，组织形态从惯于处理确定性事件的静态组织向快速应对不确定性的动态组织转变，管理对象从进行重复性的劳动经济人向独立自主、具有强烈自我价值实现需求的知识人转变。

9.2.4　多方参与、资源共享、价值共创新生态加速形成

产业链全球化对企业的供应链韧性、全市场流程把控、全产品周期服务提出了更高要求。企业需要更精准定义用户需求、更大范围动态配置资源、更高效提供个性化服务，发展远程诊断维护、全生命周期管理、总集成总承包、精准供应链管理等新服务模式。新业态在新发展理念的作用下，更加注重由创新、绿色、服务等高质量要素驱动，并在价值链各环节深挖利益空间，颠覆旧有的商业模式，呈现产品快速迭代、用户深度参与、边际效益递增、消费需求被创造等特征。同时，企业与员工、客户、供应商、合作伙伴等利益相关者互动更加紧密，共享技术、资源和能力，实现以产业生态构建为核心的价值创造机制、模式和路径变革，围绕数字化底层技术、标准和专利掌控权的竞争将更为激烈。

9.3 面临问题

9.3.1 底子薄，技术应用能力不足

新冠肺炎疫情期间，线下生活向线上迅速迁移，暴露出供需双方数字化水平不足的阶段性问题。一方面，供给方的技术能力储备不足。由于新冠肺炎疫情期间人员流动受限，全国范围的复工复学多采用线上办公、在线教育等方式，如此大规模、高密度的线上并发，对于平台企业都是前所未有的技术挑战。另一方面，需求方的数字化应用能力不足。对于不熟悉互联网、不会用智能终端的人群，尤其是中老年群体，数字化生活带来的不是便捷，反而是更高的生活技能门槛。新冠肺炎疫情期间，各个群体都被“裹挟”到数字化时代，如何提升全民的数据管理能力，让中老年人也能拥抱和享受数字生活，是政府部门和科技企业要着力思考和解决的问题。

9.3.2 体验差，内容服务效益欠佳

新冠肺炎疫情期间，在线教育、互联网医疗、生鲜电商等领域尚未成熟的应用产品要应对突如其来的大规模用户，技术、服务、管理面临多重考验。一是内容单一、稳定性差、交互性弱、信任感尚未建立。以在线教育为例，原创高品质的教育产品几近空白，由于没有线下学习的氛围，学生学习的专注度难以保证，家长对教学质量存疑。二是供应链韧性不佳、配套服务差。以生鲜电商为例，新冠肺炎疫情期间物资补给不足、配送延时、物不美价不廉、客服短缺等连锁问题大大降低了用户的服务体验。三是盈利模式不明晰，疫后留客成问题。随着居民的生产生活恢复正常，线上应用的刚性需求骤减，平台将面临用户数量减少、客单区域分散、客单单价降低及购买频率下降等问题，如何留客并实现可持续盈利成为新业态企业发展壮大的重要课题。

9.3.3 乱象多，新兴领域监管不足

新兴领域是科技、资本、人才最为集聚活跃的地方，也往往是现行法规制度未能有效覆盖的“法外之地”，制度滞后于市场发展的空白期就是行业乱象爆发的高峰期。以灵活用工为例，企业“合法”规避了灵活就业人员的社保缴纳，看似降低了企业成本，实则抑制了劳动者灵活就业的积极性。在新个体经济上，直播带货作为当下的现象级风口，不断刷新销售纪录、网红

主播、企业大佬、基层干部、文娱明星争先恐后“上车”卖货，而产品质量差、售后服务无、不正当竞争等行业乱象层出不穷，将消费者权益立于危墙之下，行业的长远发展面临巨大考验。“谁来监管、怎么监管、监管什么”的问题不解决，维护消费者权益、保障数据安全、建立信任机制等都无从谈起。

9.4　发展建议

9.4.1　改变观念，探索数字生活新方式

不断完善新业态新模式的配套监管制度，使绿色、共享的数字生活理念深入人心，并向常态化、制度化、科学化的方向不断演进，成为整个社会的共识。倡导依托网络居家办公，在疫后常态化推广居家办公、错峰上下班、弹性工作时间等新模式，提升线上生活刚性需求，同时节约社会资源、缓解交通压力、提高劳动效率和人民幸福感。深入挖掘用户体验，不断拓展应用场景、丰富产品内容，深化盈利模式是新业态企业未来发展的重中之重。

9.4.2　通畅道路，加强新基础设施建设

一方面，加快部署新一代信息基础设施。提高大数据、5G、人工智能、智慧城市、工业互联网、区块链、北斗导航等应用型数字基础设施的普惠服务能力，推动无人化、协同化、公用化、智能化数字基础设施的统筹规划和共建共用。加大低线城市及偏远落后地区的网络基础设施的支持力度，为新业态拓展下沉市场铺就信息高速公路。另一方面，积极推进企业上云，用数赋智。把握数字化转型的政策红利期，加快推进设备、产线、工厂车间等的数字化改造，加强网络、平台、安全三大体系建设，积极搭建面向细分行业的信息共享平台、中介平台、众创平台等，促进行业间、上下游、产供销的协同。

9.4.3　因势利导，释放传统业态新活力

要将新冠肺炎疫情期间涌现的好经验、好做法总结推广，因势利导更多传统产业“转危为机”。一方面，探索行业内的流程再造，通过深入挖掘行业痛点，用新业态新模式实现转型创新。以远程医疗为例，打通线上线下医疗平台，探索将日常复诊、轻微症分诊治疗、基础病开药调药转为网上完成，

需检查化验、实施手术的重大疾病转由实体医院诊疗的新模式。另一方面，探索服务化转型路径。积极利用工业互联网等新一代信息技术赋能新制造、催生新服务，加快培育发展服务型制造新业态新模式，促进制造业提质增效和转型升级。

9.4.4 明确底线，营造自由生长新空间

以不危及国家安全、不触碰扰乱市场秩序为底线，研究制定涵盖公平竞争、劳动就业、版权保护、算法公平等在内的数字治理规范体系，如将“互联网+”医疗相应服务纳入医保支付范围、细化灵活用工人员的社保缴纳要求等，确保新业态、新岗位尽快进入法治化轨道。大力加强针对数字化弱势群体的信息设备供给、信息技能培训、信息消费补贴，通过减税降费、增加专项补贴、鼓励金融机构开发针对性金融产品等方式支持和引导新业态扎根发展，不断缩小群体和区域间的数字鸿沟，促进数字科技福祉惠及全民。

新冠肺炎疫情是对国家“免疫系统”的一次深度体检，是对政府、企业、个人应对紧急突发事件的一次集体“拉练”。在此期间不断涌现的新业态新模式正是我国在这场考验中积累下来的“经济抗体”，要充分发挥其对经济发展各领域的引领带动作用，推动我国经济高质量发展，在风云诡谲的全球经济浪潮中立于不败之地。

第 10 章 线上服务新模式

10.1 融合化在线教育

数字经济时代，大众学习的个性化需求不断增强，时间碎片化问题逐渐增多，为在线教育提供了广阔的发展前景。互联网技术能够有效突破时间和空间的限制，在教育领域得到深度融合应用，并逐步推动各类教育资源实现开放共享。新冠肺炎疫情的暴发导致学校教育进入“停滞期”，大多数教育培训机构无法正常开课，在教育部“停课不停教，停课不停学”倡议的引导下，在线教育迎来新一轮发展契机，受到全社会的广泛关注。

10.1.1 发展现状

一是在线教育政策红利持续释放。近年来，国家高度重视教育现代化建设，不断通过政策文件积极引导在线教育发展，先后印发了《教育信息化十年发展规划（2011—2020 年）》《教育信息化 2.0 行动计划》《关于促进在线教育健康发展的指导意见》等文件，明确指出要充分运用现代信息技术手段，提供在线教育服务，丰富现代学习方式，加快建设学习型社会。

二是在线教育企业呈现井喷式增长。在阿里巴巴、腾讯等互联网龙头企业的引领带动下，各地围绕 K12 教育、职业培训、高等教育、终身教育等细分领域，积极探索布局在线教育新模式，学而思网校、华图教育等内容服务型，腾讯课堂、慕课等平台服务型，小猿搜题、扇贝等工具服务型线上教育培训企业不断涌现，在政策利好、资本助力、需求释放的环境下，市场上催生了 VIPKID、作业帮、沪江网校、直播优选等一大批“独角兽”企业。天眼查数据显示，我国从事在线教育行业相关的企业超过 23 万家，在线教育企业呈现井喷式发展。

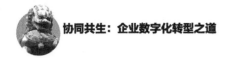

三是在线教育用户规模持续扩大。根据中国互联网络信息中心（China Internet Network Information Center，CNNIC）数据统计，截至 2020 年 3 月底，我国在线教育用户规模达到 4.23 亿人，较 2018 年年底增长了 110.2%。此外，极致洞察发布的《2020“AI+教育”行业发展及投资报告》显示，2018 年“AI+教育”的行业增速已经达到了 116.77%，2020 年涉及人工智能概念的教育市场规模约达 2000 亿元。

10.1.2 发展趋势

一是新冠肺炎疫情激发行业发展新热度。近年来，在线教育发展已进入相对平稳阶段，随着新冠肺炎疫情的暴发，学校停课，学生对网课的需求量剧增，促使在线教育行业进入新一轮爆发期。“直播+教育”“AI 教育”“微课堂”“线上读书会”等在线教育新模式、新场景进一步贴合用户需求，走向内容多元化、互动高频化、服务精细化新阶段。随着消费者黏性的增强，未来平台服务商将获得更强大的下游“引流”能力，显著提升盈利水平。同时，在线教育企业将加速建立综合性的在线学习平台，形成稳定成熟的产业闭环，获得更高的市场占有率。

二是业务布局由一、二线城市逐步下沉。当前，在线教育产业在一、二线城市的渗透率已接近饱和，未来势必会将业务布局重点下沉到三、四线城市。在国家对在线教育支持政策不断加码、家庭年均教育消费支出逐年升高、升学就业压力不断加大、二胎政策完全开放等众多因素背景下，三、四线城市的在线教育用户规模也将不断扩大，进而催生出更多的线上教育岗位。同时，为促进教育资源的均衡化分配，一线城市名师的在线课程也将逐渐在三、四线城市普及。

三是在线教育获客手段持续创新。虽然在线教育类企业近年上市热潮不断，但是行业内的多数企业仍处于初创阶段，这些企业大都采用回报相对稳定、投资风险相对较低的传统预收费商业模式。主打操作简单、性价比高的线上拼团模式开始大量涌现，为在线教育在下沉市场进行业务拓展及运营带来强劲动力。此外，在营销推广方面，越来越多的企业不断通过与社区论坛、短视频、移动电商、社交媒体等多领域互联网企业合作来推广教育产品、积累客户。

四是授课方式及课程类型逐渐丰富。随着线上教育成为常态化应用模式，社会对学习平台、资源和工具的需求将不断提高，广播式远程直播+线上互动教学、录播系列课+线上指导、虚拟仿真实验平台+直播实验教学等更多在线课程模式将被积极探索，授课和学习方式将会向着方法个性化、内容专业化、产品丰富化变革创新。例如，未来的在线教育将通过大数据分析学习情况，为学生建立个人画像，推送适合学生的课程，人工智能技术将会帮助学生了解薄弱点，提高学习效率与学习效果。

10.1.3　突出问题

一是技术瓶颈制约用户体验。终端硬件设备性能、平台并发访问能力、网络带宽、在线教育人机交互设计等问题在一定程度上制约了在线授课的流畅程度和互动效果，同时影响学习体验，阻碍学习效果和学习进度。

二是教师角色与责任模糊引发新矛盾。在线教育使得授课教师传授知识的责任发生了转变，以中小学教育为例，传统教育形式中老师的监督、说教、辅导等作用被逐渐淡化，学生对教师职责的转变难以适应，从而引发较多家长看护教育方面的矛盾，直接影响在线教育的发展潜力。

三是学生直面网络污染风险增加。学生在线上学习的同时容易受到其他网络信息的影响，在缺乏线上线下监管的情况下，面临着诸如广告骚扰、网络暴力、消费陷阱等负面信息的侵犯，严重影响学生的学习效果。

四是教育产品缺乏知识产权保护。当前，网络上存在着对在线教育产品的诸多盗版、侵权行为，盗版者会采用分享账号或分享网盘资源等形式对在线教育企业的产品进行不同程度的侵权，严重影响在线教育行业的知识产权保护。

10.1.4　发展建议

一是深化技术应用，增强线上学习体验。充分挖掘数字经济时代的教育新需求，增强大数据、人工智能、5G 等新一代信息技术在教育行业的赋能应用，推动教育服务工具迭代升级，积极探索 VR、3D 等智能环境课堂教学新模式，提升用户体验，提高用户满意度，不断加强在线教育的差异化竞争能力。

二是加强监管治理，优化线上教学环境。重视产品备案、教学时长、教学内容的监管，建立全国统一、部门协调、上下联动的监管体系，开展“互联网+教育监管”的有益尝试，加强对在线教育企业、在线教育产品的内容及质量监管，同时，在严守底线的前提下为在线教育新业态的发展提供空间保障。

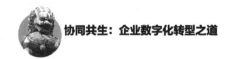

三是加快人才储备，提高线上授课质量。坚持构建完善的在线教育师资人才体系，建设合理的专、兼职师资队伍，培养既能胜任理论教学，又能指导学生实践的“双师型”师资人才。同时，合理分配本土和外籍教师比例，防范因新冠肺炎疫情等原因造成的外籍教师无法返岗工作的情况。

四是增强产权保护，确保线上产品权益。提高全社会保护教育知识产权的意识，积极推动在线教育知识产权相关立法保护，明确维权边界，完善相关法律法规，健全侵权查处机制，严厉打击侵犯知识产权的违法犯罪行为，规避盗版视频、教材等的不良传播，确保相关方的合法权益。

大力发展融合化在线教育案例——科大讯飞智慧课堂如图 10-1 所示。

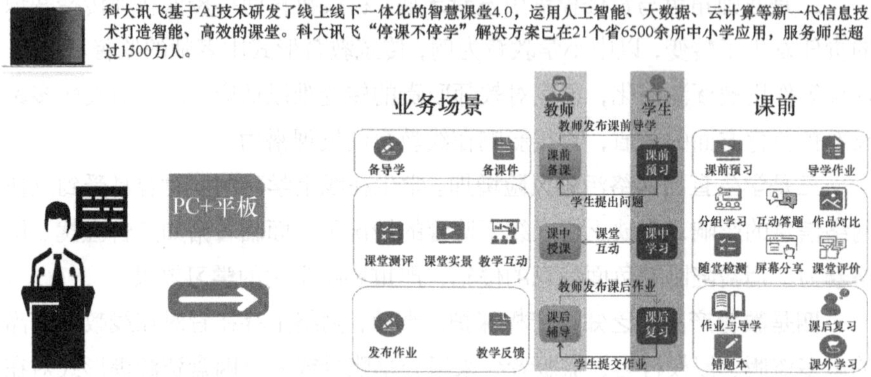

图 10-1　大力发展融合化在线教育案例——科大讯飞智慧课堂

10.2　互联网医疗

互联网医疗作为一种新型医疗健康服务业态，以互联网为载体，以医疗资源汇聚为手段，以医疗服务在线化、便捷化为特色，代表了医疗行业发展新方向。在刚性需求增多和新冠肺炎疫情的刺激下，互联网医疗实现规模化增长，并与大数据、人工智能等新一代信息技术深度融合，呈现出“智能+”的新特征。

10.2.1　发展现状

一是在线服务手段不断丰富。近年来，受我国人口老龄化进程加速与慢性疾病比例居高不下的影响，医疗行业的刚性需求激增。各地区、各有关部门为缓解线下医院压力、优化就医流程、提高诊治效率，积极推进信息技术在医疗行业的应用，在线挂号、在线问诊、远程会诊、电子处方、医疗影像、辅助诊断等互联网医疗服务新模式不断涌现。

二是市场规模增长迅速。据不完全统计，2026 年，我国互联网医疗市场规模将达 2000 亿元，2021—2026 年复合年均增长率（Compound Annual Growth Rate，CAGR）预计为 14.23%。新冠肺炎疫情的突发提升了居民对互联网医疗的认知度与认可度，带动互联网平台快速增长，新冠肺炎疫情暴发仅一个月，平安好医生平台新注册用户增长了 10 倍，阿里健康平台日访问量提升了 5 倍，百度“问医生”页面访问量接近 2 亿人次。

三是互联网医院成为分级诊疗推广的重要方式。长期以来，我国医疗资源分配不合理导致百姓看病难、看病贵等问题层出不穷。新一代信息技术在医疗行业的快速融合应用，有效缩减了服务时间与空间距离，在促进医疗资源下沉、医疗信息共享、医疗服务协同等方面发挥了积极作用，推动“基层首诊、双向转诊、急慢分治、上下联动”的分级诊疗模式加速建立，促使“小病在基层，大病进医院，康复回基层”的就医格局初步形成。

10.2.2 发展趋势

一是新技术应用加快医疗数字化进程。近年来，国家鼓励支持各方加大 5G、大数据、人工智能等新一代信息技术在医疗行业的布局，有助于推动医疗服务平台化、就医流程便捷化、医疗设备智能化发展。以个人健康医疗信息为核心的医疗大数据平台，将促进医疗、医药、医保三医联动体系建设。

二是国家新政加快互联网医疗落地实施。《互联网诊疗管理办法（试行）》《互联网医院管理办法（试行）》《远程医疗服务管理规范（试行）》等文件明确指出，部分常见病、慢性病复诊可通过签约的“互联网+”家庭医生开展的服务解决。新冠肺炎疫情期间，国家医保局、国家卫生健康委两部门联合印发《关于推进新冠肺炎疫情防控期间开展“互联网+”医保服务的指导意见》，将符合条件的“互联网+”医疗服务费用纳入医保支付范围。未来线上医疗服务、在线处方药费等在线医保结算将覆盖更广范围，进一步为互联网医疗的落地实施提供支持。

三是医疗数据资源价值进一步凸显。随着在线问诊、区域医疗信息、互联网医院等平台的建设，医院、企业等将积累大量的基础医疗数据，为行业管理、生物医药、临床医学、公共卫生安全等提供重要依据。未来医疗数据资源将为远程诊疗、线上复诊等创造更加广泛的应用场景，推动医疗行业的整体发展。

10.2.3 突出问题

一是医疗数据共享机制匮乏，在线服务与数据应用发展受限。当前，医疗数据繁多，各类互联网医疗平台衔接不畅，线上线下、跨平台诊疗结果分布分散，使得各地以患者个体为中心的数据汇集与共享难以实现，互联网医疗一体化服务体验不佳。此外，由于医疗大数据的脱敏共享机制尚未建立，各类诊疗平台采集到的海量医疗数据无法得到有效汇集和挖掘，信息孤岛问题频出，掣肘疾病发现、辅助诊疗、典型案例分析、线上会诊等医疗新模式的发展。

二是技术融合应用仍在初期，需求分析与场景体验有待优化。5G、大数据、人工智能等新技术在医疗领域的应用和创新仍处于探索阶段，健康管理、智能辅助诊疗、基因诊断等新商业模式尚未成熟。此外，针对不同群体用户的需求挖掘有待加强，线上就诊的时效性、交互性、操作性等场景体验亟待改善。以中老年群体为例，作为常见病、慢性病复诊等线上诊疗方的核心用户群，同时也是对使用智能终端、适应在线方式最为陌生的群体，要改变他们的线下就医习惯，最大限度降低操作门槛，是互联网医疗企业亟待突破的重要问题。

三是优质医疗资源吸纳力不足，线上诊疗服务能力欠佳。目前，线上诊疗的科目齐全，注册的医师数量也不少，人们就医的便利性得到改善，但对于三甲医院、主任医师等优质医疗资源的吸纳能力不足，夜间、周末、节假日等非日常工作时期的执业奖励机制有待进一步完善。线上医师的诊疗水平、全天候就诊能力普遍偏低，用户对于线上诊疗结果和处方信任度不足。新冠肺炎疫情期间，人们迫于出行限制，对于小病、分诊、复诊、疑似病情判断等问题的线上就诊需求激增，而新冠肺炎疫情后，如不解决优质资源供给这一痛点，远程医疗平台的使用率将大幅回落。

四是服务职责界限有待明晰，医疗保障体系尚未覆盖。首先，互联网医院服务项目、诊疗范围尚未明确，一些医疗资源丰富的公立实体医院对互联网医疗业态的进一步发展持观望态度。其次，医疗事故责任主体界定不清晰、纷争处理流程不明、健康医疗信息的事前监管制度不健全等机制问题，从不同角度阻碍了互联网医疗生态的形成。最后，现阶段多数医疗机构只解决了挂号、诊疗的线上化，线上就医尚无法享受医保开药、保险等服务，亟待搭建医疗、医药、医保三医联动的线上就医环境，构建以个人健康为中心的医疗服务体系。

10.2.4 发展建议

一是增强数据资源开放共享，有效破除医疗信息壁垒。加快构建全国统一的医疗健康信息平台，有序推动数据开放共享，消除医院、研究机构、医药厂商、主管部门之间的信息壁垒，推动建设国家级的医疗、检测、医药、医保管理服务平台，实现全国医疗健康信息的互联互通。加强数据价值的多层次挖掘分析，创建“互联网+健康”新服务体系。

二是加速推动医保融入互联网医疗，完善医疗服务结算体系。推动线下实体医院与线上互联网医院共同参与医疗保障体系建设，推进医保在线支付，建立医保支付与商保支付并行机制，加快互联网医疗与多样化医保支付结合的配套政策落地，形成多层次、多类型的医疗服务体系和医保结算支付体系，切实解决群众挂号难、看病难、买药贵等问题。

三是加强行业监管力度，保障医疗信息安全。推动建立跨领域融合的协调监管机制，明确互联网医疗服务模式监管权责。建立医疗责任分担机制，推行在线知情同意告知机制，有效防范和化解医疗风险。加快个人健康医疗信息保护立法进程，制定与个人健康医疗数据隐私安全保护相关的法律法规。

四是提高互联网医院资源吸附能力，提升线上医疗服务质量。充分利用互联网技术跨区位、跨人群、跨时间的优势，打造医师多点执业渠道。兼顾医师利益诉求，完善执业奖励机制，将医师在互联网医疗平台的工作时间与其职称评定、业务考核等挂钩，促使名医、良医积极投身线上医疗。完善医师随访和患者反馈机制，打通医患间持续性沟通的桥梁，通过全天候就诊、连续性复诊等制度保证诊疗服务质量。

积极发展互联网医疗的案例——丁香医生如图 10-2 所示。

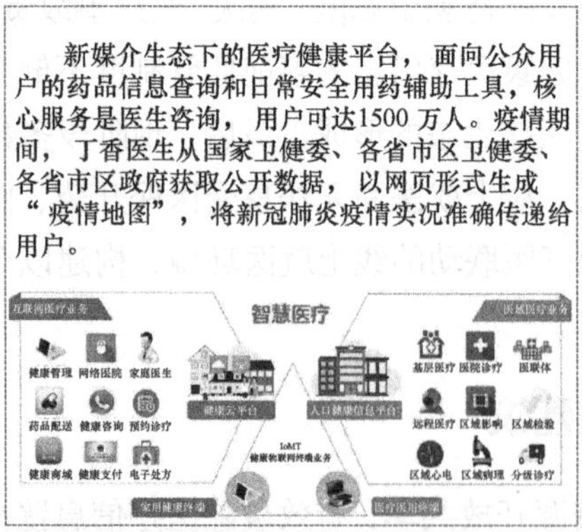

图 10-2 积极发展互联网医疗的案例——丁香医生

10.3 便捷化线上办公

远程办公是解决新冠肺炎疫情期间企业复工复产的重要技术手段，同时也为改变企业工作方式甚至组织模式赋予了潜在能力。远程办公极有可能在新冠肺炎疫情步入常态化防控局势后，实现从企业“必选项”到“优选项”的华丽转身，推动远程办公进入发展新阶段。

10.3.1 发展现状

市场规模不断增长。我国远程办公市场持续保持高速增长。《2019 年中国 SaaS 产业研究报告》显示，2015—2018 年国内远程办公市场规模分别为 90.1 亿元、208.6 亿元、441.8 亿元、459.5 亿元，市场规模近 460 亿元，NPS（Net Promoter Score，净推荐值）高达 40.4%。截至 2019 年 6 月 30 日，钉钉已拥有 2 亿名用户。截至 2019 年 7 月底，企业微信已经服务超过 250 万家真实的企业，有超过 6000 万个活跃用户使用企业微信服务。2020 年在新冠肺炎疫情防控的大背景下，远程办公软件市场呈爆发式增长。

刚需市场不断扩大。新冠肺炎疫情暴发以来，大批潜在客户被逐步挖掘出来，远程办公软件需求量激增。调查显示，在武汉，有 55%的软件企业员工通过远程办公方式实现了在线复岗。华为远程办公平台 WeLink 数据显示，2020 年春节后，平台每日新增企业用户数在 1.5 万家以上，承接的会议高达 12 万次，日均增加 50%。

10.3.2 发展趋势

远程办公软件呈现“开发端融合、应用端耦合”的发展特征，实现工作远程化、协同化。在开发端，企业积极引用大数据、人工智能等新兴信息技术搭建开发环境，通过技术融合创新不断优化算法、强化稳定性、丰富功能模块，提升产品组件功能。在应用端，企业基于传统的平台产品和新一代信息技术产品，以统一账号体系和开放集成应用手段，推动功能深度耦合集成，通过打通工作流，实现未来数据的集成、业务系统的连接和企业管理的渗透。

远程办公软件市场竞争格局不断演进。当前，我国远程办公软件产品种类、应用类型、适用场景已进入细分商业格局。腾讯、阿里巴巴、华为、字节跳动等互联网与科技巨头，以平台与流量优势，全面布局远程办公领域；腾讯、阿里巴巴携手泛微、石墨，互联网企业与传统 OA 融合，市场从单一竞争正走向“竞争+合作”的模式，企业微信、钉钉和云之家等互联网企业，在团队协同、企业培训、财务报销等方面，不断加强与泛微、致远等传统 OA 企业及石墨、道一等创新企业的合作。

10.3.3 突出问题

产品稳定性和实用性面临挑战。在远程办公门户方面，部分产品存在用户找不到功能选项、对远程办公界面不适应，以及 UI 设计不实用的问题，在用户数量激增的情况下，部分远程办公软件出现了无法登录、应用卡顿、无法收发消息、视频会议中断等问题。此外，由于各个企业之间的组织文化、管理模式、协作流程不同，远程办公软件的针对性与实用性亦是痛点。

数据安全问题突出。企业办公涉及大量文档、数据的共享与交换，由于加密手段、保密方式等数据安全保护手段不足，以及企业办公安全防护意识不足，企业在通过网络使用企业网盘、协同文档处理软件等时，容易遭受远程控制、文件窃取、病毒入侵、数据泄露等，导致企业隐私数据及资产安全遭受严重威胁。

10.3.4 发展建议

一是完善产品功能，提升稳定性、实用性和友好性。建议以实际需求为导向持续完善即时沟通、日历、音视频会议、在线文档、云盘、工作台、协作 Office、移动办公平台等主要功能模块，不断丰富在线办公、诊断、教育等应用场景；做好产品容量规划，提升产品承载能力，保障产品使用连接稳定性；搭建友好的用户界面，不断提升用户渗透率。

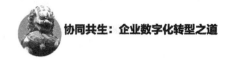

二是加强数据保护，为远程协作提供安全保障。建议倡导远程办公产品与国产密码进行深度融合和整体应用，打造包括登录、强身份认证、链路传输、数据存储等全流程端到端的加密移动工作平台；鼓励在数据传输过程中，使用 VPN 与安全桌面的形式，杜绝终端的数据泄密的问题；通过数据本地化部署、管理端操作系统加固、数据通信加密等方式加强数据安全保护力度。

三是推动融合创新，助力企业数字化转型。建议推动远程办公软件研发企业运用 5G、虚拟现实等技术，合理整合和利用网络流量、软硬件资源、云服务、安全和内容等网络资源和移动终端、智能穿戴等设备，开发适合企业运营的个性化软件产品和系统架构方案，如 VR 虚拟会议；融合云计算、边缘计算等新一代技术，推动远程办公 SaaS 平台建设，打造一体化办公软件体系，推动企业实现从传统企业向数字化企业转型。

便携化线上办公案例——腾讯会议如图 10-3 所示。

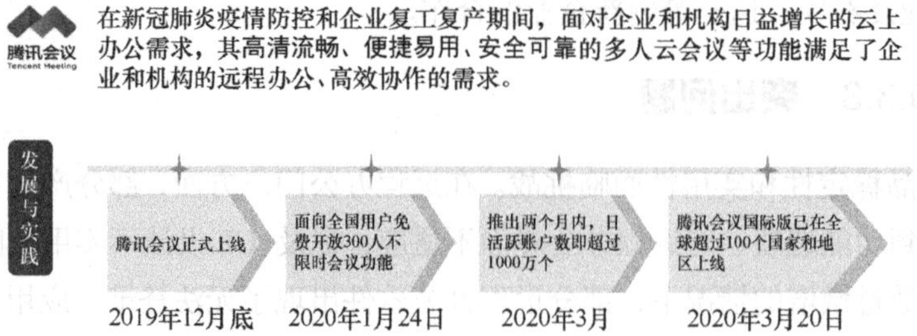

图 10-3　便携化线上办公案例——腾讯会议

10.4　数字化治理

数字化治理通常指依托互联网、大数据、人工智能等技术和应用，创新社会治理方法手段，优化社会治理模式，推进社会治理的科学化、精细化、高效化，助力社会治理现代化。新冠肺炎疫情发生以来，数字化治理手段被广泛应用于数字政府、智慧城市、公共事务管理等社会治理领域中，加速社会治理的数字化转型进程。

10.4.1　发展现状

近年来，数字政府改革建设受到了各地区、各部门的高度重视和积极探索。部分地区的数字政府建设成效初现，有力推动了政府治理模式和服务模式的优化创新。在新冠肺炎疫情应急管理中，多地政府深化与市场的合作，将大数据、人工智能等数字技术应用于抗击新冠肺炎疫情中，有效提升了社会治理和资源调配的反馈效率。同时，各地、各部门积极推进基于数据资源融通的"互联网+政务"服务，助力企业复工复产。例如，"健康码"作为数字防疫的通行证和新手段，从浙江、上海等地开始推广，迅速覆盖全国多个省市，成为数字化治理新模式落地实施的重要切入口。再例如，杭州利用"城市大脑"为"健康码"和"亲清在线"数字平台提供了算力和数据协同支持，实现抗疫应急管理应用的快速开发，并日渐拓展便捷就医、智慧旅游、食品安全、智慧环保等城市运行管理新应用新场景，成为杭州城市治理的必要基础设施。

总体来看，数字化治理手段提升了"战疫"的精准性和智能化，推动政务数据和社会数据资源共享利用的同时，进一步激发了智慧城市建设的活力，凸显出城市治理制度创新、模式创新和手段创新的巨大潜能。

10.4.2　发展趋势

一是"数字政府"建设加速落地。新冠肺炎疫情期间，互联网和数字技术为政府搜集和发布新冠肺炎疫情信息、调配紧缺物资及高效精准配送等方面提供了创新手段。大数据等数字技术成为政务服务的有力辅助，推动了社会治理能力和社会治理体系的现代化变革。"战疫"经历进一步强化了公共治理的"数字化思维"，充分探索了诸多有效的数字化治理的经验和模式，将推动数字政府建设提速。

二是数据融通共享步伐加快。政务数据蕴含巨大的经济价值和社会价值，数字社会的健康发展有赖于政务数据的有序开放共享和有效开发利用。"新基建"浪潮背景下，5G、城市物联网、人工智能基础设施将加速部署升级，线上认证、不见面审批的方式将更为普及，"一网通办""一码通行"将成为社会治理的"新标配"，以需求为导向刺激各部门数据加速融通共享。

三是政企合作挖掘社会治理新潜能。面对新冠肺炎疫情，众多互联网企业通过提供大数据产品、平台和算法支持，在支援前线、后勤保障、服务民生、协调资源等方面发挥了不可或缺的作用。未来互联网平台企业与政府部门、社会组织多方面合作将成为大势所趋，全新的大数据方式将用于治理社会、服务民生、支撑决策。

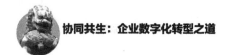

四是“智慧城市”发展“去虚向实”。新冠肺炎疫情期间，包括民生保障、物资供应、交通管理等城市公共服务，以及患者救护、床位调配、医用物资供给等抗疫行动，都高度依赖敏捷响应和高效运转的智慧城市平台。经历新冠肺炎疫情考验之后，我国的新型智慧城市建设将进入面向各个具体应用场景开展定制性解决方案的阶段，并将持续深化应用，不断提升公共事件的应对能力。

10.4.3 突出问题

一是将数字技术应用到社会治理的普惠性尚面临数字鸿沟。数字化治理的红利在数字化转型先行省市和后发省份之间存在推广差距，在数字化程度较高的行业领域和其他行业领域间存在应用壁垒。与政府部门相比，社区基层组织的数字化治理存在覆盖盲区。

二是数据孤岛、隐私保护、数据安全等数据共享“顽疾”依旧严重。跨系统、跨组织、跨业务、跨应用、跨层级、跨地域的数据协同管理和共享共用机制尚未建立，数据共享的基础薄弱掣肘社会治理服务的优化和应急公共事件的处置。

10.4.4 发展建议

一是连通数字化治理的断点。研究制订数字政府顶层设计方案，以“智慧城市”建设为目标，以群众需求为导向，以5G、城市物联网、人工智能、大数据等技术产品为支撑，优化大数据+网格化管理，推进数字化公共安全联防联控，疏通数字化治理的堵点和断点，解决核心痛点问题。

二是打通政务数据的流通闭环。各地政府要将“治理”和“服务”作为数字化治理的两条主线，加快推进政务数据汇聚治理，完善政务数据共享交换机制，推动数据资源规范化流通，打通政府部门的数据流通闭环。深化大数据、人工智能、区块链等新一代信息技术在政务服务中的应用，构建基于区块链的治理架构，实现政务数据的溯源确权和共享共治，提升“一网通办”数字政府系统的安全性、高效性和可信性。

三是畅通治理体系的基层应用。建设全要素、立体式的政府数字化服务联动机制，推进政务服务平台的全覆盖，将数字化治理体系下探到组织最基层和区域最末梢，确保政令流转通畅有效。推进智慧社区建设，发挥群众主体作用，推进社区治理共建共治共享，加速基层治理数字化转型。

四是推进城市设施的智能化升级。加强交通、电力、给排水、管网等城市公用领域的物联网应用和基础设施智能化升级，统筹部署车联网、智慧灯杆、智慧管廊等智能设施网络，高效配置社会资源，赋予"城市大脑"感能、描述、反馈、预测等全方位功能，实现城市治理从数字化到智能化升级，更好地应对群众需求。

不断提升数字化治理水平案例——杭州"城市大脑"如图 10-4 所示。

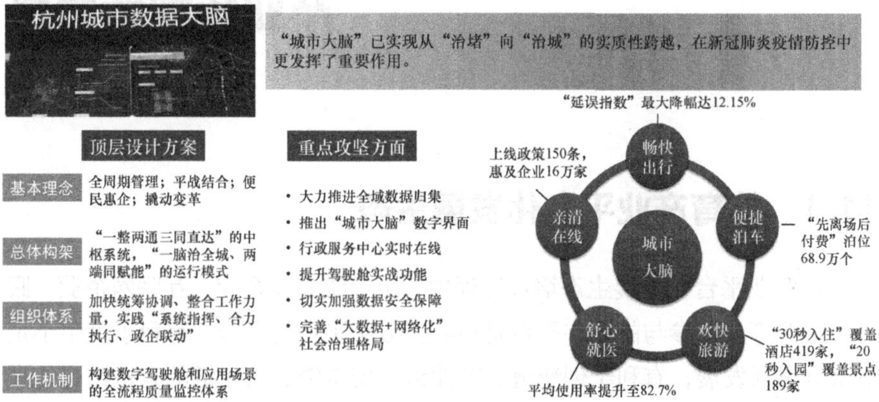

图 10-4 不断提升数字化治理水平案例——杭州"城市大脑"

（数据来源：杭州日报。）

第 11 章

产业转型新思路

11.1 培育产业平台化发展生态

在产业平台化发展生态培育过程中，由传统龙头企业、互联网企业、服务类企业等共同参与的数字平台是核心。数字平台的发展，有利于大中小企业融合融通发展，有利于创新链、产业链、资本链、人才链的有机结合，有利于构建资源富集、多方参与、利益共享的开放价值网络。本节重点分析数字平台的发展现状、发展趋势、存在问题，并提出下一步发展建议。

11.1.1 发展现状

数字平台包括技术赋能、信息撮合、交易结算、物流配送、融资服务等多种类型的平台，具有广阔的市场空间，不断为经济增长和产业发展注入活力。其中，交易结算、物流配送类平台规模最大。以服务于产业发展的 B2B 电子商务平台为例，2018 年交易规模已达 19.5 万亿元。信息撮合类平台起步最早，融资服务类平台伴随着传统产业发展不断焕发生机，两类平台的商业模式逐步成型。据统计，2019 年，网贷平台成交量达到了 9649.11 亿元。技术赋能平台起步较晚，但对于产业发展的支撑作用明显，近年来也得到了各行业企业的关注，成为行业投资和发展的重点。以工业互联网平台为例，据工信部统计测算，2019 年，我国相关产业的经济增加值规模达 2.13 万亿元。

11.1.2 发展趋势

从产业规模看，数字平台市场规模将持续扩大。据美国通用电气公司预测，到 2030 年，数字平台及相关产业将为中国经济带来累计 3 万亿美元的

GDP。智研咨询数据显示，2020 年，中国工业互联网市场规模近 7000 亿元，预计到2023年，全球工业互联网平台市场规模占全球工业互联网市场规模的 15%。

从应用推广看，数字平台在行业的应用将逐步走深向实。随着数字孪生、边缘计算等新兴技术的应用深化，数字平台作为物理世界与数字孪生世界的桥梁作用日益凸显，其整体发展将更加务实，聚焦行业痛点问题，将技术突破、模式创新与产业实际需求相结合，面向特定场景、具有更大价值的行业解决方案及一二三产业融通领域的系统解决方案将会涌现。

从区域发展看，发达城市数字平台建设领先全国。北京、杭州、南京、上海、青岛、深圳等地方数字平台建设依然领先全国，将会带动环渤海、长三角、珠三角等地产业整体提升，为区域内资源优化配置、供需精准对接、线上线下高效互动、孵化创新衔接加速赋能。

11.1.3 突出问题

平台治理与监管有待加强。新冠肺炎疫情期间，数字平台成为人们生产生活的重要工具，同时由于平台监管与治理滞后问题，平台乱象也集中暴露，假冒伪劣产品流转于各大平台，虚假发货等诈骗行为频频发生，“坐地起价”现象时有出现，售后服务问题较为严重。

平台盈利模式有待深入探索。新冠肺炎疫情暴发引发需求快速释放，带动一些平台快速发展。但是新冠肺炎疫情结束后，外部环境将发生较大变化，这些平台发展将面临巨大挑战，如用户留存及用户消费水平难以保证，供应链建设依然面临重大考验等。

平台应用有待丰富和深化。当前数字平台虽然在应用场景开发方面取得了突破性进展，但就其应用的广度和深度而言，当前平台应用仍处于初级阶段，面临着描述性应用多、预测性和决策指导性应用少，单点应用多、协同应用少等问题。

11.1.4 发展建议

强化核心技术研发，提升技术支撑能力。统筹推进 5G、数据中心、云计算设施布局和建设。加快大数据、人工智能等技术研发，重点突破海量数据存储、多元异构数据处理、时序数据分析、计算机视觉、自然语言处理、生物特征识别及知识图谱等关键技术。提升行业共性技术能力，加快机理模型与微服务开源社区及行业知识库、模型库、专家库建设。提升新技术应用能力，推动虚拟现实、区块链等新技术与产业互联网平台融合发展。

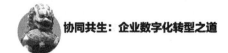

挖掘培育应用场景，推动平台成功落地。建平台是基础，用平台为目标，平台应用的拓展和深化是未来平台发展的重中之重。结合“平台+5G”“平台+区块链”等新技术融合趋势，结合产业发展实际需求，积极培育数字平台应用解决方案。打通消费与生产、供应与制造、产品与服务间的数据流和业务流，探索协同办公、协同生产、在线服务等新模式，培育共享经济、现代供应链、产业链金融等新业态。

打造协同发展生态，扩大平台影响力。结合行业发展特点，加强全产业链的信息交互和集成协作，推动数字平台的功能迭代、服务创新、行业落地和智能演进升级。依托数字平台建设，实现传统产业链上下游研发、生产、服务、商务、物流、投融资等资源和能力数字化、网络化在线汇聚，实现行业资源和能力在线发布、网络协同和实时交易，提高全要素生产率，提升全行业整体运行效率。

加强平台治理与监管，优化平台发展环境。在深刻把握数字经济、平台经济发展规律的基础上，厘清数字平台的责任与义务及数字平台的履责范围，进一步明确面向数字平台的监管原则和执法标准。结合政府、社会等在治理和监管方面的特殊作用，明确各方的监管职责与角色分工，构建多元共治的平台监管和治理体系。针对不同类型的数字平台，实行差别化监管，精准施策。推广数字技术治理，加强人工智能、大数据、区块链等数字技术在平台治理与监管中的应用，提高监管效率，提升监管水平，创新监管模式。维护或建立必要的市场自由竞争机制，为平台健康发展营造良好环境。

培育产业平台化发展生态案例——阿里云平台如图11-1所示。

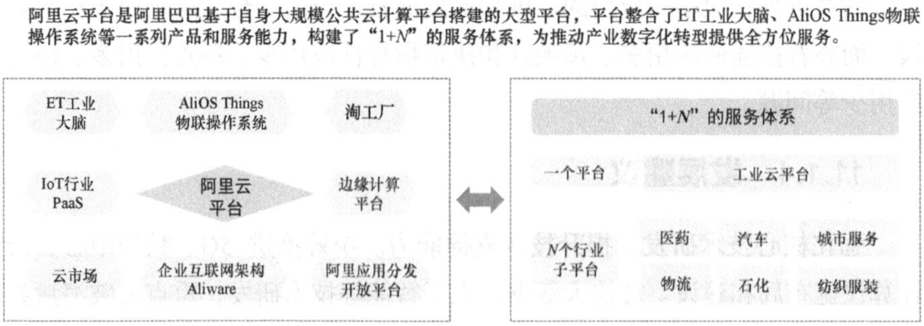

图11-1　培育产业平台化发展生态案例——阿里云平台

11.2　打造跨越物理边界的“虚拟”产业园和产业集群

虚拟产业集群（园区）是通过企业虚拟化和网络虚拟平台的搭建，推动不局限于统一地理区域、具有产业链和价值链内在联系的企业和机构，基于一定契约和规则而形成的虚拟空间集聚，从而实现线下“实体”与线上“虚拟”有机结合、充分竞争、共同发展的虚拟集合体。虚拟产业集群（园区）是数字经济时代产业集群推动数字化转型的必然选择，促进产业范式从传统的基于地理空间集中向新型的基于虚拟平台集聚转变，演进路径从“数量集中—质量提升—研发和品牌创新主导”向“平台驱动—社区化运作—无边界发展”转变，产业边界从融入本地分工体系向融入全球一体化分工体系深度扩展，从而实现规模、能力和效益的整体提升。

11.2.1　发展现状

1997 年，由巴西圣保罗大学、英国纽卡斯大学等七所大学组成网络化研究课题组，首次提出“虚拟产业集群”是具有各自专长的企业集合体，是快速构建与运作虚拟企业的基础平台，成员通过提供核心能力、参与虚拟运作，分享市场。在具体实践中，以政府主导的制造业创新网络、乌镇虚拟产业园，以及企业主导的阿里淘工厂、猪八戒网、海尔“海立方”、中航工业“爱创客”等代表性虚拟产业集群（园区），为入驻企业构建跨区域、跨产业协作的虚拟创新环境，促进基于平台的技术融合、资源共享和开放合作，日益呈现出跨区域、跨产业、资源共享、开放灵活、生态发展等特征。

虚拟产业集群（园区）加速基于平台的范围经济发展。虚拟产业集群（园区）突破了传统产业集群地理集中的发展限制，通过功能模块化、企业虚拟化、运营社区化的平台基础设施建设，将消费者、设计师、制造商、解决方案提供商、硬件供应商，以及越来越多的社会参与者连接在一起，形成超大规模分工协作、价值共享、利益分成的产业生态系统，实现从基于地理集中的大规模、单一中心的规模经济，向基于虚拟平台的以价值网和资源共享能力为核心的范围经济优化升级。

虚拟产业集群（园区）推动形成按需产业组织方式。虚拟产业集群以虚拟平台为依托，以数字供应链构建为主线，以订单、产能、渠道等资源供需撮合为突破口，实现对产业链上下游、产供销、供应链、跨产业链等全流程资源的实时监测、统一调度和需求匹配，最大化发挥互联网平台对于资源的统筹整合能力，使生产活动突破市场半径和企业边界的约束，按照动态需求组织柔性生产。

11.2.2 发展趋势

发展方式从“虚拟为主”向“虚实融合”转变。越来越多的线下实体集群（园区）正通过建设支撑实体产业与虚拟产业融合发展的多样化数字平台，促进集群（园区）资源要素数字化、产业数据共享化、产业分工专业化、创新服务集约化、平台治理协同化，摆脱产业链所有环节的地理空间约束，通过构建数字产业链，开放性汲取更广范围的优势产业资源集聚。例如，京东陆续在山西、湖北、云南、江西等地落户新经济产业园，通过搭建线上产业创新平台，为平台用户提供统一的技术、物流、市场、运营、信息等产业资源，带动用户集聚线下实体园区，实现线上线下产业协同发展。

发展重心从“要素服务”向“协同创新”升级。特定区域范围内的产业集群建设，更关注的是面向集群内企业提供土地、资金、厂房、设施等基本要素服务。随着互联网平台发展，虚拟产业集群（园区）在技术、人才、资本、市场、信息等产业创新要素集聚上取得明显突破，在产业链、供应链、创新链和价值链方面形成高度专业化分工，将逐步实现从基础性服务增值向跨主体、跨区域、协同化创新生态建设升级。

发展动力从“单一主体主导”向“内外循环驱动”转变。一般而言，虚拟产业集群（园区）发展要么依托地方政策支持，要么依托平台企业业务创新。在“国内大循环为主体、国内国际双循环相互促进”的发展格局下，虚拟产业集群（园区）进一步激发，将成为促进全社会供需资源对接的关键枢纽，对内更加注重产业链和供应链的集成整合、在线分享和优化配置，在提升内循环的投资和消费质量方面发挥重要作用；对外以无边界虚拟平台为支撑、以数字贸易为连接，深度融入亚太、“一带一路”、欧洲乃至美洲地区的产业体系和价值体系重构中，助力实现内外循环的互促共进。

11.2.3　突出问题

集群治理手段尚不成熟。虚拟产业集群（园区）是基于一定的产业关联和社会网络关系而形成的企业虚拟化集聚，建立在相互信任和互动的基础上，内生协调机制较为松散，亟须在集群内领导企业各层级间的协调管理、集群创新资源的开放性交流及集群行业的自律监督激励等方面建立配套治理机制。

集群运营能力有待提升。大多数虚拟产业集群（园区）仍处于规模化发展的初级阶段，创新链、服务链与产业链之间并未形成有机衔接，基于数据流打通的“虚”“实”集群建设进展缓慢，初步形成企业在线规模化集聚，但对于企业间通过“结网和互动”、以数据为驱动的网络化协同机制并未充分发挥作用。

11.2.4　发展建议

推动集群治理模式创新。鼓励行业领军人才、龙头企业和各类机构成员代表等共同组建扁平化治理机构，形成常态化、制度化治理机制，发挥“黏合剂”作用，促进集群企业交流合作，规范集群企业市场行为，增强集群企业协同创新能力，提高集群企业对外交流与宣传水平，推动集群企业整体效率提升。

提升网络化协同创新能力。引导集群企业形成学习交流、信息共享等机制，促进创新要素的自由流动，加快集群内部知识扩散和技术外溢，推动产业发展从单一线性的个体创新向网络化的集群创新转变，提高整体创新效率。在扩大人才培养引进、优化金融资本支持、改善生产生活服务及加强信息流通共享等方面聚焦施力，吸引人才、资本等生产要素和科研机构、服务机构“在线”集聚，形成要素支撑合力。

促进虚拟集群与实体集群互动融合。突破网络边界限制，推动地理位置、产业特色相近的虚拟集群与实体集群开展合作，促进产业、科技、创新、管理、运营等方面的资源对接，通过线上业务落地等方式提升产业互联、业务互通、资源互助、信息互用，提升集群发展能级。

打造跨越物理边界的“虚拟”产业园和产业集群案例——“淘工厂”集群生态如图 11-2 所示。

图 11-2 打造跨越物理边界的“虚拟”产业园和产业集群案例——“淘工厂”集群生态

11.3 发展基于新技术的“无人经济”

无人经济是综合运用物联网、互联网、5G、人工智能、大数据等新一代信息技术和“新基建”，为人类的生产、生活提供新的分配、交换、消费、服务模式的新经济业态。无人经济改变了传统经济对人力的高度依赖，以技术要素和资本要素投入降低了劳动力成本和交易成本，提高了资本劳动比，是促进生产率提升，进而促进经济高质量发展的重要抓手，是数字经济未来的重要发展方向。新冠肺炎疫情期间人们的“自我隔离”成为推动无人经济迅速发展的重要推手，疫后如何延续并壮大无人经济值得关注。

11.3.1 发展现状

进入新无人经济阶段，内涵持续丰富。无人经济先后经历了以自动售货机为主要形态的前无人经济时代和引入移动支付手段的网络无人经济时代。2015 年以来，无人经济发展呈现百花齐放的局面，新的技术手段、新的商业模式、新的参与主体加速涌现，进入新无人经济时代。当前，无人经济主要包括无人生产、无人服务两大类别。无人生产面向生产领域，包括无人工厂、无人车间、无人仓库等模式；无人服务面向消费领域，涉及零售、生活、娱乐、健康等领域。

市场需求旺盛，产业规模不断扩大。近 10 年来，我国人口增长率降低、老龄化加速、劳动人口减少，人口红利的逐渐消退，为经济可持续增长带来挑战。新冠肺炎疫情导致的全民居家隔离，更是将人力资源匮乏的现状放大，无人刚需市场进一步扩大。前瞻研究院数据显示：2019 年，我国无人机市场规模在 188 亿元左右，年均复合增速高达 73.33%。据 IDC 测算，2021 年全球机器人市场将达 2260 亿美元，中国将成为全球最大的机器人和自动驾驶市场。华经情报网数据显示，截至 2017 年年底，国内无人零售市场规模接近 218 亿元，用户规模有 600 万个。新冠肺炎疫情期间，无人零售再度掀起热潮，火神山医院、雷神山医院也纷纷上线“无人超市”，随着新场景、新需求的不断发掘，无人零售市场规模不断扩大。

投融资趋热，成为资本关注焦点。无人经济作为创新的前沿领域，一直受到资本的关注。在无人零售领域，鲸准数据库数据显示，截至 2018 年年初，我国无人零售企业超过 138 家，其中 57 家获得了融资，总融资额超 48 亿元人民币。在无人驾驶领域，防控新冠肺炎疫情期间，代替人送药、送餐、消毒、巡逻的无人车的需求激增，无人驾驶领域投融资事件不断，Waymo 获得 22.5 亿美元融资，小马智行获得 4.62 亿美元 B 轮融资，轻舟智航获数千万美元种子轮融资，驭势科技也宣布完成 B 轮融资。

11.3.2　发展趋势

从发展方向看，众多新模式、新业态将迎来快速发展期。新冠肺炎疫情暴发后，人们的居家自我隔离，导致线下实体商场、便利店等线下商贸企业陷入困局，但也使无人货架、无人超市、无人便利店、自动贩售机等无人零售模式快速发展。此外，受新冠肺炎疫情影响，劳动密集型企业在复工、用工等方面都暴露出了诸多问题，成为疫后企业通过加快应用新技术、使用新产品、发展新业态等方式提升抗风险能力的重要推动力。无人工厂、无人物流等新模式，无人驾驶技术、无人值守服务等新技术及机器人（包括无人机）等新产品将在疫后迎来快速发展期。

从参与主体看，主体规模将进一步扩大。新冠肺炎疫情的暴发，使更多的人认识、接触、使用到无人产品、服务及模式，使无人经济度过市场教育期。未来将有更多的主体参与到无人经济中，一方面，为抢抓无人经济发展机遇，将有更多供给侧企业参与其中；另一方面，随着无人经济相关技术进步和体验的提升，需求侧用户规模也将不断扩大。

从区域布局看，无人经济新模式、新业态将逐步从一、二线城市向三、四线城市拓展。新冠肺炎疫情期间，无人零售、无人物流等新模式、新业态逐步被更多用户接受。随着三、四线城市用户红利逐步释放，无人经济新模式、新业态将逐步从一、二线城市向三、四线城市拓展。

11.3.3 突出问题

市场监管机制仍不完善。现行法律和市场监管还不健全，无人经济的范围边界、业态性质、准入条件等标准还不明确，监管部门的职责还不明确，经营者、消费者的权利与义务等问题仍处于模糊甚至空白地带。

盈利问题依然凸出。无人经济虽然节省了人力成本、场地成本等的开支，但同时也增加了技术研发或引进成本、无人化系统和设备的使用成本、商务拓展成本、维护与货损成本等。在无人经济发展初期，节约的成本很难覆盖增加的成本，无人经济的很多领域尚未实现真正盈利，仍处于大规模市场补贴期。

使用群体受到一定限制。所有的无人服务都需要使用者对 App、移动支付、智能手机等有一定的了解和操作能力。大多情况下无人服务只适用于青年人或有一定文化基础且愿意接受新鲜事物的人群，老年人及文化层次较低的消费人群，短时间内无法融入“无人经济”中去。

11.3.4 发展建议

加强监管与治理，优化发展环境。加强无人经济基础理论研究，明确无人经济的业态性质、范围边界、标准规范等。加快制定完善无人经济相关法律法规，明确监管责任部门和准入条件，规范经营者、消费者的权利与义务。支持相关行业协会、联盟等制定和完善无人经济的行业自律准则，实现自我约束、自我规范。大力宣扬社会文明，提高公民的道德素质。

加快盈利模式探索，释放发展潜能。一是拓展应用场景，挖掘消费者在特殊时间、特殊地点的需求，加快“无人经济”在特定场景的布局。二是权衡收益和成本，探索“无人”与“有人”的结合，将重点放在“少人经济”上。

加强宣传引导，提升全社会数字素养。通过新闻、广播、影视、文化等机构和团体发挥各自优势，加速推动无人经济科普工作，使消费者不再受文化水平的限制，让每个年龄段的消费者，对无人经济的消费场景和服务都不再陌生。

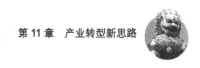

发展基于新技术的“无人经济”案例——通威太阳能“超级工厂”如图 11-3 所示。

图 11-3　发展基于新技术的“无人经济”案例——通威太阳能“超级工厂”

第12章

个体经济新生态

12.1 积极培育新个体经济，支持自主就业

个体经济原指劳动者从事个体劳动和个体经营的私有制经济，具有规模小、流程简单、经营灵活等特点。数字经济时代，个体经济随互联网平台发展而持续壮大，越来越多的个体积极融入平台的设计、生产、营销、服务等环节，通过共享平台各类资源、分享平台收益，实现自我就业模式创新，使得个体经济绽放出新的发展活力。

12.1.1 发展现状

当前，个体经济发展迅猛。北京大学发布的《中国个体经营户系列报告》显示，2019年中国共有7.99亿就业人口，其中个体就业人数高达2.3亿，近5年来个体经济吸纳新就业占比达68.5%。其中，电商、新媒体、即时物流、网约出行等领域的新个体经济发展较为成熟，个体经济崛起与平台发展壮大的纽带关系日益紧密。社交电商已成为孕育个体经济的重要载体，据不完全统计，2019年社交电商从业者规模高达4800多万人，从业人数同比增长58%；微商从业群体逐步年轻化，以18～35岁为主的青年群体占比达86%。通过新媒体平台进行直播营销、短视频营销的个体经营者数量大幅增加，有关资料显示，中小型自媒体发布者数量占自媒体平台总用户规模已高达70%。以外卖配送、同城速递为代表的即时物流高速增长，其规模已超过快递行业总量的1/4，其中80%以上的从业人员为“80后”和“90后”男性，快递已成为这些人群谋生养家的重要手段。

12.1.2 发展趋势

一是以个体经济为主体的平台竞争日益激烈。人工智能、大数据、云服务等新技术的深化应用，将优化资源配置效率，进一步推动平台在运营、服务、监管等方面的全面升级，为个体参与者提供更加低廉高效的平台赋能服务。透过电商平台的激烈竞争不难看出，从技术到服务，包括算力算法、资源优化、精准服务等方面的能力，无一不是竞争的关键点，甚至是制高点。

二是以平台为核心的数字化升级重构个体就业生态。平台作为新个体经济从业者连接资源的纽带，在初期会集聚大量个体、催生新的就业方式，如外卖骑手、小微电商、网约车司机等新职业就是在这一过程中逐步常态化、规范化的。当某一类平台聚集起足够多的个体经济从业者，围绕这一就业群体的需求会衍生出一系列的就业机会和就业形态，并逐渐向整个产业链延伸扩散，最终推动新业态的不断丰富和多元化。

三是新个体经济对人才数字化能力的要求不断提高。新个体经济从本质上来说就是平台对于个体的赋能，让每个人都能够发挥能力，实现人的数字化转型。平台自身作为新一代信息技术的集大成者，其使用、运营、维护都存在一定的技术门槛，最低要求就是对平台功能的熟练掌握与运用。提升平台从业者数字化能力已成为众多平台蓄力蓄能的共同选择，美团于 2019 年成立美团大学，阿里巴巴于 2020 年开办本地生活大学，首推直播导购师等新岗位的系统培训及认证，目的是全面提升平台从业者的数字化能力，营造更加良性的新个体经济生态。

12.1.3 突出问题

一方面，“去劳动关系化”导致就业安全性弱化。新个体经济从业者受法律保护程度较弱，易于遭遇劳动定额不合理、用工诈骗、福利缺失、社会保障不充分等风险。就业人员收入和就业岗位易受平台交易规则调整等因素的影响和冲击。自我就业人员重短期权益、轻长期权益，人力资本升级和风险防范能力较弱。

另一方面，整体发展缺乏相应统计监测体系。新个体经济就业方式快捷灵活，但缺乏工商登记注册，这使得对创业就业的统计难度较大；平台与政府有关部门的统计口径存在差异，标准不统一。此外，由于缺乏对个体就业的认定标准和统计指标，创业就业人员尚未纳入国家就业统计体系，导致政府至今难以摸清个体经济的底数，很难做出针对性的扶持措施。

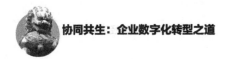

12.1.4 发展建议

一是增强自治性劳动的灵活性保护。推进劳动标准执行与劳动关系脱钩，将劳动标准的覆盖范围扩大到依托平台就业的自治性劳动者。切断社会保险与劳动关系的因果关联，促进“互联网+”与社会保险制度深度融合，大力推进“网上社保”建设，提升社会保险缴费在全国范围内转移接续的便利性。完善就业、培训、维权三位一体工作机制，适应劳动者多层次就业需求，将积极的就业政策和各种扶持创业创新的优惠政策向平台和非传统劳动关系中的网约工延伸。

二是建立健全相关统计监测体系，制定针对性扶持政策。人社部门应与商务、工信、统计、工商等部门加强协作，协商建立健全个体户创业就业认定标准、程序和统计制度，开展全国性统计和分析。将现行的积极就业政策和对实体经济的创业扶持政策向个体户就业延伸，放宽经营范围，解决好经营场所问题，允许在家庭住所、租借房、临时商业用房等场所进行网上创业。

积极培育新个体，支持自主就业案例——阿里巴巴如图 12-1 所示。

图 12-1 积极培育新个体，支持自主就业案例——阿里巴巴

12.2 鼓励副业创新，大力发展微经济

副业创新是个人劳动者在本职工作之外，利用业余时间参与互联网平台创新活动并按照贡献获得收益的过程，其特点是依然具备“在岗”特征、拥有固定劳动关系、利用业余时间进行的非专职化“打零工”模式。新冠肺

炎疫情期间，许多个人乃至中小微企业依托社交平台、自媒体平台、创客平台等渠道分享知识、兼职创业，激发了以微电影、微健身、微旅游、微应用、微创新等为代表的“微经济”发展活力，成为数字经济中最为活跃的新生力量。

12.2.1 发展现状

我国副业创新活跃。据领英 2020 年 3 月开展的职场调查显示，我国职场人副业和兼职比例高居全球第二，其中因新冠肺炎疫情延期复工/在家办公期间，职场人开展或计划开展副业和兼职占比超 60%；促使人们开展副业的主要原因中，56%的被调查者想拓展职业选择，62%的被调查者想增加收入，42%的被调查者想尝试新鲜事物；职场人会在新冠肺炎疫情结束后继续兼顾副业的人占比达 78%。

副业创新人群特征明显。相关研究表明，副业创新的人群受教育程度普遍高于传统灵活就业者，年轻化趋势更加明显。女性用户群体的接受度和创新积极性较大，微商以女性为主，从事半年以内的微商人数最多，其次是从事半年以上一年以内的微商，多数人抱着尝试的心态经营，并打算从中学习一些做生意的技巧和经验。阿里巴巴数据显示，淘宝平台女性店主 2018 年年均交易金额超 20 万元，相比 2014 年增长超过 1 倍，比男性店主增幅高出三成。阿里巴巴服务新消费平台效应与就业生态情况如表 12-1 所示。

表 12-1 阿里巴巴服务新消费平台效应与就业生态情况

平台就业类型	交易是否可检测	劳动过程是否可监控	劳动者是否有雇佣身份保障
线上劳务交易型	是	是	部分†
线上服务交易型	是	否	部分‡
商户展示型	否	否	部分‡
互联网企业直接就业型	是	是	是

注：† 专送骑手是蜂鸟体系供应商的全职雇员；‡ 劳动者通常是商户的全职雇员

微经济蓬勃发展。以微商、短视频、微旅游、微应用、微创新等为代表的微经济呈现快速增长态势。iMedia Research（艾媒咨询）数据显示，2020 年中国短视频用户规模达到 7.22 亿人，短视频行业市场规模超过 380 亿元。Fastdata 数据显示，2019 年 12 月，用户日均启动短视频 App 达 26.1 亿次，同比增长 14.1%，用户日均观看时长稳定在 3 亿小时左右，头部企业抖音账号平均拥有粉丝达 1753 万。2018 年中国社交电商（微商）行业规模达 6268.5 亿元，同比增长 255.8%；预计 2021 年中国社交电商市场规模约 28646.3 亿元。

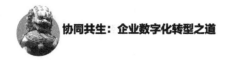

12.2.2 发展趋势

副业创新带动组织方式和就业模式转变。副业创新将推动企业从传统的管控型组织形态向新型的创业平台形态转变，把具备创新能力的员工打造成平台上的“创客”，开放企业研发、生产、市场等资源，员工自主经营、自负盈亏，享有决策、用人、分配上的自主权，从而使得组织架构趋于扁平化、自组织、创客化，企业与员工的雇佣关系从“企业—员工”形态向“企业—平台—个人”形态转变。

“微经济”平台引领构建新商业生态。“微经济”平台的快速渗透和扩张，促进了碎片资源的随时、随地、随需配置，以“大众广泛参与、碎片资源共享、生产消费一体化”为核心价值的新商业生态加速构建。在金融理财、成长教育、医疗健康、文化艺术、生活服务、媒体传播、商贸等领域，有闲暇时间的在岗人员，以及有自由时间的个人劳动者的供给能力、消费能力、创新能力被唤醒，个性化和高端化需求被深度挖掘，“微经济”产品和服务不断被丰富和细化。

基于区块链的利益分享机制成为激励创新的重要保障。微创新、微应用、微服务在激发创新力的同时，也对创新者按贡献参与利益分成形成障碍，创新者对提供的内容和服务既没有完全的控制权，也难以享受到收益权。越来越多的平台正在探索基于区块链的透明核算体系，精确记录并核算每位参与者对平台成长的贡献值，以参与者给平台带来的流量和价值作为衡量贡献的标准，并为这些贡献者提供货币和股权等多种形式的回报。

12.2.3 存在问题

“微经济”商业形态和盈利模式尚未形成。微视频、微课堂、微健身等平台或服务尚处在用户沉淀阶段，并未形成规模化发展的市场效应。依然存在用户群体不明确、消费行为不稳定、定价成本核算不清晰等问题，用户获取及消费模式并不稳定，平台商业价值从流量用户增长向单个用户深度价值挖掘有待进一步调整。

“微经济”治理和监管有待加强。“微经济”参与主体纷杂，导致营销乱象层出不穷，包括假冒伪劣产品快速流转、虚假发货等诈骗行为频频发生，新冠肺炎疫情期间的“坐地起价”、商家“砍单”现象时有发生，消费者权益难以得到保障，“收韭菜”的快餐消费模式不利于“微经济”长期发展。

12.2.4　发展建议

深入探索“微经济”应用场景和商业模式。“微经济”诸多新模式的拓展和盈利模式的深化是未来发展的重中之重。需要深挖目标用户需求，不断拓展短视频、微电影、微课堂等应用场景，针对目标用户关注的领域提升体验感和信任感，深入输出、传导用户价值。

积极推广“弹性工作制”。遴选信息服务、文化创意、健康、旅游等特色产业，试点和完善中国情境下的“弹性工作制”，支持企事业单位允许在岗员工根据自己的能力和喜好在保证工作时间不变的情况下，自主选择上下班时间，或者在保证完成工作任务的情况下申请居家办公，协商节假日和休息时间安排。推广“家庭—工作平衡”理念，引导全社会思考和从事弹性工作，更为合理有效地配置时间。

加强“微经济”平台协作治理。厘清“微经济”平台权责主体和履责范围，明确政府、社会等各方在治理和监管方面的职责和角色分工，积极构建多元共治的平台治理体系。针对不同类型的“微经济”平台研究行业特性和消费特征，实行差别化施策。充分利用大数据、区块链等新兴技术，探索基于区块链的价值贡献和利益分享机制，确保创新项目参与各方实际利益。

大力发展微经济，鼓励“副业创新”案例——微商模式如图 12-2 所示。

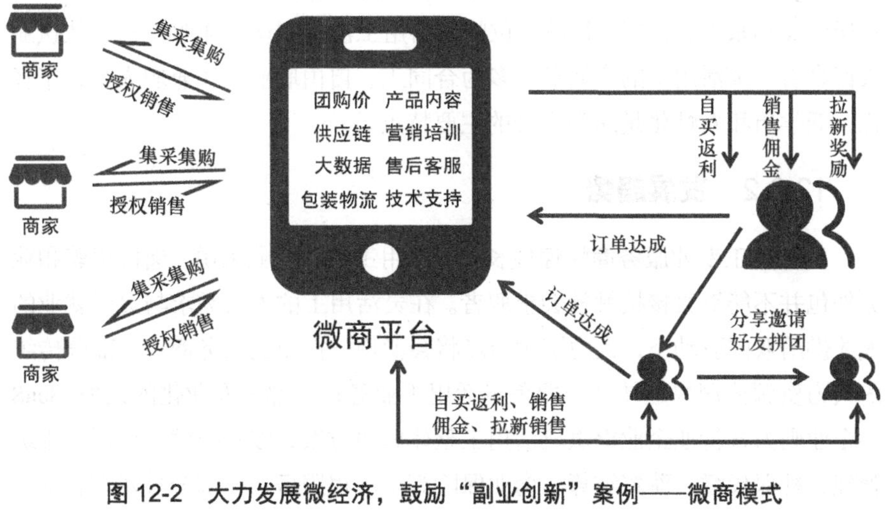

图 12-2　大力发展微经济，鼓励“副业创新”案例——微商模式

12.3 强化灵活就业劳动权益保障，探索多点执业

新冠肺炎疫情以来，“公司+员工”的传统劳动雇佣关系受到前所未有的冲击。假期延长、经济停滞、消费萎靡、产能不饱和，即便如此，企业依然要承担人员工资、“五险一金”等显性成本，以及离职补偿金、对接新的供应链等隐性成本。相比之下，快递物流、生活外卖等行业企业因为需求暴增，用工短缺问题凸显，为了应对突然爆发的人力资源危机，灵活用工成为这些企业突破困境的新选择。

12.3.1 发展现状

我国灵活用工市场增长提速。当前，西方发达国家的灵活用工雇佣模式已经十分成熟。国际私营就业机构联合会 2017 年的调查数据显示，日本的灵活用工行业渗透率为 42%，居于全球首位，其次为美国，灵活用工行业渗透率约为 32%，相比之下，我国灵活用工行业渗透率在除去劳务派遣后仅为 1%。但自 2015 年起，我国灵活用工热度骤升，据不完全统计，2018 年全国市场规模达 400 亿元，预计 2018—2025 年市场复合增长率可达 23%以上，发展前景十分广阔。

灵活用工在不同行业发展各有差异。从行业类别来看，互联网行业因为业务快速增长而催生出大量的用工需求，成为灵活用工应用率最高的行业。文化传媒行业凭借直播、短视频等新业态爆发，成为灵活用工率较高的行业。从岗位类别来看，销售、行政岗位的灵活用工渗透率均达 40%左右。从执业人群来看，灵活用工的雇佣形式多为合同工、自由职业者和兼职人员，年轻化、低学历和女性化是这类人群的主要特点。

12.3.2 发展趋势

灵活用工专业服务商快速成长。对于用工需求企业来说，岗位招聘和业务外包并不能够直接接触社会求职者。在灵活用工的人力需求与灵活就业的人才供给双向驱动下，人力资源市场将会涌现一批新的服务商：一部分传统的人力资源公司快速转型，覆盖灵活用工业务；一部分专业化的人力 SaaS 类企业则为各行业企业提供灵活用工整体解决方案，涉及招聘、培训、排班管理、社保代缴、薪资结算、商业保险等全流程服务；一部分技术型企业，

专注为企业开展灵活用工提供技术、平台和工具。

灵活用工的职业圈层呈两极化发展。目前，灵活用工较多应用在“蓝领”服务业，即服务员、保洁员、外卖员、快递员等这些对技能要求较低、准入门槛较低的行业。随着灵活用工平台能力的增强，灵活用工职业圈层将不再限于“蓝领”，而是逐步向拥有更多专业技能的独立媒体人、律师、翻译等白领、金领服务阶层拓展，并将有可能向工程师、企业文员等岗位加速渗透。

新兴领域成为大规模应用的“试炼场”。随着人工智能、区块链、大数据、云计算等新一代信息技术与各领域深度融合，基础数据服务、“算法训练师”、机器人工程师、数据科学家等新兴行业快速崛起，越来越多的企业开始聘用一些专业人才短期加盟，进一步推动灵活用工市场的持续活跃。一般而言，这些新兴行业人才稀缺，长期雇佣高薪人才对业务量尚不成熟的企业是一项沉重的负担，相比之下，采用灵活用工的方式邀请专业人才短期加盟，企业既能提高专业化能力，又能适度降低工资负担。对个人而言，也能在有选择的情况下，与企业建立合作伙伴关系，减少工作空档期，实现自身价值最大化。

12.3.3　突出问题

灵活用工理念普及推广不够深入。目前，灵活用工在各行业的应用尚不深入，只是停留在初步概念阶段，社会普及程度不高，在大众眼中往往是兼职、零工、小时工的代名词。同时，灵活用工平台服务商也尚未成熟，对企业和个人的双边赋能纽带作用尚不具备，满足即时用工需求、保障员工忠诚度与企业核心技术用工难题仍未能得到有效解决。

灵活用工配套法规制度不够完善。灵活用工能够让劳动者获得自由选择的权利，但游离于工会组织之外、缺乏集体维权组织，同工不同酬、工资低于法定标准、频繁解雇等权益保障问题频现。在现行的劳动法中，按月规定最低工资标准、非全日制用工工时限制等条款过于刚性，限制了灵活用工的活性，不利于其发展。此外，灵活用工模式为企业提供了合法规避员工社保缴纳的途径，看似降低了企业人力成本，却降低了劳动者灵活就业的积极性，违背了灵活用工的初衷。

12.3.4　发展建议

政府应健全灵活用工配套法规体系。探索建立普惠化、低门槛、高覆盖的社会保障体系，为企业提供灵活用工办理社会保障的解决方案，如对非全日制工人，企业可以为其开立个人账户，以自由职业者的身份为其办理或完善社会保险；对劳务工形式用工，企业可以在合同中约定缴费方式，明确由企业或个人承担，以确保社会保险的高覆盖率。需要从法律层面保障灵活用工劳动者的权益，在现行劳动法的基础上探索建立适合灵活用工模式的法律法规体系，如适当放宽非全日制工时限制，实现按日规定的最低工资标准。

企业应提高灵活用工模式下人力资源规划能力。企业应当在保证员工队伍稳定的前提下，平衡全日制用工和灵活用工间的关系，保证企业应对人力需求不确定性的敏捷性。对于需要灵活用工的岗位进行风险评估，做好风险管控，加强企业核心机密信息的保护，有效避免灵活用工给企业带来的危害及损失。提前对灵活用工需求进行预测，在数量、质量、层次及结构上制订招聘方案，选择适合的用工模式。

强化灵活就业劳动权益保障，探索多点执业案例——科锐国际如图 12-3 所示。

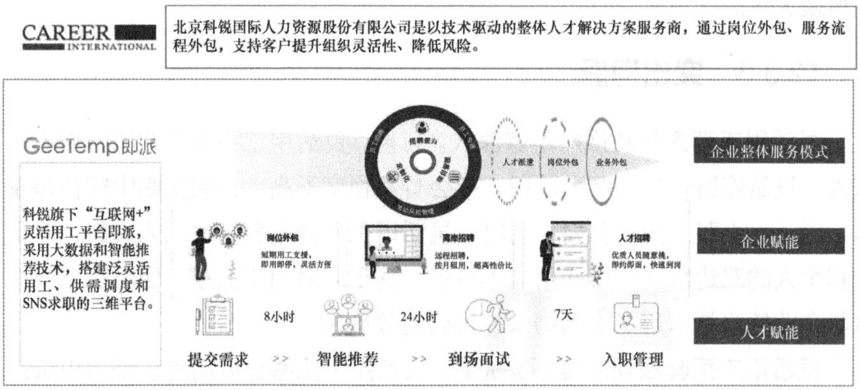

图 12-3 强化灵活就业劳动权益保障，探索多点执业案例——科锐国际

第 13 章

共享经济新“玩法”

13.1 拓展共享生活新空间

共享生活是利用新一代信息技术手段，通过深入挖掘人们在出行、购物、餐饮、住宿、文化旅游等方面的生活服务消费需求，将碎片化生活服务资源与个性化需求精准对接的新模式。在新冠肺炎疫情的倒逼下，生鲜电商、餐饮外卖、物流配送等本地生活领域共享新模式快速普及，共享生活迎来发展新契机。

13.1.1 发展现状

生活服务电商快速发展。在新冠肺炎疫情期间，越来越多的人将线下消费转到线上，生活服务电商市场规模不断扩大。据德勤测算，2023 年我国生活服务市场整体规模将达 33 万亿元，其中生活服务电商市场将有望超过 8 万亿元。盒马、京东、多点等生鲜电商成为许多人居家购物的首选，快驴进货承诺供应链“报价不断货”，保障最快 7 小时送达，各类生活服务平台的产品供应链、物流配送体系、售后管理等服务能力通过线上线下快速融合，实现快速试错、迭代升级。

交通、旅游市场严重受挫。2020 年年初，受新冠肺炎疫情与春节假期叠加影响，交通、家政、旅游、酒店住宿等领域一改往日供不应求态势，进入较长时间的“停摆期”。交通方面，共享出行大幅受挫，36 个城市全面暂停网约车。旅游方面，多数景区关闭，几乎全部旅行社停业，疫后“社交不信任”心态蔓延，导致人们更趋向于减少外出，很大程度避免人群集聚。家政方面，58 同城上家政服务签单延迟或取消超 5000 单。

13.1.2 发展趋势

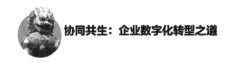

共享生活市场持续扩大。在新冠肺炎疫情暴发后，人们不得不转向线上消费，进一步扩大了线上用户人群，特别是以往线上服务使用率较低的三、四线城市居民及中老年客户。用户量的显著增加，促使在线购物、在线订票、在线娱乐等共享生活服务朝着更加便捷丰富的方向优化升级。预计新冠肺炎疫情结束后，共享生活模式将进一步向旅游、住宿、交通等领域辐射并日益成熟。

用户对共享生活的依赖度不断提升。用户通过新冠肺炎疫情期间的充分体验，感受到线上服务的便利性，从不得不选择转为逐渐接受共享生活在成本、效率等方面的优势，线上消费习惯逐步养成和固化，最终形成对外卖、线上购物等共享生活模式的惯性依赖。

共享生活产业链进一步优化。经过线上流量激增的新冠肺炎疫情“大考”，共享生活平台逐步解决了需求链与产业链、供应链不匹配的问题，资源优化配置能力大幅提升，将更加高效、更加精准地满足用户生活所需。

13.1.3 突出问题

生鲜电商产品服务差强人意。新冠肺炎疫情发生后，企业用工人数本就十分短缺，加之用户人数激增，线上需求空前旺盛，货品单一、产品品质差、售后服务管理弱等老问题充分暴露，而补货慢、配送人员不足、配送不及时等新问题也严重影响了用户的购物体验。

个人信息安全难以保障。随着共享生活习惯的养成，用户的购物、就医、办公、教育等活动都更多地在互联网上完成，却也因为要登录 App、办理会员、填写收货地址等，不可避免地向平台提供了手机号码、家庭住址等私人信息，在未得到充分的法律保护的前提下，这些信息有可能通过各种渠道泄露，给用户造成诸多不便。

从业人员社会保障有待提升。共享经济在生活领域催生了一大批网约车司机、外卖小哥、网约家政服务员、代驾司机等新兴就业人员。这一群体的工作流动性大、工作时间弹性大、用工关系零散、社会关注度有限，其合法权益也缺乏有效机制保障。

13.1.4　发展建议

引导更多闲置生活资源分时段市场化共享。出台相关政策，鼓励各类资源拥有者进一步合规开放停车位、充电桩、换电站等闲置资源，借助大数据技术手段实现利润公平分配，减少拥有者在安全隐患、额外管理成本等方面的顾虑，从而解决停车难、充电难等城市"老大难"问题。

将个人征信纳入共享生活体系。共享生活线上化、无接触的特点，增加了个人、集体信息遭受非法利用和侵害的风险。将资源共享链路上的每个角色都纳入个人征信体系，对资源共享过程中的行为规范进行合理约束，循序渐进推动共享经济中的个人行为文明规范。

加强区块链在共享资源回溯中的作用。共享经济已成为区块链技术的重要应用场景，区块链技术可用于保障数据传输使用中的安全，明确的数据权属有利于推动平台间、政企业间的数据共享。通过区块链技术提高数据共享的产权保护，在版权认证、内容交换的全程回溯、侵权纠纷的维权举证、利益划分等方面提供技术途径，促进共享生活新价值体系的建立。

拓展共享生活新空间案例——新冠肺炎疫情期间无人配送如图 13-1 所示。

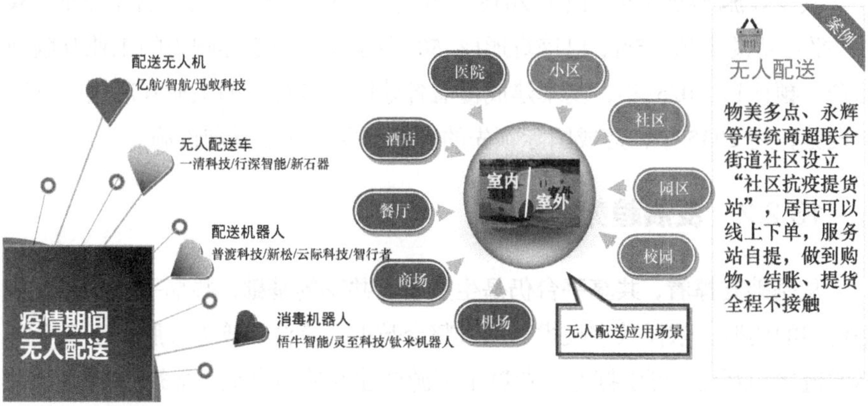

图 13-1　拓展共享生活新空间案例——新冠肺炎疫情期间无人配送

13.2　打造共享生产新动力

共享生产动力又称共享生产能力，是指将企业闲置的生产能力整合，并通过互联网平台与生产能力需求方实现对接和共享的新型生产模式。共享生产力在促进经济创新增长、优化供需结构、激发创新活力等方面发挥着极其重要的作用。新冠肺炎疫情导致的开工延迟，使得一些制造领域面临着大型企业生产动力闲置与中小微企业生产动力不足的局面。新冠肺炎疫情之后，如何充分利用新冠肺炎疫情期间建立的医疗用品生产动力、平衡生产动力供需不匹配的问题，成为复苏经济、拓展发展新空间、进一步推动经济高质量发展的关键抓手。

13.2.1 发展现状

市场规模持续扩大。新冠肺炎疫情期间储备的医疗用品成为共享市场的新供给，相关需求持续增长，共享模式正逐步成熟。

企业加快布局。越来越多的企业开始布局生产动力共享，传统制造业企业正以工业互联网平台、双创平台等为基础推动生产动力共享；互联网企业也开始涉足共享平台的搭建，通过第三方的共享平台，努力实现制造业生产动力共享；在新冠肺炎疫情期间储备了医疗用品生产动力的企业进一步入局生产动力共享市场，逐步形成了中介型、众创型、服务型、协同型等多种形式的生产动力平台。

共享设施不断完善。截至 2018 年 9 月底，制造业重点行业骨干企业“双创”平台普及率超 75%，已培育形成 50 余家具有一定影响力的工业互联网平台。预计到 2025 年，基本建成覆盖各地区、各行业的工业互联网网络基础设施；到 2035 年，建成国际领先的工业互联网网络基础设施。

13.2.2 发展趋势

从基础支撑看，共享平台仍是生产动力共享的基础。共享平台作为数字平台中的典型，依托数字技术，通过整合数据、算法、算力，服务于多个群体的链接和互动，可以打通产业链上下游企业间的信息流、业务流、资金流，为开展跨企业、跨区域的产业链协作提供底层支撑，未来将会有更多的基于互联网的生产动力共享平台。

从行业应用看，医疗用品领域的生产动力共享有望成为共享生产动力的新生力量。新冠肺炎疫情期间，众多有实力的大型企业纷纷加入了口罩、防护服、消毒液等医疗用品的生产大潮中，购置了大量生产设备，建设了多条高产能生产线，储备了强大的医疗用品生产动力。新冠肺炎疫情过后，储备生产能力的有效利用成为一个重要课题。

从共享模式看，服务型生产动力共享将成为促进制造业与服务业深度融合的重要抓手。服务型生产动力共享促进企业从提供产品向提供服务转型，从产线自用向生产动力有偿服务转型，符合制造业与服务业深度融合发展的要求。中介型生产动力共享将形成“无工厂”新生产模式。中介型生产动力共享平台通过为供求双方提供生产制造能力的信息发布与展示及撮合等服务，可以促进生产能力整合，推动生产需求与生产能力的精准对接，推动需求侧企业实现“无工厂”生产加工。

13.2.3　突出问题

对生产动力共享认识不足。相当一部分企业和部门对于生产动力内涵和意义认识不到位。一方面，大部分传统企业管理理念、组织和运营方式与生产能力共享要求不适应；另一方面，部分企业未能意识到生产动力共享对全面提升企业生产效率的重要意义，导致企业参与生产动力共享的内生动力不足。

企业数字化不充分，难以支撑生产动力共享。生产动力共享与企业的数字化、网络化、智能化密不可分。当前我国很多制造企业数字化转型刚刚起步，尤其是中小企业数字化研发设计工具普及率、关键工序数控化率偏低，网络基础设施薄弱，都是阻碍制造业生产动力共享的重要因素。此外，当前我国工业互联网也处于发展完善阶段，在生产能力共享方面的支撑能力仍然存在不足。

生产动力共享的商业模式有待创新升级。制造业细分行业众多、产业链条长、价值分配复杂、产品质量把控问题突出，导致虽然当前出现了部分成功的生产动力共享平台，但其更多的是在企业内部或单品行业内部，多数以企业自主提供生产服务为主，未形成大范围的供需对接，也未能形成成熟、可持续的商业模式。

13.2.4　发展建议

推进企业数字化转型，夯实共享根基。支持企业加快推进设备、产线、工厂等的数字化改造。推动企业设备、产线等设施联网，为生产动力共享奠定连接基础。推进企业管理系统、供应链系统的数字化转型。

加快基础设施建设，提升支撑能力。继续深入实施工业互联网创新发展战略，强化网络、平台、安全三大体系建设，持续推进大型企业集成创新和中小企业应用普及两类应用。加快构建“双创”平台，强化基础和支撑服务体系。支持企业依托工业互联网平台和“双创”平台，搭建面向细分行业的生产动力共享服务平台、中介平台、协同平台、众创平台等。

开展试点示范，推动应用推广。统筹部署一批共享生产动力试点项目，树立行业性创新标杆。及时总结成功经验与做法，形成典型案例示范，加大优秀案例的推广普及和宣传力度，充分调动企业参与生产动力共享的积极性。

打造共享生产新动力案例——沈阳机床的 i5 智能机床如图 13-2 所示。

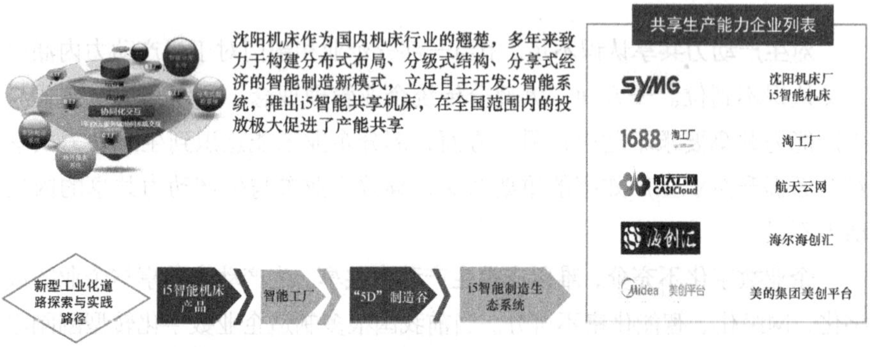

图 13-2　打造共享生产新动力案例——沈阳机床的 i5 智能机床

13.3　探索生产资料共享新模式

生产资料共享是把劳动者生产时所需要使用的资源、工具整合起来，面向全社会开放并“按使用收费”的一种共享经济新模式，即用“别人家”的生产资料做“自家”的生产，包括土地、厂房、机器设备、工具、原料等，这既实现了生产资料的盘活、复用，也为中小微企业加快转型提供了有效途径。

13.3.1　发展现状

从共享形式上看，专业租赁成为新趋势。生产资料共享可以分为租赁与合作开发两大类。其中，租赁可分为专业租赁和限制租赁两种，专业租赁如小熊 U 租的 IT 设备租赁。合作开发是指通过项目合作形式，拓展闲置资产的使用范围，提高闲置资产的利用率，如基于项目合作的科研仪器共享等。

从共享内容上看，“设备+服务”成为新方向。当前，各类主体可共享资源各有不同，企事业单位共享的生产资料主要为闲置房屋，高校和科研机构在保障自身教学科研需求的前提下，共享内容以科研设施与仪器为主，大型企业可共享的生产资料主要为生产制造设备。随着数字技术的快速渗透，市场化的“共享工厂”处于探索萌芽阶段，通过提供设备和技术收取服务费的方式进行市场化运营成为生产资料共享的新方向。

13.3.2　发展趋势

可共享形式更加多样。借助数字基础设施和共享平台这一载体，生产资料共享形式将不断向数字化、平台化、无人化的方向发展，获取和使用资源的成本将进一步降低。新冠肺炎疫情期间，各种中介型生产资料共享平台不断涌现，为供需双方提供生产资料的信息发布与撮合等服务，并进一步整合平台上的研发、制造、物流及人力等资源，促进使用需求与供给能力的精准对接。

可共享内容更加丰富。随着共享经济纵深发展，共享内容将日趋丰富，社会生产也将达到更高层次。数据等非实体生产资料将成为共享的重要组成部分，发挥其“越开放成本越低、越共享价值越大”的特性。现阶段，政府各部门正在加快打通政务信息系统，形成可共享的政府信息产品及服务。

可共享深度不断加深。新冠肺炎疫情期间，我国企业在联合抗疫、保障抗疫物资供应的过程中，积极探索了深度合作、优势互补的生产资料共享新模式。大型企业生产资料覆盖范围广，而民营企业产品转变灵活度大，可以快速研发适应市场需求的产品，两者的结合产生更灵活、更丰富、更多元的产品，这种模式也将随着疫后需求的增加而产生更多的创新。

13.3.3　突出问题

权证缺失隐患难消。部分大型企事业单位生产资料普遍存在权证缺失的问题。以房屋建筑物为例，由于没有进行完备的房产登记管理，一些企事业单位没有房产证、土地证。行政事业单位在处理对外出租出借事项中，往往不进行审批、评估、可行性论证，也不采取招投标、竞价等方式，从而在市场化共享当中极大可能遭遇因产权不明晰而产生的利益纠纷等隐患。

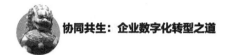

改革动力亟待激活。在生产资料共享过程中，现有共享机制流程复杂、执行过程不透明，极大地影响了供需双方参与的积极性。对于最缺乏仪器设备的中小微企业而言，申请门槛过高，还可能消耗大量人力财力在流程推进上。对于拥有闲置生产资料的大型企业而言，医疗器械、科研设备、制造装备等许多可利用的生产资料共享难度大、共享权益不明晰，从而缺乏主动共享的动力，无法产生有效共享的规模效应。

监管机制有待完善。生产资料共享具有领域跨度大、业态融合多、共享范围广等特点，监管难度较大。作为生产资料供给方的大型企业在设备资产管理上多沿用计划经济体制下完好率的管理指标，忽视设备的投资与经营效益。现行管理体制中的多头管理、职能交叉、互不通气、互相制约的现象，也使得生产资料的共享监管未能形成有效的联动机制，难以做到事权专一。

13.3.4 发展建议

开展试点示范，推动应用推广。统筹部署一批共享生产资料试点项目，树立行业性创新标杆。借鉴皖苏沪地区的成功经验，积极开展科技创新券试点工作，向科技型中小企业发放创新券，用于支付其共享仪器设备创新研发费用、创新产品检测费用等，帮助企业降低科研成本，提高企业的科技创新能力。

加大经费支持，促进开放共享。加快数字基础设施建设，赋能供给侧与需求侧，大幅提升生产资料的实时共享与全要素经济效率。提供资金扶持，加强开发大数据、云计算、人工智能等技术及虚拟数字化生产资料等服务，完善生产资料共享数字化。鼓励和支持各类市场主体共享智能化设备、厂房、数据等生产资料，参照相关行业标准对其生产资料共享所得服务收入给予税收减免，或采用政府补贴、先进评选、课题支持等方式调动各方参与共享积极性。

加强公共服务，培育共享生态。鼓励平台、企业组建第三方服务机构，面向中小微企业、创客共享开放数据化生产资料、设施，提高开放共享服务质量。鼓励有能力的企业和社会机构参与组建专业从事生产资料共享服务的第三方机构，提高生产资料供需双方精准匹配、撮合的社会化服务质量，加快智能设备、科技资源、数据要素的高质量供给。同时做好平台的监管与保障工作、建立系统的信用体系，完善生产资料共享生态圈建设。

探索生产资料共享新模式案例——氪空间如图 13-3 所示。

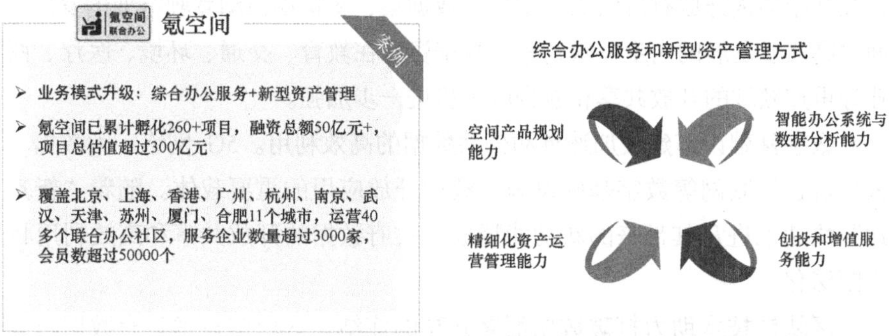
氪空间
联合办公
氪空间
案例
业务模式升级：综合办公服务+新型资产管理
氪空间已累计孵化260+项目，融资总额50亿元+，项目总估值超过300亿元
覆盖北京、上海、香港、广州、杭州、南京、武汉、天津、苏州、厦门、合肥11个城市，运营40多个联合办公社区，服务企业数量超过3000家，会员数超过50000个
综合办公服务和新型资产管理方式
空间产品规划能力
智能办公系统与数据分析能力
精细化资产运营管理能力
创投和增值服务能力

图 13-3　探索生产资料共享新模式案例——氪空间

13.4　激发数据要素流通新活力

2020 年 4 月，中共中央、国务院《关于构建更加完善的要素市场化配置体制机制的意见》提出“加快培育数据要素市场”，进一步强化了数据作为生产要素的重要性。数据共享开放作为促进数据要素流通的基础，打破存在于政府间、部门间、行业间及企业间的数据要素壁垒，成为激发数据要素流通活力的重要着力点。

13.4.1　发展现状

公共信息资源开放进展加快。2017 年 2 月，中央全面深化改革领导小组审议通过了《关于推进公共信息资源开放的若干意见》，2017 年年底初步完成了国家数据共享开放平台的规划及建设工作，进一步推进和规范了公共信息资源开放，释放了信息资源的经济价值。在部署推动下，各地公共信息资源开放工作稳步推进。据统计，截至 2019 年 4 月底，全国已有 82 个地方政府推出政府数据开放平台，其中省级地方政府 13 个、副省级与地市级地方政府 69 个。总体来看，目前我国已经基本实现了省部级的数据资源共享。此外，北京、上海等地通过 API 接口开放大量数据，并与部分企业建立了合作关系。行业数据方面，司法、信用、气象、地理、环保、统计等领域率先实现了数据开放。

13.4.2　发展趋势

重点领域公共信息资源开放加快释放价值。以自动驾驶为例，一些企业已经开始尝试开放有价值的自动驾驶数据集，来推动自动驾驶行业的发展。面对高质量发展的内生需求，未来数据资源在教育、交通、环境、医疗、商业等重点领域的开放共享和融合应用将进一步加强。

数字基础设施建设加速推动公共数据的高效利用。5G 网络、大数据、云平台、物联网等数字基础设施是数据开放应用的重要载体。随着“新基建”快速推进及其带来的新动能释放，政府数据的开放共享和高效利用将不断深化。

区块链技术助力打破数据汇聚共享的症结。区块链技术具有数据防篡改、行为可追溯、规则全透明、数据可信共享等特征，其技术机制支持在缺乏或没有信任的环境中构建和增加信任。以北京市为例，其利用区块链技术将全市 53 个部门的职责、目录及数据连接起来，建立起数据共享新规则。未来区块链技术在数据共享开放中的应用逐步脱虚向实，将加速在政务应用等领域的落地。

13.4.3 突出问题

一是政府数据开放共享缺乏常态机制。不同区域、部门的政府信息系统存在垂直数据共享易、横向数据协同难的问题，限制了政府数据资源的高效利用。此外，政府数据管理大多存在专业技术人才缺乏的局限，导致数据管理不规范、数据安全存在威胁等问题，影响政府数据采集、存储、治理、利用各个环节。

二是规则缺失制约政务数据与社会数据的平台化对接。一方面，政府信息资源管理系统建设标准不一，政务数据分类分级管理不到位，导致政务数据共享开放过程中缺乏标准规范。另一方面，政务数据与社会数据缺乏共性标准和政企合作机制，影响公共数据的融合应用。

三是数据共享开放和社会治理应用的融合度不够。城市数据采集的触角未能深入社区基层，导致公共服务资源的精细化配置受到限制。同时，共享经济相关的应急处置机制不完善，平台算法监管存在盲区，长效化监管面临挑战。

13.4.4 发展建议

一是加强数据资源体系建设。研究制定数据资源全流程管理标准和规范，推动社会各领域数据资源的采集、汇聚、整合、存储和分析能力。理清政务大数据资产，持续推进政务信息资源的共享交换和公共信息资源的社会化开放利用，推动大数据创新融合应用。

二是打通政府和市场的数据联通机制。创新政府与社会互动的数据采集机制，推进分级分类建设，构建跨领域、跨部门、跨层级的数据资源池。探索通过数据采购、授权服务、委托课题、合作共建等多种形式与社会机构开展数据合作，鼓励市场有效投资对数据开放共享的促进作用，促进政务数据与社会数据的汇聚融合与关联分析。

三是改善数字基础架构，夯实“数据基建”。加速 5G、物联网等的部署，提升数字基础设施的全民覆盖度，以数字基建带动传统基础设施的数字化改造和智能化升级，深挖、富集数据资源。

四是培育丰富数据共享开放的应用场景。深化数据开放共享在社会治理、公共服务、教育医疗等领域的应用，推动公共数据融合应用产业链、资金链和政策链的精准对接，强化普惠、高效、优质的数字化公共服务，促进数据应用福祉惠及全民。

激发数据要素流通新活力案例——“健康码”互认共享如图 13-4 所示。

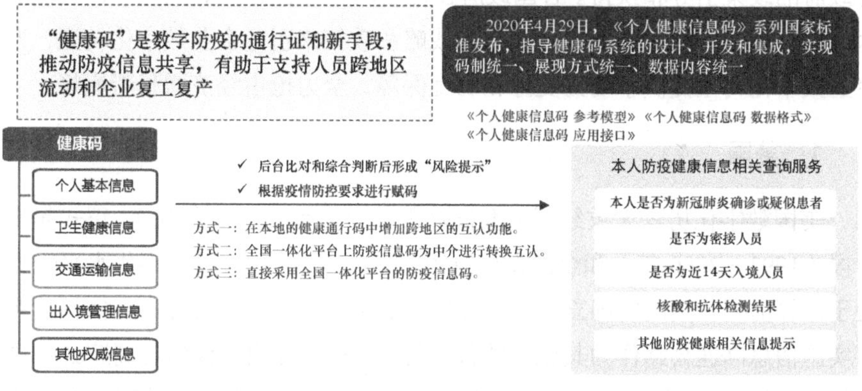

图 13-4　激发数据要素流通新活力案例——“健康码”互认共享

第14章

企业数字化转型发展建议

14.1 国外数字化转型经验借鉴

14.1.1 主要国家或地区大力推动企业数字化转型

欧美日等发达国家或地区在信息技术及相关产业方面的高速发展，离不开政府的政策引导和扶持。各国政府在物联网、大数据、云计算、人工智能、网络安全等相关领域不断出台一系列战略和政策来引导企业数字化转型，为企业数字化转型提供了动力支撑和制度保障，全力抢占经济增长新巅峰。

1. 美国

美国数字化历程大致经历了准备阶段（20 世纪七八十年代）、正式起步阶段（1993—2000 年）和全面发展阶段（2001 年至今），其数字化水平一直处于世界前列。美国所确立的全球优势与数字化政策密不可分，克林顿政府将实施信息高速公路作为其施政的首要目标之一，提出建设信息高速公路的计划。美国为确保在大数据时代仍可保持领先地位，不断对数字化转型战略进行调整、更新。自 2011 年起，美国先后发布《联邦云计算战略》《大数据的研究和发展计划》《支持数据驱动型创新的技术与政策》《联邦大数据研究与开发战略计划》《国家人工智能研究与发展策略规划》《加强国家网络安全——促进数字经济的安全与发展》等战略，在信息基础设施、物联网、大数据、云计算、超级计算机、人工智能、网络安全等细分领域不断出台一系列战略和政策来引导国家数字化转型，为美国企业数字化转型提供了动力支撑和制度保障。针对企业数字化转型采取的措施主要有：一是制定严密的法律法规，且根据现实情况变化不断更新，保障初创企业、中小企业等各类企业的合法权益；二是制定完整的战略规划和路线图，采取效率优先、灵活应对、鼓励创新等手段，促进企业、高校、科研机构、非政府组织在技术研发、产业链建设等方面广泛参与，开展跨界合作，加速推动企业数字化转型；三是美国政府每年投资巨额专项资金，用于企业在云计算、物联网、人工智能、大数据等领域的研究开发，以推动整个产业技术创新活动。

2. 欧盟

自 20 世纪 90 年代起，欧盟就已经开始大力发展数字产业，在 2005 年 7 月正式实施“i2010”战略，为欧洲到 2010 年发展数字经济确定了以下重点领域：第一，消除内部的市场障碍，创造统一的欧洲信息网；第二，加大信息技术产业的科研投资力度，广泛应用信息技术以提高人们的生活质量和公共服务水平。2010 年 5 月，欧盟正式发布了“欧洲数字议程”政策，以提高欧洲 ICT 公司发展和创新的机会。该议程提出，中小企业只有在公共采购、标准化进程、强大便捷的知识产权系统中享有更多的准入机会，才能实现数字化议程的远大目标。2015 年 5 月，欧盟委员会发布《数字化单一市场战略》，宣布将通过出台政策改革、版权法、消费者保护、云服务等一系列措施，推动欧盟跨境贸易。数字化单一市场为企业提供了拓展欧洲市场的新机遇。欧盟委员会在 2015 年的工作计划中宣布，将修改立法提案，允许卖方依靠本国法律进一步协调销售合同当事人的主要权利和义务，以打破跨境在线活动的壁垒，使企业能够在一套共同的规则下进行销售管理。2016 年 4 月，欧盟委员会出台《产业数字化新规划》，提出利用欧盟公私合作关系吸引投资，建立大规模试点项目来加快物联网、先进制造业及相关技术的发展，并健全相关法律，帮助欧洲的企业利用新技术。

3. 德国

德国将发展数字经济作为其政治和经济层面的首要任务。2014 年 8 月，德国联邦政府出台《数字议程（2014—2017）》，整合成熟企业和初创型企业，并设立数字经济咨询小组支持初创企业和创业者。此外，德国开发新的面向未来数字经济的政府管理框架，保护和强化数字时代德国市场经济体制，为创新型服务的发展提供空间。2016 年 3 月，德国发布的“数字战略 2025”，涉及数字基础设施扩建、促进数字化投资与创新、发展智能互联等领域，是继《数字议程（2014—2017）》之后，德国联邦政府首次就数字化发展做出的系统安排，目标是将德国建设成现代化的工业国家。其中，针对企业的数字化转型支持措施有：一是制订“中小企业数字化”计划，帮助中小企业适应数字化发展趋势，进行数字化转型；二是利用“中小企业 4.0 数字化生产和加工流程”项目，资助手工企业技术研发；三是通过 Go Digital 项目，为中小企业提升信息技术安全、数字化业务转型等提供资金支持；四是利用 go-Inno 项目，为 100 人以下企业提供 50%的咨询费资助。

4．英国

当前，英国已经在人工智能、网络安全、金融科技、虚拟现实、政府科技等诸多领域拥有全球领先的技术。英国政府希望借助数字化转型维持英国在创新领域的国际领先地位，将英国打造成数字经济发展的最佳地区。2015 年 2 月，英国技术战略委员会发布《英国数字经济战略（2015—2018 年）》，倡导通过数字化创新来驱动经济社会发展，将英国建设成为数字强国，并提出英国政府将帮助已经正式成立公司的创新者采用数字化解决方案，帮助处于早期阶段的数字创业企业拓展他们的想法，成立公司，并与行业和政府中潜在的合作伙伴和主要客户建立联系。2017 年 3 月，英国政府出台《英国数字化战略》，提出帮助每一家英国企业顺利转化为数字化企业的战略任务。为此，英国政府采取以下措施：一是建立全球极具创新性和企业友好型的税务系统，通过一系列税法政策鼓励创新型企业；二是通过种子企业投资机会和企业投资机会削减投资小企业和初创企业的投资人所缴纳的赋税，帮助这些企业提升权益融资；三是吸引专业人才，英国政府将与移民事务咨询委员会探讨相关问题，并继续支持“城市英国”通过 Tech Nation Visa Scheme 计划吸引国外人才；四是建立灵活的知识产权机制，确保知识产权条例也与时俱进，英国政府通过数字经济提案从法律上给研发设计部门提供一个新的宣布知识产权的方式；五是大力支持高新技术发展，在网联和自动驾驶汽车领域，英国政府允许任何地方的上路测试，以吸引国外公司来英国发展，此外英国政府还提供了一亿英镑的专项基金支持自动驾驶技术的研发和路测，在物联网领域，英国政府投资 3000 万英镑开展了为期 3 年的“物联网英国”项目支持物联网的研发和创新，在 VR 和 AR 领域，英国政府通过 Digital Catapult 项目进一步促进该领域的发展；六是扩大政府采购，英国政府鼓励更多的地方政府和公共部门使用统一的采购平台 Digital Marketplace（数字市场），以提高政府采购的效率，并降低数字科技企业的门槛。

5. 日本

进入 21 世纪以来，日本积极推进 IT 立国战略，互联网和宽带通信业高速发展。当前，日本大多数信息通信技术水平都是全球领先的，尤其是在显示技术、LED 技术及视觉技术领域，日本处于世界顶级水平。从政策方面看，日本政府先后出台的《e-Japan 战略》《u-Japan 战略》《i-Japan 战略》，旨在通过电子商务提高企业生产效率，进一步促进日本经济结构的调整，增强产业国际竞争力。2013 年 6 月，日本政府公布《面向 2020 年的 ICT 综合战略》，全面阐述 2013—2020 年期间以发展开放公共数据和大数据为核心的日本新 IT 国家战略，提出要把日本建设成为一个具有"世界最高水准的广泛运用信息产业技术的社会"的目标。2015 年 1 月，日本政府发布《日本机器人新战略》，提出成立"机器人革命促进会"，负责产学政合作及用户与厂商的对接、相关信息的采集与发布，建设一体化推进创新环境。2016 年 1 月，日本政府提出"超智能社会"概念，通过企业与研究机构联合研发及催生风险企业等一系列措施，打破人才、知识和资金之间的壁垒，推进构建创新体系，培养研究开发人才。

6. 韩国

韩国作为信息科技强国，目前拥有领先全球的移动通信及宽带网络与服务。韩国政府从 20 世纪 90 年代起推动 Cyber-Korea21、e-Korea2006 等一系列国家信息化政策，奠定了韩国计算机、固网及手机高度普及的基础，也激发了 ICT 市场的需求。2004 年的"u-Korea 战略计划"的目的是建设宽带网络基础设施信息社会。2009 年的"IT 韩国未来战略"的目的是促进信息产业与其他产业的融合发展。为促进制造业与信息技术融合发展，提升韩国制造业的竞争力，2014 年 6 月，韩国政府推出《制造业创新 3.0 战略》。2015 年 3 月，韩国政府又公布了经过进一步补充和完善后的《制造业创新 3.0 战略实施方案》。韩国政府非常重视引导企业在制造业转型升级中的"主力军"作用，大力吸引民间资本投资，积极推进中小企业数字化转型。截至 2017 年年底，韩国培育了 10 万家中小型出口企业和 400 家出口额达 1 亿美元的中坚企业。2016 年，韩国政府敲定九大国家战略项目，作为发掘新经济增长动力和提升国民生活质量的新引擎。未来 10 年间韩国未来创造科学部将投入 2.2152 万亿韩元推进这九大项目。这九大项目涉及人工智能、无人驾驶技术、智慧城市、VR 等领域。在涉及发掘新经济增长动力的项目中，数字产业最引人关注。韩国政府计划在 2026 年前将人工智能专业企业数量提升至 1000 家，并培养 3600 名专业人才。

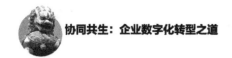

14.1.2 国外推动企业数字化转型的经验总结

在数字化转型领域，欧美日等发达国家或地区在技术、商业模式、市场应用、法律法规和战略制定等方面都处于超前部署地位，并引领全球数字化转型发展。从政府角色来看，各国政府特别重视政策引导，在数字化转型领域的布局倾向于支持基础性、关键性技术的研发与应用，对于商业模式创新及市场开发则交由企业自主完成，形成了独特的政策体系。

1. 出台前瞻战略

发达国家不仅依靠其雄厚的经济实力和人力资源，还超前部署企业数字化转型领域的研究，并对涉及的重点方向进行扶持。在技术进步刚出现一些苗头时，政府就组织力量进行研究，提示产业发展方向与前沿、可能存在的风险及一些有待讨论的问题，并出台相应政策促进其发展。早在 20 世纪 60 年代，美国政府便资助了互联网和深度学习（人工智能的基础）两项技术的研发。近年来，白宫更是围绕人工智能举办了多场专题讨论会，出台一系列研究报告和战略，指明人工智能未来发展方向及政策建议，继续引领人工智能领域发展。在电子商务领域，20 世纪 90 年代电子商务刚出现时，美国政府就颁布了《全球电子商务框架》，此文件成为全球具有示范性与引领性的政策性文件。在云计算领域，美国联邦信息委员会推出的“联邦政府云计算发展计划”，是全球最早的政府云计算计划之一。2016 年 4 月，欧盟委员会出台《产业数字化新规划》，提出通过大规模试点项目来加快物联网、先进制造业及相关技术的发展。这些国家，根据不同的发展战略、发展目标，积极组织相关机构进行研究，出台国家战略和配套措施，为企业进行数字化转型指明了发展方向，提供了政策保障。

2. 发展特定领域

发达国家一直将信息技术作为经济发展、技术创新的重点，把数字化转型作为其谋求竞争新优势的战略方向。基于这一理念，政府内新设了很多跨部门、全国性、专业性的组织机构，以更好地贯彻国家重大战略。这些专门机构主要分为两大类。一类主要负责制定数字化转型特定领域国家战略并指导产业发展。例如，2009 年美国成立的“云计算工作组”，确立在云计算方面的思维领导力并提供相关指导；2014 年，德国联邦政府出台《数字议程（2014—2017）》，设立数字经济咨询小组支持初创企业和创业者；2016 年美国设立物联网商业局，旨在向国会提出如何推动物联网技术在美国的普及，以及与产业领军企业进行合作的相关建议。另一类主要负责特定领域的情报收集、技术研发、现状分析、问题剖析、形势研判及政策建议等。例如，2016 年美国成立的“机器学习与人工智能分委会负责监督、跟踪 AI 技术研发，以及提供人工智能领域的技术和政策建议等。这些专门机构的设立，有利于政府站在技术、经济、社会的视角，对企业数字化转型发展进行谋划与支持。

3．重视技术研发

重视技术创新是发达国家在信息技术领域一直保持全球领先的关键原因。美国政府每年投资巨额专项资金，用于企业在云计算、物联网、人工智能、大数据等领域的研究开发，以推动整个产业技术创新活动。在 IT 产业的硬件建设和将 IT 转化为现实生产力方面，日本注重发挥企业的主导作用。日本在制定“IT 立国”战略过程中，广泛征求企业意见，准确定位政府的角色是营造公平发展环境，极大地促进了 IT 企业投资积极性。而在基础研究和技术研发领域，发达国家不断投入巨资支持研究开发，以弥补企业在技术研发领域的短板，促进技术有效供给。日本政府投巨资在企业薄弱的应用软件开发领域，通过推广应用等方式，加快推动相关应用软件的开发应用。

4．加强应用创新

发达国家重视数字技术与经济社会各领域的融合发展，促进互联网技术与制造业、农业、能源、环保企业的融合创新。一方面，主要发达工业国和新兴经济体都在加紧实施本国先进制造业相关战略，加快数字技术与制造业的深度融合发展。另一方面，各国家或地区纷纷加快教育、医疗、文化等民生领域的数字化转型，例如美国和英国重视提升教育领域数字化水平，日本由于人口老龄化问题，重视提升医疗数字化水平，欧盟更是将数字化能力作为提升公民素养的一部分，大力实施“数字素养项目”，强化人民对数字资源和数字工具的应用能力。企业数字化转型过程中的跨界融合发展特征日益凸显。

5. 强化政策引导

数字化转型领域涉及的范围广泛，技术创新需要大量资金，依靠单个企业难度较大。为了加大产业的整体投资，一些发达国家加大政府投资力度，以此带动民间对企业数字化转型的投资。在研发领域，2011 年美国政府宣布计划每年投入约 200 亿美元进行云计算的研发和应用；2012 年白宫宣布投入 2 亿美元进行大数据相关技术的研发；2014 年，在美国政府发布的 2015 财年网络与信息技术研发预算中，高端计算研发领域资助达 5.35 亿美元。在公共服务领域，2009—2014 年，美国政府共投入 220 亿美元用于对医疗保健大数据进行收集、整合、开发和利用。2001 年，在日本“e-japan 战略”的开局之年，日本政府投资就高达 1.92 万亿日元，2002—2004 年，日本政府在信息技术领域的投资分别高达 1.99 万亿日元、1.54 万亿日元和 1.4 万亿日元，而这都是在日本政府财政预算紧缩的情况下实现的。2017 年 6 月，美国能源部向惠普、英特尔、IBM 和英伟达等企业资助 2.58 亿美元，帮助这些企业开发亿亿次级的超级计算机系统。政府每年投入巨额资金到市场机制失灵或研发领域，不断引导着产业持续健康快速发展。

6. 提供法律保障

企业数字化转型涉及数据收集、数据交换、数据安全、个人隐私保护等领域的规则，发达国家通过制定相关法律法规，鼓励企业依法开展数字化活动，为企业数字化转型提供了坚强法律保障。例如，日本于 2014 年颁布《数字安全基本法案》，美国于 2015 年制定《网络安全法》，英国于 2016 年出台《数字经济法案》，从法律上保护个人隐私信息。

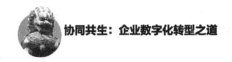

14.2 推动中国企业数字化转型的相关建议

14.2.1 建立覆盖全国的企业数字化转型水平评估体系

加快建立企业数字化转型发展水平评估的长效机制。从采购服务、定期评估、资源对接等方面，加快推动形成企业数字化转型水平评估的长效机制，明晰各个层面开展企业数字化转型水平评估的基本导向，为企业开展数字化转型提供理论参考。一是鼓励各地方各部门设立专项资金采购的评估服务，支持搭建企业数字化转型监测服务平台，研究形成可操作性强的指标体系，开展监测服务和水平评估。二是建立定期评估制度，包括评估频率、标准化的评估指标体系、数据采集机制、评估成果发布机制、反馈改进机制、相关部门协助组织的职责等，具体制度随市场变化和政策调整而动态完善。三是与地方行业主管部门、行业智库、协会联盟、重点企业、重点院校、银行券商、投资机构等优势资源充分对接，支持组建为评估分析提供指导、咨询的专家顾问团队，提高评估工作的科学性和影响力。

配套完善企业数字化转型发展水平评估体系。开展企业数字化转型发展水平评估需要一套完整的体系支撑，为配合评估工作的开展，建议在现有的研究基础上持续完善评估方法和内容。对于当前设想的评估体系再次组织一轮论证修订，撷取有效指标、统一数据采集方式，建立标准化、科学化的评估体系，为评估工作提供依据。同时，在评价企业数字化转型水平基础上，明确特定企业行业属性和地区范围，然后对同一行业或地区的全部企业指数进行加权计算，得出行业级或区域级数字化转型发展水平。

循序推进企业数字化转型发展水平评估。加强宣传交流，利用行业会、研讨会等各种渠道征集建议，掌握开展评估的现实需求，在共识问题的解决方案上达成一致。树立评估典型，遴选有基础的企业开展试点评估，及时挖掘可借鉴的经验、调整有问题的环节，形成可复制、可推广的评估工作方法，并向全国推广。

14.2.2 分行业分阶段推进数字化转型

把握新一代信息技术在不同行业、环节、领域扩散规律，针对不同领域企业基础、阶段和水平差异性，形成方法科学、机制灵活、政策精准的推进政策体系。

行业层面，依据一些行业领先企业的实践经验，重点推进三种典型的数字化转型发展模式和途径，逐步推进数字化转型红利从数字化程度较高的行业领域拓展到其他行业领域。一是在石化、钢铁、冶金、建材、纺织、造纸、医药、食品等流程制造领域，加快推进生产制造、过程管理等生产过程的数字化，全面推进生产管理的一体化，在此基础上推进供应链协同化建设，整体打造大数据化智能工厂，推进端到端的网络集成。二是在机械、汽车、航空、船舶、轻工、家用电器和电子信息等离散制造领域，推进生产设备（生产线）的智能化和车间级与企业级系统的有效集成，提高精准制造、敏捷制造能力，并进一步拓展基于产品智能化的增值服务，基于智能工厂实现服务化转型，提升核心竞争力。三是在家电、服装、家居等紧贴用户端的消费品制造领域，推进个性化定制生产和设计虚拟化，引入柔性化生产线，基于需求数据模型开展精益生产，聚集产业链上下游资源，进一步推进网络协同化制造新模式。

企业层面，强调企业主体作用，分补足短板、梯次推进和试点示范三个层次，构建大中小企业数字化转型协同推进的良好生态。一是推动国有企业依托自身平台，打通智慧物流供应链，在线整合产业链上下游企业的生产资源和制造能力，实现产业链上下游产能匹配、网络化协同及实时交易，以数字化手段稳链、补链、控链、强链，提升产业链柔性、韧性。二是支持行业龙头企业深化全要素、全链条、全环节数字化改造，推动研发设计、市场经营和管理模式的创新，加快研发体系向动态化、协同化、众创化的转型，加快市场经营向柔性化、智能化和服务化的转变，加快组织架构向自组织、扁平化及创客化拓展。三是鼓励中小企业购买“上云用数赋智”服务，向众创众包、工业云等网络制造平台集聚，共享制造资源，拓展业务领域；推动构建智能制造网络制造集群，在技术研发、开发制造、组织管理、生产经营、市场营销等方面开展全向创新，实现产业间的融合与产业生态的协同发展。

14.2.3 强化转型服务供给能力

推进制造企业之间，以及制造企业与金融服务业、学术界和国际组织的良性互动和深度合作，打造数字化转型融合发展新生态，形成产业合力，助力我国制造业转型升级。引导产业联盟、行业协会和科研机构等整合资源，加强前瞻性问题研究，提供政策咨询、专家智库、标准制定、人才培训等公共服务。建设一批应用创新推广中心和工业互联网示范区，打造基于平台的制造业新生态，不断提高技术创新与市场需求匹配度，提升资源配置和利用效率，支撑制造企业提质、降本、增效。推动制造企业内部和产业链上下游创新要素在线汇聚、开放和共享，创新企业研发、生产方式和组织管理模式，打造众包众设平台和网络制造集群。

支持大企业建立面向全社会的研发测试、创业培训、投融资、创业孵化等互联网“双创”服务平台，鼓励地方发展创客空间、创新工场、开源社区等新兴众创空间，聚众智汇众力提高创新效率，探索数字经济时代的创业创新与实体经济发展的新模式。支持有条件的国有企业积极推进研发、制造、运营、服务等资源泛在连接、线上协同，以共享、租赁等服务方式面向社会开放，促进上下游企业、中小企业深度融入大企业供应链、创新链。

推动基础电信运营商开展“提速惠企”“云光惠企”“企业上云”等专项行动，提升高速宽带网络能力，强化基础网络安全，进一步提速降费。逐步推广5G、大数据中心、工业互联网、人工智能应用，帮助中小企业加强网络、计算和安全等数字基础设施建设。

鼓励数字服务商开发面向行业通用的数字产品、服务和解决方案，通过一定时间、一定范围内免费、降价、先试后买等方式，降低企业采购成本。面向农业、工业、能源、商贸流通、社会服务等领域，开发智慧农业、智能制造、智慧能源、电子商务、智慧物流、在线服务等特定应用场景解决方案，实现转型企业业务全流程数据贯通、资源全要素网络协同和创新活动全场景智能应用。中小数字化服务商参与大型平台众设众创项目，发展数据开发、知识交易、应用定制等创新服务，拓展未来成长空间。

助力平台企业立足中小企业多样化需求，搭建技术水平高、集成能力强、行业应用广、获取成本低的数字平台，赋能中小企业要素数字化、系统集成化和业务协同化，增强中小微企业市场竞争能力。对于响应倡议积极提供普惠性服务的平台企业，予以补助或奖励支持，已获得国家和地方专项资金支持的平台服务商，进一步减免相关服务费用。

14.2.4　深化“互联网+”创新应用

推动互联网向制造业全产业链渗透融合，大力培育基于数字化转型的新产品、新模式、新业态，促进制造业向价值链高端发展，打造新形势下产业竞争的新优势。

推广众创式研发设计新模式。推动 O2O 驱动的制造业研发设计模式变革，建设完善众设众包众创服务平台，引导大型企业搭建基于互联网的开放式网络平台，集聚并对接线下各类社会创新资源，显著提升研发协同效率、降低研发成本、缩短创新迭代周期。

普及大规模个性化定制生产新模式。推动互联网从销售环节向制造全流程延伸拓展，支持制造企业通过 C2B 模式，就产品设计、制造与用户开展实时互动，即时响应用户个性化需求，提供低成本、高质量的定制产品和服务。

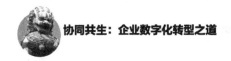

促进精准供应链发展。发展订单驱动的协同供应链管理模式，鼓励物流供应链服务线上线下协同发展，组织开展供应链协同应用软件开发与示范应用，鼓励发展供应链金融，引导制造企业基于互联网整合信息流、资金流、物流，打造精准供应链，实现供应链全要素、全过程线上聚合，促进生产要素信息在数字化供应链中无缝传递，从而优化、提升产业结构。

建设平台化、生态化企业组织。开展平台化、生态化企业组织试点示范，支持发展网络化、虚拟化制造企业，打造一批网络化企业集群，推动制造业企业组织结构日益向扁平化、平台化、生态化方向转变，打造以平台化、生态化网络为特征的新型企业组织模式，实现需求精准感知、产品个性化生产、用户在线交易、供应链实时响应。

推进制造业服务在线化。鼓励发展基于智能产品的在线服务，培育面向交易的服务新业态，组织开展装备制造企业服务化转型试点示范，引导制造企业开展基于互联网的在线远程监测、故障诊断和运维等服务，拓展制造业价值链和企业盈利空间，实现生产型制造向服务型制造转变，带动企业价值链跃升。

创新线上线下资源优化模式。支持工业云服务平台建设，开展分布式网络化资源优化配置模式试点，引导制造企业创新资源优化配置模式，构建线上综合竞争优势，为实现分布式、网络化设计、制造和服务提供基础。重点是支持工业云服务平台建设，集中建设工业云、企业云平台和中小企业公共技术服务平台，推进研发设计、数据管理、工程服务等制造资源的开放共享，推进制造需求和社会化制造资源的无缝对接。

推广场景化营销。发展多元化、个性化电子商务营销模式，建设完善精准的营销服务平台，组织大数据在精准营销中的应用试点，加快推动多元化的网络营销模式在工业各领域广泛渗透、普及，提升产需对接，压缩流通渠道，形成以销促研、以销定产、产销直联的互动反馈体系，实现基于场景的精准营销。

发展新型数字产业集群。围绕传统产业集群的集约化、高端化、品牌化提升改造，推进制造业产业集群制造资源在线化、产能柔性化、产业链协同化。选择一批管理规范、产业集聚度高、创新能力强、信息化基础好、引导带动作用大的重点产业集群，推动低时延、高可靠的网络基础设施建设，构建数字化、网络化和智能化的电网、管网、交通、安防等智能感知系统，建立信息物理系统、工业云、工业大数据、工业互联网等广泛普及的制造业新型基础设施，打造数字化产业集群，形成新技术、新产品、新模式、新业态创新活跃的产业生态。以建立跨界融合联动机制为重点，依托网络化资源对接平台，优化、重塑产业集群供应链和空间布局，培育形成基于工业互联网平台的新型数字产业集群。

14.2.5 优化转型政策支持手段

地方政府结合本地发展实际制订推进方案，引导地方专项、产业投资基金向优势产业数字化转型项目倾斜，打造区域数字化转型样板。采用创新券、服务券等方式，支持中小企业购买普惠性“上云用数赋智”服务，培育区域性、行业性转型服务生态。面向特定行业、特定区域、特定场景等建立数字化转型创新体验中心，搭建典型应用体验环境，不断丰富展览展示、方案推广、应用体验、供需对接、人才培训等服务。

国家数字经济试验区加强数字化转型促进中心建设，强化平台、算法、服务商、人才、金融等数字化转型公共服务，打造测试验证、咨询评估、交流合作、融资创投等创新服务载体。探索创建“虚拟产业园”和“虚拟产业集群”，加强创业创新资源数字化改造、在线化汇聚和平台化共享，吸引异地企业线上入驻，突破本地经济发展地域限制。

国家重大区域加快建设数字化转型一体化发展示范区，推动数字“新基建”共建共享，打造资源共享、供需对接、多方协作的区域数字化转型公共服务平台，促进数字化转型优质资源和要素跨区域流动。

14.2.6 健全转型要素保障体系

数字化转型创新中心、国家工程实验室等加强数字化转型能力建设，开展数字化转型核心技术攻关，开放数字化转型相关的科研设备、研究成果，面向中小企业提供线下能力线上配置的新型研发服务。

国家开发银行、农业发展银行及相关商业银行、基金公司探索“云量贷”“科技贷”等服务，结合贷款企业的云服务使用量、数字化设备使用情况等指标开发金融产品，引导企业数字化转型方向。促进金融机构、中小企业和数字化服务商等的合作，构建企业信用监测、产能对接、大数据风控等服务体系，完善基于平台数据的供应链金融、信用贷款、融资租赁、质押担保等融资服务，提升中小企业融资能力和效率。

第三方咨询机构围绕企业数字化转型战略、路径、策略等决策需求，研究发布数字化转型发展路线图和发展指引。围绕数字化转型推进阶段、水平评估等动态跟踪需求，开展数字化转型发展水平评估、重点行业数字化应用创新等研究。围绕数字化转型知识工具、数据模型、诊断评估等需求，打造数字化转型能力建设平台和工具，为转型主体提供需求诊断、能力评估和优化策略等服务。

行业联盟（协会）发挥平台纽带作用，创新线上线下互动模式，组织多种形式交流会，围绕数字化转型开展需求征集、案例推广、经验交流、产品交易等活动。

14.2.7　积极培育数字人才队伍

推动企业加强数字人才队伍建设。在企业层面普及推广数字化转型人才观念，支持员工对数字化、网络化、智能化技术和工具的应用，以及在专业知识结构优化方面进行整体提升，为建立高素质、高技能的员工队伍奠定基础。同时，在企业内外部开展系统性创新，开放企业资源，优化创新机制，充分发挥员工的积极性和主动性。

后　记

中国电子信息产业发展研究院信息化与软件产业研究所长期围绕数字化转型领域的基础理论、产业政策、技术路线、企业实践等开展深入研究。为了更好地让社会各界深刻认识数字化转型的本质和内涵，全面了解企业数字化转型的实施路径，信息化与软件产业研究所组织编写了本书，围绕数字化转型是什么、为什么、怎么做、如何评价等问题进行解读，力图为各级政府主管部门、行业组织、企业把握数字化转型现状和问题、趋势和规律、方向和重点、政策和措施提供重要参考。

本书内容和观点虽然经过多轮研讨和交流，在编写过程中也经过多次修改和提炼，但由于时间紧、更新快、研究难度大，加之编著者的理论水平、眼界和视野所限，存在诸多不足，欢迎研究界、产业界的同人们对本书提出宝贵的意见和建议，为推进我国企业的数字化转型进程共同努力！